本书系国家社会科学基金一般项目"'新基建'背景下中国农村普惠金融发展对策研究"课题（项目编号：20BJY153）阶段性成果

银行数字化转型、地理距离与农户信贷

郑海荣◎著

DIGITAL TRANSFORMATION OF
BANKS, GEOGRAPHICAL
DISTANCE AND FARMERS' CREDIT

经济管理出版社
ECONOMY & MANAGEMENT PUBLISHING HOUSE

图书在版编目（CIP）数据

银行数字化转型、地理距离与农户信贷/郑海荣著 . —北京：经济管理出版社，2023.9
ISBN 978-7-5096-9283-7

Ⅰ.①银…　Ⅱ.①郑…　Ⅲ.①数字技术—应用—农业信贷—信贷管理—研究—中国
Ⅳ.①F832.43

中国国家版本馆 CIP 数据核字（2023）第 179401 号

组稿编辑：曹　靖
责任编辑：杜　菲
责任印制：黄章平
责任校对：王淑卿

出版发行：经济管理出版社
　　　　　（北京市海淀区北蜂窝 8 号中雅大厦 A 座 11 层　100038）
网　　　址：www. E-mp. com. cn
电　　　话：（010）51915602
印　　　刷：北京晨旭印刷厂
经　　　销：新华书店
开　　　本：720mm×1000mm/16
印　　　张：14.25
字　　　数：256 千字
版　　　次：2023 年 12 月第 1 版　　2023 年 12 月第 1 次印刷
书　　　号：ISBN 978-7-5096-9283-7
定　　　价：88.00 元

前　言

农村金融市场中金融机构提供的信贷服务与农户的生产生活息息相关。满足农户对生产生活资金的需求是党和政府推进乡村振兴战略、实现共同富裕的重要保证。但由于信息不对称比较严重、交易成本过高、金融基础设施薄弱及风险分担机制不健全等，我国农村仍然面临较为严重的金融排斥，农村金融依然是我国金融体系中最薄弱的环节，我国农村地区的信贷配给问题仍然较为严重，相较于城镇居民：①农户的信贷可得性更低，面临"贷款难"的困境；②农户的贷款利率更高，面临"贷款贵"的困境；③农村金融机构不良贷款率高于其他类型银行，各种类型的金融机构的农户贷款不良率都高于其他类型的贷款不良率，农户贷款面临"贷款风险高"的困境。农户面临的"贷款难""贷款贵"以及"贷款风险高"的困境，制约了农村普惠金融的发展，阻碍了农业生产经营、农村生产发展和农民生活改善。在全面实施乡村振兴战略和实现共同富裕的新时期，研究如何同时缓解信息不对称、降低交易成本和加强风险控制，提高农户信贷可得性、降低农户贷款利率、压降农户贷款不良率，解决农户"贷款难""贷款贵"以及"贷款风险高"的困境，促进农村普惠金融发展，具有重要的理论意义和现实意义。

地理距离是影响金融机构农户信贷服务的一个重要因素，而数字化转型为解决传统金融机构的困境提供了契机，但是目前有关地理距离是否还是金融机构农户信贷的影响因素，数字化转型是否以及在多大程度上能够缓解地理距离的影响都存在学术争议，且银行数字化转型缓解地理距离对农户信贷影响的效果和机制尚未得到实证检验。本书在构建银行数字化转型指标体系、编制银行数字化转型指数的基础上，利用 F 省农信系统 67 家农信社（农商银行）2018～2020 年

808084 个获得贷款的农户数据，运用混合截面回归模型并通过交互项来探讨地理距离、银行数字化转型对金融机构农户信贷服务的影响，以此说明地理距离会促成信贷配给的形成，而银行数字化转型确实能够缓解地缘性信贷配给。

具体来说，本书一共分为八章，内容具体如下：

第一章绪论。主要介绍研究背景，并在此基础上提出研究问题及其具有的研究意义，明确研究内容和技术路线，确定研究方法，交代研究数据来源，提炼出本书可能的创新所在。

第二章文献综述。围绕本书的三个主题（数字化转型、地理距离和农户信贷）归纳梳理相关的研究文献，并在此基础上进行文献评述，指出现有文献可能存在的不足，明确本书的可能创新之处。

第三章理论分析与研究假说。重点基于信息不对称理论、交易成本理论等，分析地理距离对农户贷款金额、贷款利率和贷款违约率的影响机制以及银行数字化转型对地理距离影响的缓解机制。并在此基础上提出了本书的 6 个研究假说。

第四章银行数字化转型指数编制与初步描述性统计分析。主要介绍了银行数字化转型指标体系的构建原则、组成以及银行数字化转型指数编制的方法。利用该银行数字化转型指数计算了 F 省农信系统 67 家农信社（农商银行）2018～2020 年的数字化转型指数，并对计算结果进行描述性统计。利用该数字化转型指数初步考查了银行数字化转型与金融机构的农户贷款金额、贷款户数、贷款利率以及贷款不良率的影响并制作成散点图。

第五章银行数字化转型、地理距离与金融机构的农户信贷供给规模。运用 F 省农信系统 67 家农信社（农商银行）2018～2020 年的混合截面数据，通过设立交互项的 Probit 模型进行识别，分析银行数字化转型、地理距离对农户贷款额度的影响。并围绕农户金融素养、区域内银行竞争程度和农信社商业化程度三个视角，对银行数字化转型在缓解地理距离对农户贷款额度的抑制作用进行异质性分析。针对担保方式、贷款期限、贷款投向等方面进行进一步分析，并对结论的稳健性进行了检验。

第六章银行数字化转型、地理距离与金融机构的农户贷款利率。运用 F 省农信系统 67 家农信社（农商银行）2018～2020 年的混合截面数据，运用混合截面回归模型和交互项模型进行识别，分析银行数字化转型、地理距离对农户贷款利率的影响。并围绕农户金融素养、区域内银行竞争程度和农信社商业化程度三个视角对银行数字化转型在缓解地理距离对农户贷款利率的抑制作用进行异质性分析。针对担保方式、贷款期限、贷款投向等方面进行进一步分析，并对结论的稳健性进行了检验。

第七章银行数字化转型、地理距离与金融机构的农户贷款风险。运用 F 省农信系统 67 家农信社（农商银行）2018～2020 年的混合截面数据，首先利用线性概率模型探讨了地理距离对农户贷款违约风险的影响。接着，使用交互项模型进一步研究了银行数字化转型的作用。并围绕农户金融素养、农户收入水平两个视角对银行数字化转型在缓解地理距离对农户贷款违约的抑制作用进行异质性分析。针对担保方式、贷款期限、贷款投向等方面进行进一步分析，并对结论的稳健性进行了检验。

第八章研究结论与政策建议。主要是对全书进行总结，梳理主要的研究结论，研究发现：①地理距离与金融机构农户信贷供给规模存在负向影响，银行数字化转型有利于缓解地理距离对金融机构农户信贷供给规模的抑制作用；②地理距离对农户面临的贷款利率存在正向影响，银行数字化转型有利于缓解地理距离对农户贷款利率的抬高作用；③地理距离对农户贷款违约率存在正向影响，银行数字化转型有利于缓解地理距离对农户贷款违约率的正向影响。基于上述研究结论，本书提出合理优化金融机构营业网点的布局、加快数字化转型步伐、推动农村数字金融基础设施建设、提升农户金融素养、进一步推进农村地区金融机构商业化改制等方面的政策建议。

相对于已有研究文献而言，本书的特色和创新之处有以下三点：第一，研究对象和研究视角具有创新性。在研究对象方面，同时考查了数字化转型、地理距离对农户贷款金额、贷款利率和贷款违约的影响。在研究视角方面，本书利用来自金融机构的大样本微观客户数据，从金融机构角度考察了地理距离对农户贷款金额、贷款利率和贷款违约的影响，之后加入银行数字化转型作为交互项，考查银行数字化转型是否缓解了地理距离对农户信贷的抑制作用，在一定程度上为判断地理距离、银行数字化转型对农户信贷影响提供了证据。第二，本书使用的数据独具特色。利用 F 省农信联社的客户信息管理系统和客户信贷管理系统进行匹配，获得福建农信系统 67 家农信社（农商银行）2018～2020 年 808084 个获得贷款的大样本微观农户数据，进而对农户信贷行为进行更为深入的分析。该数据样本体量大，覆盖 F 省所有农信社（农商银行），也覆盖 F 省所有县（市、区），具有较强的权威性和可靠性。第三，本书编制了农村金融机构银行数字化转型指数。通过 F 省农信联社协调所辖全部 67 家农信社（农商银行）提供的数字化转型方面的原始数据，并通过实地调研以及专家访谈等方式确定能够用来评价数字化转型的维度和指标，最终构建了一套相对科学的银行数字化转型指标体系，并利用该指标体系编制了 F 省农信社（农商银行）数字化转型指数，这是目前已知的第一份专门针对农村中小金融机构的数字化转型指数。

本书有助于拓展已有文献的讨论，将在一定程度上补充和完善金融理论的验证。具体来讲，有以下三个方面的理论贡献：第一，丰富了有关地理距离对信贷行为影响的文献。第二，丰富了有关数字化转型对农户信贷研究的文献。第三，进一步明确了地理距离、数字化转型与农户信贷的关系。

同时本书具有较强的实践意义，具体体现在以下三个方面：第一，本书为商业银行进行网点的优化布局提供了决策参考。第二，本书为商业银行尤其是农村中小金融机构的数字化转型提供了决策参考。第三，本书为政府、金融监管机构的农村金融政策制定提供了证据支持和决策参考。

目　录

第一章　绪论

一、研究背景与研究问题

我国农村仍然面临较为严重的金融排斥，农村金融依然是我国金融体系中最薄弱的环节，已成为制约我国农村经济发展和农民共同富裕的重要因素。全面实施乡村振兴战略和实现共同富裕，都需要大力发展农村普惠金融。我国党中央、国务院高度重视普惠金融的发展，2013 年 11 月党的十八届三中全会通过的《中共中央关于全面深化改革若干重大问题的决定》中明确提出要 "发展普惠金融"。2019 年 10 月党的十九届四中全会和 2020 年 10 月党的十九届五中全会分别提出要 "健全具有高度适应性、竞争力、普惠性的现代金融体系，有效防范化解金融风险" 和 "增强金融普惠性"。2015 年 12 月国务院颁布的《推进普惠金融发展规划（2016—2020 年）》将普惠金融上升为国家战略。2015~2021 年的中央一号文件多次提及普惠金融，如 2015 年提出要 "强化农村普惠金融"、2018 年提出 "普惠金融重点要放在乡村"；2020 年提出 "加快构建线上线下相结合、'银保担' 风险共担的普惠金融服务体系，推出更多免抵押、免担保、低利率、可持续的普惠金融产品"；2021 年提出 "发展农村数字普惠金融"。原中国银监会等 11 部委联合发布了《大中型商业银行设立普惠金融事业部实施方案》。2015~2019 年国务院政府工作报告分别提出 "大力发展普惠金融，让所有市场主体都能分享金融服务的雨露甘霖"（2015 年）；"大力发展普惠金融和绿色金融"

（2016 年）；"鼓励大中型商业设立普惠金融事业部"（2017 年）；"改革完善金融服务体系，支持金融机构扩展普惠金融业务"（2018 年）；"完善金融机构内部考核机制，激励加强普惠金融服务"（2019 年）。现在我国普惠金融发展水平在全球居于中上水平，但是农村普惠金融仍然面临巨大的挑战，与实施乡村振兴战略所带来的农村金融服务需求相去甚远。

农村金融市场中金融机构提供的信贷服务与农村居民的生产生活息息相关。满足农户对生产生活资金的需求是党和政府推进乡村振兴战略、实现共同富裕的重要保证。但由于信息不对称（Stiglitz 和 Weiss，1981；李锐和朱喜，2007；周立，2007；何广文，2018）、交易成本过高（朱喜等，2009；吴本健等，2013）、金融基础设施薄弱及风险分担机制不健全（曹凤岐，2010；熊德平等，2013），农村地区信贷配给问题严重，农户面临"贷款难""贷款贵"以及"贷款风险高"的困境。相较于城镇居民，①农户的信贷可得性更低，面临"贷款难"。根据中国人民银行公布的数据，2007 年以来，农户贷款余额保持持续增长态势，但是增速不断下降（见图 1-1）。西南财经大学中国家庭金融调查数据显示，我国农村居民的信贷可得性从 2011 年的 18% 下降至 2017 年的 12%，农村地区信贷供给不足与信贷需求旺盛之间的矛盾日益突出，农户正规信贷可得性约 6.7%（周南等，2019）。②农户的贷款利率更高，面临"贷款贵"。我国农户 2008 年平均年利率为 12.6%（徐丽鹤和袁燕，2013）；苏鲁两省农户借贷利率年化均值为 8.17%（李庆海等，2018b）；河南省农户借贷年化利率均值为 8%；渭南地区农户借贷利率均值约为 10.707%。③农村金融机构不良贷款率高于其他类型银行，农户贷款不良率高于其他类型贷款的不良率，农户贷款面临"贷款风险高"。根据中国银保监会的统计数据，2021 年银行业金融机构不良贷款率为 1.73%，其中大型商业银行的不良贷款率为 1.37%、股份制商业银行的不良贷款率为 1.37%、城市商业银行的不良贷款率为 1.90%、民营银行的不良贷款率为 1.26%、外资银行的不良贷款率为 0.56%，而农村商业银行的不良贷款率高达 3.63%。从涉农贷款的不良率来看，所有商业银行的涉农贷款不良率自 2012 年以来都出现上升的趋势，其中农合机构①的涉农贷款不良率高于其他类型商业银行（见图 1-2），特别是农信社和农村商业银行的涉农贷款不良率明显高于其他商

---

① 农合机构包括农村商业银行、农村合作银行、农信社等。

业银行，其中农信社的涉农贷款不良率在2020年更是高达8.9%。而且农村金融市场中高风险机构主要集中在农信社等农村中小金融机构①。农户"贷款难""贷款贵"以及"贷款风险高"的问题依然突出，制约了农村普惠金融的发展，阻碍了农业生产经营、农村生产发展和农民生活改善，也影响到农村金融机构经营绩效。因此，如何缓解信息不对称、降低交易成本和加强风险控制，提高农户信贷可得性、降低农户贷款利率、压降农户贷款不良率，解决农户"贷款难""贷款贵"以及"贷款风险高"，促进农村普惠金融发展，成为中外学界持续关注的命题。

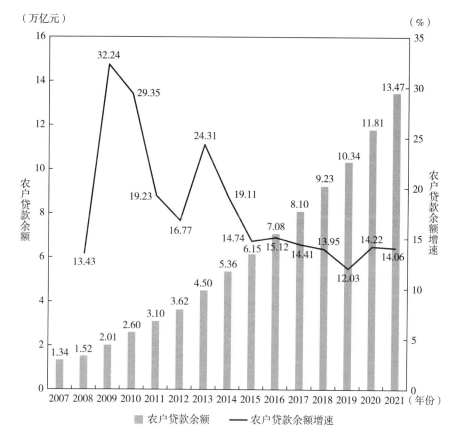

图1-1 2007~2021年农户贷款余额增长

① 根据中国人民银行发布的《中国金融稳定报告（2021）》，在金融机构评级中，评级结果8~10级及D级为"红区"，属于高风险机构，共422家，占比10.6%。其中农合机构和村镇银行等农村中小金融机构的高风险机构数量分别为271家和122家，占全部高风险金融机构数量的93%。

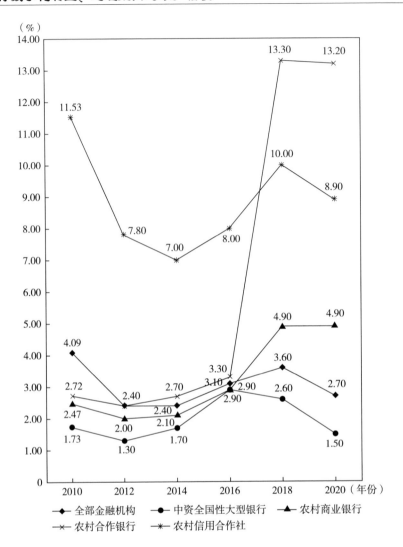

图1-2 2010~2020年涉农贷款不良率

注：中资全国性大型商业银行包括6家中资全国性大型银行（中国工商银行、中国农业银行、中国银行、中国建设银行、交通银行、中国邮政储蓄银行）和国家开发银行。

关于农户信贷行为的问题，学界已经做了大量的讨论。自从第一次使用借款者和贷款者之间的地理距离来解释价格歧视之后，这个概念就经常被纳入银行理论模型中进行分析。地理距离在金融服务提供和使用中发挥的作用经常被归因于受其对银行或其客户所支付的交易成本的影响（Brevoort 和 Hannan，2006）。所谓地理距离是空间分析和建模中最基本的度量（Yi等，2020）。然而，地理学研究认为距离代表的是一种空间关系，它强调的是不同位置上的地理行为的空间轨迹和现象的空间相互作用，而不是一种简单的长度度量。因此，将地理距离定义为两地之间的空间距离（原东良和周建，2021），其反映的是两地在地理空间上的邻近程度（史烽等，2016），所以针对地理邻近性的度量也可用地理距离这一变量。

20世纪50年代出现的新兴交叉学科——金融地理学开始重点关注金融的空间属性，认为地理环境和区位特征等地理因素是金融发展的重要影响因素，主张运用经济地理学理论框架来分析研究金融问题。正是在金融地理学蓬勃发展的大背景下，人们发现自20世纪80年代开始，金融机构网点从欠发达地区大量撤离，1981～1985年，全球100家最大的银行关闭了其位于欠发达国家24%的办事处（Leyshon和Thrift，1994），于是关于金融排斥的研究进入了学科视野。金融排斥最早的表现就是地理排斥，其发现者是英国的两位地理学家Leyshon和Thrift（1993），他们在研究英国金融网点分布时发现，地理位置对于居民获得金融服务的广度和质量影响很大，由于城市经济的分化，英国贫困人口大部分聚集于城市郊区和偏远农村，在这些地区经营的金融机构网点运营成本较高，盈利能力较低，于是金融机构裁并了大量网点，导致广大农村和城郊地区的金融机构网点大幅减少，居民获得金融服务距离半径增加了，相当一部分人群甚至被隔离在金融服务体系之外，产生了所谓的"地理排斥"问题。

中国同样存在严重的金融排斥，尤其在农村地区。自20世纪90年代以来，随着银行商业化、产权改革的推进，金融空间格局发生了显著变化，金融机构网点及其他金融资源逐步向经济发达的地区集中。在网点撤并的同时，金融机构的组织管理体制也进行了变革，管理权限上收，基层网点的决策权力受到极大限制，削弱了金融服务的地方性。由于地处偏远、交通不便、人口稀少、经济落后，偏远农村地区的金融机构网点、金融资源的配置权限趋于减少，农村金融服务地理可及性明显降低。从而导致农村地区面临较为严重的金融排斥现象（徐忠和程恩江，2004）。

自2006年底以来，为了扩大农村金融服务的覆盖面，我国出台了一系列农村金融政策，如降低农村地区银行业金融机构准入门槛，发展新型农村金融机构，实行严格的东、中、西部准入挂钩措施，对农村金融机构的税收优惠和奖励政策等。特别是为全面贯彻落实党中央关于推进基本公共服务均等化的重大决定，妥善解决贫困边远地区基础金融服务缺失问题，2009 年 10 月，原中国银监会专门启动了全国金融机构空白乡镇基础金融服务全覆盖工作。2010 年由 UNDP 资助，试图推动成立中国人民银行牵头的"普惠金融协调委员会"，研究探讨中国构建普惠金融体系的可行途径和具体的政策框架。2012 年原中国银监会专门出台了《关于做好老少边穷地区农村金融服务工作有关事项的通知》，试图进一步推动老少边穷地区的农村金融发展，促进金融服务均等化建设。根据中国人民银行农村金融服务研究小组编写的《中国农村金融服务报告（2020）》，截至2020 年底，全国乡镇银行业金融机构覆盖率为 97.13%；全国行政村基础金融服务覆盖率为 99.97%；全国金融机构空白乡镇从 2009 年的 2945 个减少到 892 个，实现乡镇金融机构和乡镇基础金融服务双覆盖的省份从 2009 年的 9 个增加到2020 年的 21 个。

近年来，我国数字经济蓬勃发展，互联网日益成为创新驱动发展的先导力量。习近平总书记在主持中央政治局第三十四次集体学习时强调，发展数字经济是把握新一轮科技革命和产业变革新机遇的战略选择。以云计算、大数据、移动互联、人工智能等为代表的数字技术不断取得突破，数字技术开始广泛应用于金融领域，使银行能够更有效地与客户或潜在客户进行互动〔如自动柜员机（ATM）和网上银行〕，并更准确地衡量和管理风险（如信用评分和贷款证券化），为化解我国农户"贷款难""贷款贵"以及"贷款风险高"的困境、增进金融普惠提供了新思路。谢平等（2015）、马九杰和吴本健（2014）、郭峰等（2017）、黄益平（2019）、李建军和韩珣（2019）等从不同视角证实了数字技术在促进普惠金融发展中的作用，如提高普惠金融的覆盖面，降低交易成本、获客成本、监督成本，解决信息不对称问题以及提高金融机构信贷决策效率，能够有效降低金融服务的门槛和成本，消除物理网点和营业时间限制。在这种趋势下，技术替代了劳动，通过大数据分析而非密集的人工进行信息收集，"硬信息"开始替代"软信息"。数字普惠金融的服务主要定位于受金融排斥的弱势群体，而较之传统普惠金融，数字技术的使用颠覆了地理距离的约束，通过线上开展服务并收集微观数据，利用大数据、云计算降低信息不对称风险（Gomber 等，2017），在风险可控的同时压缩了运营成本，使得在为农村居民提供金融支持的同时增强了金融供给的可持续性。尤其是 2020 年后，人们发现银行金融科技一定程度上具有"稳定器"作用（李建军等，2020），是商业银行应对公共事件冲击的有力武器，同时客户的习惯也在发生改变，推动了银行的数字化转型（李建军等，2020；张正平等，2020），有可能重塑银行业格局。

在实践层面上，2016 年 9 月，G20 杭州峰会通过了《G20 数字普惠金融高级原则》，提出了发展数字普惠金融的 8 条原则和 66 条行动建议，鼓励各国在制订普惠金融发展计划时优先考虑数字化实现。2017 年，德国作为主席国，中国担任共同主席国，GPFI（全球普惠金融合作伙伴组织）发布了《G20 数字普惠金融新兴政策与方法》，总结了世界各国的 17 项数字普惠金融经验，其中中国有 5 项入选，分别是：出台中国互联网金融指导意见；对支付机构开展分类监管（如《非银行支付机构网络支付业务管理办法》）；成立行业自律协会；完善支付基础设施以及建立健全征信体系。2018 年，阿根廷担任 GPFI 主席国，制定出台了《G20 普惠金融政策指引：数字化与非正规经济》，提出四项政策指引：发挥数字身份的作用，数字支付基础设施建设，征信中替代性数据的使用，金融消费者保护、金融教育和数据保护。2021 年，中央一号文件提出要"发展农村数字普惠金融"。2020 年 2 月 1 日，中国人民银行等 5 部门联合印发的《关于进一步强化金融支持防控新型冠状病毒感染肺炎疫情的通知》、2020 年 2 月 14 日印发的《中国银保监会办公厅关于进一步做好疫情防控金融服务的通知》等，都强调了要加强科技应用，创新金融服务方式。中国人民银行分别于 2019 年 8 月和 2021 年 12 月发布了《金融科技发展规划（2019—2021 年）》和《金融科技发展规划（2022—2025 年）》，2022 年 1 月《中国银保监会办公厅关于银行业保险业数字化转型的指导意见》出台。随着金融科技的发展、各银行数字化转型的加速，各银行开始出现了新一轮的营业网点撤并。如图 1-3 和图 1-4 所示，农村中小银行法人机构数量从 2018 年的 3913 家减少到 2020 年的 3898 家，营业网点从 2018 年的84454 个减少到 2020 年的 80012 个；农合机构的法人机构从 2009 年的 3295 家减少到 2020 年的 2207 家，营业网点从 2018 年的 78632 个减少到 2020 年的 75165 个。

那么，银行利用数字技术进行数字化转型是否能够真正解决农户"贷款难""贷款贵"以及"贷款风险高"的困境、缓解地理上尤其是偏远地区的金融排斥问题？地理距离对农户信贷行为的影响是否真的会消失？对此，无论是理论还是实践层面都还没有取得共识，仍然存在较大的争论。

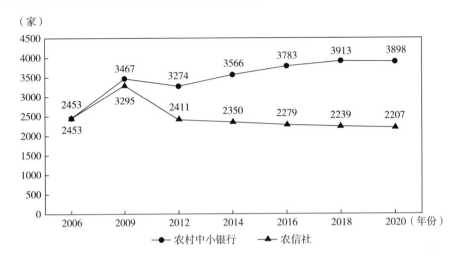

图 1-3　2006～2020 年农村中小银行和农合机构法人机构数变化趋势

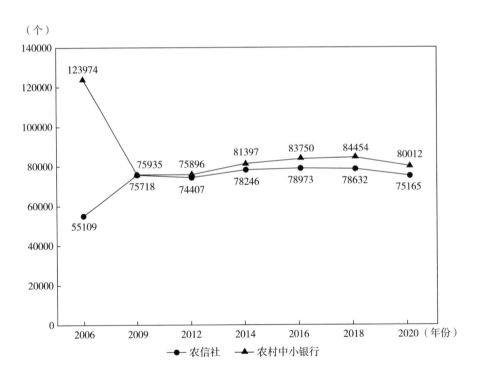

图 1-4　2006～2020 年农村中小银行和农合机构营业网点数变化趋势

关于地理距离是否仍然会对农户信贷产生影响，既有研究存在争议。一种观点认为地理距离已经不重要了或者对贷款的影响很有限。例如"地理已死"(End of Geography)的论断。李华民和吴非(2019)发现地理距离并不显著影响小企业融资能力,并认为信息采集技术的发展致使银企间面对面等传统交流方式逐步被电话、邮件和大数据采集等方式所取代,银行机构辐射范围越发广泛,地理距离的作用明显减弱。

与之相反,也有学者认为忽视地理因素在金融发展中的作用是武断的,地理因素在金融发展中仍然发挥着重要作用,地理因素(距离)仍然是影响银行发展的一个重要因素。例如,Agarwal 和 Hauswald(2010)、DeYoung 等(2008)使用美国的数据,发现借款者—贷款者之间的距离增加会导致违约概率提高。Knyazeva 和 Knyazeva(2012)对银企借贷的经验分析也强调,为了弥补远距离导致的信息监督成本升高,银行对远距离借款企业索取了相对更高的贷款价格。即使在互联网发展日新月异和电子化交易普遍的大背景下,现代金融活动所涉及的运输成本相对较小,但是地理因素仍然会通过信息不对称这一市场不完美因素影响金融活动。众多针对银企之间地理距离研究的文献也证实了地理距离的邻近性仍然有助于缓解企业信贷资源的可得性(Degryse 和 Ongena,2005;Alessandrini 等,2009;Agarwal 和 Hauswald,2010;Hollander 和 Verriest,2016;张烁珣和独旭,2019)。

现阶段农村金融机构数字化转型是否有利于缓解"三农"主体的融资约束、提高金融普惠程度,既有研究也存在争议。一种观点认为数字化转型能够提升农村金融机构的普惠程度。农村普惠金融业务难做的关键原因在于信息不对称程度高、货币转移成本高。因此,破解农村金融困境的核心在于提升金融机构的信息搜寻、处理能力,降低货币转移成本。随着大数据、云计算和物联网等技术的发展和成熟,传统农村社会内部的社交、消费、生产信息和与外部的交流、贸易信息能够沉淀并记录下来。在这些农村"数字足迹"中,包含了大量的非结构化数据和能够反映农村主体信用状况的"软信息"。传统上,农村中小银行只能通过近距离观察和关系型信贷来获取这些"软信息",效率低且难以标准化。金融机构数字化转型后,则可以借助现代信息科技的力量,从海量的"数字足迹"中挖掘和利用相关信息,从而降低信息不对称程度。任晓怡(2020)发现数字普惠金融对小规模企业、高科技企业的融资约束有着更为显著的缓解效应,且对银行、资本市场部门发展较差的地区更为有效。另外,金融机构利用金融科技,能更高效地替代传统人工和物理网点的作用，缓解地理距离等外部摩擦的负向影响，显著降低契约签订、执行过程中发生的货币转移成本。以台州银行为例，数字化转型后，客户经理的人均管户数量从几十户增加到上千户①。总之，农村金融机构的数字化转型有利于解决农村普惠金融业务存在的信用缺失和契约成本高昂，从而革新普惠贷款技术，提升金融业务的普惠程度。

另一种观点则认为现阶段农村金融机构数字化转型对其普惠程度影响不大，甚至可能产生负向影响。这类文献客观上承认数字技术对传统信贷技术的提升和对金融体系的有益改造，数字化转型确实可以赋能金融机构，从金融供给侧提升农村金融机构触达普惠群体并向其提供金融服务的能力。然而在农村老龄化凸显的背景下，城乡和代际"数字鸿沟"叠加一起，容易出现"工具排斥""自我排斥"（吴本健等，2017）、"目标偏移"、缓解信息不对称作用有限（粟芳和方蕾，2016）、"互联网金融排斥"（何婧等，2017）等问题，导致单纯的数字技术发展难以发挥作用。农村普惠信贷业务的开展，仍然需要通过嵌入农村线下社会网络、地理邻近性（Degryse 和 Ongena，2005）和关系型信贷等方式来缓解信息不对称和风险管控。Agarwal 和 Hauswald（2010）利用美国中小企业的贷款申请数据同样证实，尽管金融科技能够实现软信息的"硬化"（The Hardening of Soft Information），但是作用有限，地理距离仍然对信息获取发挥重要作用。金融机构的数字化转型甚至可能会加剧城乡、代际之间金融资源分配不平衡、不充分的状况，例如王修华和赵亚雄（2020）发现我国数字金融技术的发展具有明显的"马太效应"：贫困群体难以使用数字金融或更多利用数字金融平滑生存型消费；而非贫困群体则利用数字金融同时实现了消费平滑和发展要素的积累。同时，数字化转型过程中使用数字技术，还会呈现空间集聚现象（彭红枫等，2016；米传民等，2019），导致一些偏远地区及农村地区依旧无法获得金融支持（郭熙保和周强，2016）。

可以观察到的现象是，近年来即使政府采取了各种措施，金融机构也积极进行数字化转型，但是农户的"贷款难""贷款贵""贷款风险高"的困境仍然没有得到有效缓解。那么，地理距离是否还会影响金融机构农户信贷供给规模、农户信贷定价和农户信贷资产质量？进一步地，随着数字乡村建设的推进和银行数

---

① https://mp.weixin.qq.com/s/V5tVGepixbyJ_5pm9Kgddg.

字化转型的加快，地理距离对金融机构农户信贷服务的影响是否会发生变化？这种影响是否会随着农户金融素养、农户收入水平、区域内银行竞争水平、银行商业化程度等的不同而出现异质性呢？对这些问题的考察具有重要的理论意义和现实意义。

二、研究意义

（一）理论意义

本书有助于拓展已有文献的讨论，将在一定程度上补充和完善金融理论的验证。具体来讲，有以下三个方面的贡献：

1. 丰富了有关地理距离对信贷行为影响的文献

已有文献关于地理距离对信贷影响的研究往往集中在企业贷款方面，考察银行与企业之间的距离（即银企距离）对企业贷款的影响（Brevoort 和 Hannan，2006；Knyazeva 和 Knyazeva，2012；许坤和笪亨果，2015；Hollander 和 Verriest，2016；李华民和吴非，2019；宋昌耀等，2021），而地理距离对农户信贷行为的研究很少受到学者们的专门讨论，主要原因大概在于企业的数据比较容易获得，而农户的数据很难获得。本书重点研究了地理距离对农户信贷的影响，有助于丰富地理距离对信贷行为影响的研究。

2. 丰富了有关数字化转型对农户信贷研究的文献

已有文献大多研究数字普惠金融对农户信贷的影响（如樊文翔，2021），而且比较集中在对信贷可得性的研究，甚少考察金融机构数字化转型对农户信贷的影响，更遑论同时考察对农户信贷可得性、贷款利率、贷款违约率的影响。本书在考察地理距离影响的前提下，通过编制银行数字化转型指数，分析银行数字化转型对农户贷款金额、贷款利率、贷款违约率的影响，有助于完善数字化转型对农户信贷影响的研究。

3. 进一步明确了地理距离、数字化转型与农户信贷的关系

如前所述，有关地理距离、数字化转型是否影响农户信贷至今仍存在学术争

议。之所以存在争议，一个不可否认的原因在于研究所使用的数据，已有研究所使用的农户信贷方面的数据绝大部分来自调查数据，这类调查往往根据研究目的设计有针对性的问卷，相对容易获得农户信息，但劣势在于入户调查数据多因农户隐瞒和戒备有所缺失，农户往往对以往信贷行为或者信用记录避而不谈，而且样本量比较有限。本书采用 F 省农信系统 67 家农信社（农村商业银行）的大样本微观农户数据，研究结论较以往文献更加可靠，也更加权威，在一定程度上有助于明确地理距离、数字化转型对农户信贷的具体影响。

（二）实践意义

本书具有较强的实践意义，具体体现在以下四个方面：

1. 为商业银行进行网点的优化布局提供决策参考

本书证明了地理距离确实对农户信贷仍有显著影响，具体来说，地理距离的远近与农户贷款金额成反比、与贷款利率成正比、与农户贷款不良率成正比，意味着现有的与客户距离较近的地方性银行、社区银行在开展普惠金融服务方面具有一定的优势，而且应该充分发挥地缘、人缘优势，保持营业网点的稳定性或优化网点布局，充分发挥线下优势；在国家要求建立普惠金融事业部、加大普惠金融业务，而在农村地区和偏远地区又没有足够营业网点的情况下，大中型商业银行开展普惠金融业务的策略要么是下沉营业网点或进行网点数字化转型，要么对中小银行进行资金批发。

2. 为商业银行尤其是农村中小金融机构的数字化转型提供决策参考

本书利用一个省农村中小金融机构大样本的农户信贷数据和农户基本信息，证实了数字化转型有助于缓解地理距离对农户信贷的约束，可以降低对农户发放贷款的交易成本、更好地管理农户贷款从而降低农户贷款不良率。因此农村中小金融机构应该积极开展并推进数字化转型，克服地理距离的约束，在提高普惠金融服务的供给能力的同时保持自身财务的可持续性。

3. 为政府、金融监管机构的农村金融政策制定提供证据支持和决策参考

根据中国人民银行公布的数据，农村金融机构的网点存在撤并的趋势，这还是在金融监管机构出于发展农村普惠金融而限制县域以下农村金融机构撤并网点，从而保证商业银行网点实现乡镇全覆盖的情况下出现的趋势。本书证明了地理距离确实对农户信贷仍然有显著影响，为政府和金融监管机构采取相关政策阻

止农村地区和偏远地区金融网点撤并提供证据支持。政府和金融监管机构应该积极推进农村金融机构和服务的多元化，优化农村金融机构网点布局，积极加快地方性银行的发展，加快发展社区银行，鼓励新型农村合作金融机构的创新；加大客户金融素养提升工程。

4. 为普惠金融改革试验区的建设提供决策参考

2019 年末，国务院正式批复 F 省两地设立国家级普惠金融改革试验区，本书研究成果通过提交给 F 省普惠金融改革试验区工作推进小组，在一定程度上可以为国家级普惠金融改革试验区的建设提供指导意义。

三、研究内容与技术路线图

（一）研究内容

本书重点考察地理距离对金融机构农户信贷供给规模、信贷定价和信贷资产质量的影响，以及银行数字化转型是否会缓解地理距离对金融机构农户信贷供给规模、信贷定价和信贷资产质量的影响效果。具体分析框架如图 1-5 所示。

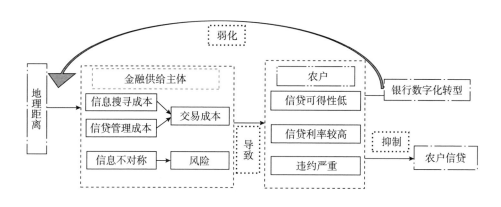

图 1-5 本书研究框架

具体来说，本书共八章，各章具体内容如下：

第一章为绪论。主要介绍研究背景，在此基础上提出研究问题及研究意义，明确研究内容及技术路线，确定研究方法，交代研究数据来源，提炼出研究可能的创新所在。

第二章为文献综述。围绕本书的三个主题（地理距离、数字化转型和农户信贷）归纳梳理相关的研究文献，在此基础上进行文献评述，指出现有文献可能存在的不足。

第三章为理论分析与研究假说。重点基于信息不对称理论、交易成本理论等，分析地理距离对农户贷款金额、贷款利率和贷款违约率的影响机制以及银行数字化转型对地理距离影响的缓解机制。在此基础上提出 6 个研究假说。

第四章为银行数字化转型指数编制与初步描述性统计分析。主要介绍银行数字化转型指标体系的构建原则、组成以及银行数字化转型指数编制的方法。利用该银行数字化转型指数计算了 F 省农信系统 67 家农信社（农商银行）2018～2020 年的数字化转型指数，并对计算结果进行描述性统计。利用该数字化转型指数初步考察了银行数字化转型与金融机构的农户贷款金额、贷款户数、贷款利率以及贷款不良率的影响并制作成散点图。

第五章为银行数字化转型、地理距离与金融机构的农户信贷供给规模。运用 F 省农信系统 67 家农信社（农商银行）2018～2020 年的混合截面数据，通过设立交互项的 Probit 模型进行识别分析银行数字化转型、地理距离对于农户贷款额度的影响。围绕农户金融素养、区域内银行竞争程度和农信社商业化程度三个角度对银行数字化转型在缓解地理距离对农户贷款额度的抑制作用进行异质性分析。针对担保方式、贷款期限、贷款投向等方面进行进一步分析，并对结论的稳健性进行了检验。

第六章为银行数字化转型、地理距离与金融机构的农户贷款利率。运用 F 省农信系统 67 家农信社（农商银行）2018～2020 年的混合截面数据，使用混合截面回归模型和交互项模型进行识别分析银行数字化转型、地理距离对于农户贷款利率的影响。围绕农户金融素养、区域内银行竞争程度和农信社商业化程度三个角度对银行数字化转型在缓解地理距离对农户贷款利率的抑制作用进行异质性分析。针对担保方式、贷款期限、贷款投向等方面进行进一步分析，并对结论的稳健性进行了检验。

第七章为银行数字化转型、地理距离与金融机构的农户贷款风险。运用 F 省农信系统 67 家农信社（农商银行）2018~2020 年的混合截面数据，先利用线性概率模型探讨了地理距离对农户贷款违约风险的影响。接着使用交互项模型进一步研究了银行数字化转型的作用。围绕农户金融素养、农户收入水平两个角度对银行数字化转型在缓解地理距离对农户贷款违约的抑制作用进行异质性分析。针对担保方式、贷款期限、贷款投向等方面进行进一步分析，并对结论的稳健性进行了检验。

第八章为研究结论与政策建议。主要是对全书进行总结，梳理主要的研究结论，在此基础上对商业银行的数字化转型、营业网点布局以及政府和金融监管机构的农村金融政策提出建议。

（二）技术路线图

本书技术路线如图 1-6 所示。

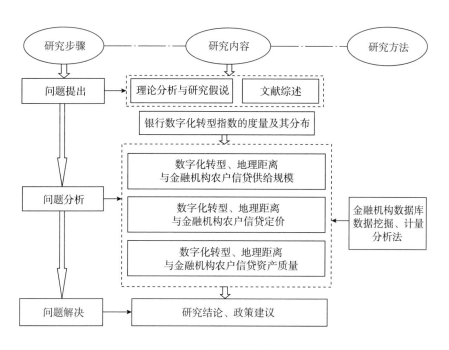

图 1-6　本书技术路线

四、研究方法与数据来源

（一）研究方法

1. 研究设计

本书借助混合截面回归模型和交互项模型来探讨银行数字化转型、地理距离对农户信贷服务的影响，以说明地理距离会促成信贷配给的形成而银行数字化转型能够缓解地缘性信贷配给。具体地，从三个维度来度量农户的信贷行为，即农户信贷金额、农户面临的贷款利率和农户贷款违约风险。在基准回归的基础上，进一步通过异质性分析、分组回归和稳健性检验来增强研究结论的丰富度和可信度。异质性分析主要从农户的金融素养、农户收入水平、区域内银行竞争水平、银行商业化程度等方面展开。分组回归主要从贷款性质入手，研究在不同担保方式、不同贷款期限和不同贷款投向下，银行数字化转型、地理距离对农户信贷行为的影响。稳健性检验主要通过替换被解释变量、替换解释变量、将变量滞后的方式进行。

首先，农户与农信社（农商银行）的地理距离几乎不随时间而改变，因而缺乏时间层面的变异，故难以使用面板数据模型进行分析。其次，一般来说，农户的信贷行为难以影响农户和农信社（农商银行）之间的地理距离，因而地理距离与农户信贷行为之间的反向因果关系较弱。最后，本书使用的农信社数据拥有较为丰富的银行层面和农户层面的控制变量，可以在很大程度上减少遗漏变量对估计结果的影响。基于上述原因，本书没有采用因果识别中常用的准自然实验的方式，而是运用混合截面回归模型和交互项模型进行识别。

2. 回归方程设定

本书使用混合截面回归模型和交互项模型研究银行数字化转型、地理距离对农户信贷行为的影响。根据研究思路，将主要研究银行数字化转型、地理距离对金融机构农户信贷供给额度决策、农户贷款定价决策和农户贷款资产质量的影响。具体模型和变量设定如下：

（1）银行数字化转型、地理距离对金融机构农户信贷供给额度决策的影响。地理距离对农户信贷金额的影响，回归方程设定如下：

$$\text{Loan}_{it} = \alpha + \beta \text{Dis}_{it} + \delta \text{Hhd}_{it} + \eta \text{Bank}_{jt} + \lambda_t + \varepsilon_{it} \tag{1-1}$$

式中，i 表示农户；j 表示农信社，由于一个县域只有一家信用社，所以 j 也表示县域；t 表示年份。Loan 为被解释变量，表示农户贷款金额。Dis 为核心解释变量，表示农户与农信社之间的地理距离。当 β 为显著的负值时，表示地理距离对农户贷款金额存在负向影响。Hhd 表示农户层面的控制变量，参考程郁等（2009）的相关研究，包括是否为自营工商业主、是否为低收入户、是否为农业新型经营主体、是否为党员、家庭年收入、年龄、性别、受教育程度、婚姻状况、健康状况。Bank 表示信用社层面的控制变量，包括是否改制、资产规模、资本充足率、盈利能力（ROA）、存贷比、农户贷款占比及市场竞争程度。λ_t 表示年份固定效应。ε_{it} 表示误差项。为控制混合截面数据潜在的自相关和异方差问题，本书将回归系数的标准误聚类（Cluster）到机构层面。

为进一步探究银行数字化转型能否缓解地理距离对农户贷款金额的抑制作用，引入银行数字化转型这一变量，并将交互项模型设定如下：

$$\text{Loan}_{it} = \alpha + \beta \text{Dis}_{it} \times \text{Fintech}_{jt} + \kappa \text{Dis}_{it} + \phi \text{Fintech}_{jt} + \delta \text{Hhd}_{it} + \eta \text{Bank}_{jt} + \lambda_t + \varepsilon_{it} \tag{1-2}$$

式中，Fintech 表示银行数字化转型程度。其余变量定义同式（1-1）。当 β 为显著的正值时，表示银行数字化转型能够缓解地理距离对农户贷款金额的负向影响。

（2）银行数字化转型、地理距离对金融机构农户贷款定价决策的影响。地理距离对农户面临的贷款利率的影响，回归方程设定如下：

$$\text{Interest}_{it} = \alpha + \beta \text{Dis}_{it} + \delta \text{Hhd}_{it} + \eta \text{Bank}_{jt} + \lambda_t + \varepsilon_{it} \tag{1-3}$$

式中，i 表示农户；j 表示农信社，由于一个县域只有一家信用社，所以 j 也表示县域；t 表示年份。Interest_{it} 为被解释变量，表示第 i 个农户第 t 年面临的贷款利率，用农户贷款的年利率来度量。Dis_{it} 为核心解释变量，表示第 i 个农户第 t 年与农信社之间的地理距离，用农户距离乡镇农信社（农商银行）网点的距离来度量。在回归方程中，Dis_{it} 之前的系数 β 表示农户与乡镇农信社（农商银行）网点之间的地理距离对农户面临的贷款利率水平的影响。当 β 显著为正时，表示农户与农信社之间的地理距离越远，农户面临的贷款利率越高。Hhd 为农户层面的控制变量，这些变量既与农户到农信社之间的地理距离有关，又从需求侧影响农户的贷款利率。参考程郁等（2009），这些控制变量包括农户是否为自营工商业主、是否为低收入户、是否为农业新型经营主体、是否为党员、家庭年收入、年龄、性别、受教育程度、婚姻状况和健康状况。Bank 为信用社层面的控制变量，这些变量既与农户到农信社之间的地理距离有关，又从供给侧影响农户的贷款利率，包括是否改制、资产规模、资本充足率、盈利能力、存贷比和农户贷款占比。λ_t 为年份固定效应，控制不随个体而变但随时间而变的同时影响距离和农贷利率的不可观测因素。ε_{it} 表示误差项。为控制混合截面数据潜在的自相关和异方差问题，将回归系数的标准误聚类（Cluster）到机构层面。

为进一步探究银行数字化转型能否缓解地理距离抬高农户面临的贷款利率的作用，引入银行数字化转型这一变量，并将交互项模型设定如下：

$$Interest_{it} = \alpha + \beta Dis_{it} \times Fintech_{jt} + \kappa Dis_{it} + \phi Fintech_{jt} + \delta Hhd_{it} + \eta Bank_{jt} + \lambda_t + \varepsilon_{it} \quad (1-4)$$

式中，Fintech 表示银行数字化转型程度。其余变量的定义与式（1-3）相同。在回归方程中 Dis_{it} 与 $Fintech_{jt}$ 交互项之前的系数 β 表示银行数字化转型对由地理距离引起的农户贷款利率变化的影响。当 β 显著为负时，表示银行数字化转型会缓解由地理距离引起的农户贷款利率提高的作用，进而缓解农户面临的地缘性信贷约束。

（3）银行数字化转型、地理距离对金融机构农户贷款资产质量的影响。地理距离对农户贷款违约风险的影响，回归方程设定如下：

$$Default_{it} = \alpha + \beta Dis_{it} + \delta Hhd_{it} + \eta Bank_{jt} + \lambda_t + \varepsilon_{it} \quad (1-5)$$

式中，i 表示农户；j 表示农信社，由于一个县域只有一家信用社，所以 j 也表示县域；t 表示年份。$Default_{it}$ 为被解释变量，表示农户贷款的违约风险，用第 i 个农户贷款是否违约来表示。由于被解释变量是二元变量，因而用线性概率模型 Probit 模型进行估计且结果直接汇报边际效应。本书采用的识别策略已经得到广泛应用，如程郁等（2009）运用三个独立的 Probit 模型，分别识别了农户遭受正规信贷约束、需求型约束和供给型约束的影响因素，朱喜等（2009）、张三峰（2013）、Pang 等（2014）也在分析中采取了类似的思路。Dis_{it} 为核心解释变量，表示第 i 个农户第 t 年与农信社之间的地理距离，用农户距离乡镇农信社（农商银行）网点的距离来度量。在回归方程中，Dis_{it} 之前的系数 β 表示农户与乡镇农信社（农商银行）网点之间的地理距离对农户贷款违约风险的影响。当 β 显著为正时，表示农户与农信社之间的地理距离越远，农户贷款违约的可能性越高，贷款违约风险越高。Hhd 为农户层面的控制变量，这些变量既与农户到农信社之间的地理距离有关，又影响农户的贷款违约风险。参考程郁等（2009）的研究，这些变量包括农户是否自营工商业主、是否为低收入户、是否为新型农业经营主体、是否为党员、家庭年收入、年龄、性别、受教育程度、婚姻状况和健康状况。Bank 为信用社层面的控制变量，包括农信社是否改制、资产规模、资本充足率、盈利能力、存贷比和农户贷款占比。λ_t 为时间固定效应，控制不随个体而变但随时间而变的同时影响距离和农户贷款违约风险的不可观测因素。ε_{it} 表示误差项。为控制混合截面数据潜在的自相关和异方差问题，将回归系数的标准误聚类（Cluster）到机构层面。

为进一步探究银行数字化转型能否缓解地理距离提升农户贷款违约风险的作用，引入银行数字化转型这一变量，并将交互性模型设定如下：

$$Default_{it} = \alpha + \beta Dis_{it} \times Fintech_{jt} + \kappa Dis_{it} + \phi Fintech_{jt} + \delta Hhd_{it} + \eta Bank_{jt} + \lambda_t + \varepsilon_{it} \quad (1-6)$$

式中，Fintech 表示银行数字化转型程度。其余变量的定义与式（1-5）相同。在回归方程中 Dis_{it} 与 $Fintech_{jt}$ 交互项之前的系数 β 表示银行数字化转型对由地理距离引起的农户贷款违约风险变化的影响。当 β 显著为负时，表示银行数字化转型能够缓解地理距离对农户贷款违约的正向影响，说明银行的数字化水平越高，地理距离对农户贷款违约的不利作用越小。

（二）研究数据来源

本书利用 2018～2020 年银行、农户（客户）、县级层面的数据，重点研究了银行数字化转型、地理距离与金融机构的农户贷款金额、贷款利率、贷款违约的影响，主要涉及以下四类数据：

1. 农信社（农商银行）数据

这类数据主要来自 F 省农信系统 67 家农信社（农商银行）2018～2020 年808084 个获得贷款的农户样本数据，包括农户客户信贷数据、农户基本信息、银行层面数据，其中农户信贷数据来自 F 省农信联社客户信贷管理系统，包括贷款金额、贷款利率、结息方式、借款用途、贷款期限、担保方式、本金违约情况、利息违约情况等；农户基本信息来自 F 省农信联社的客户关系管理系统，包括性别、年龄、家庭年收入、受教育水平、是否低收入户、是否个体经营户、是否党员、健康状况、婚姻状况、是否新型农业经营主体、客户信用等级、居住地址等信息;银行层面的数据来自 F 省农信联社的业务台账,包括农户贷款笔数、农户贷款金额、贷款总额、总资产、资本充足率、资产利润率、存贷比、成本收入比、是否改制等。

2. 地理距离的数据

这类数据由 F 省农信联社提供获得贷款的农户通讯地址,手工利用百度地图测算农户通讯地址与最近的农信社(农商银行)网点的距离、农户通讯地址与所在乡镇政府的距离以及农户与县(市)农信联社(农商银行总行)的距离。

3. 银行数字化转型指数

在参考国内外学者和相关机构做法的基础上,构建了银行数字化转型评价指标体系,包括 5 个一级指标和 14 个二级指标,并由 F 省农信联社协调所辖 67 家农信社(农商银行)填报原始数据,之后利用优劣解距离法,通过对数据进行正向化处理、对正向化后数据进行标准化处理、计算最值距离并计算归一化得分,计算出每个农信社(农商银行)的数字化转型指数。

4. 银行市场结构数据

利用原中国银行业监督管理委员会(银监会)发布的全国金融机构金融许可证信息和全国企业信用信息系统中已退出金融机构的相关信息,构建了 2018~2020 年 F 省市级和县级地区的银行业市场竞争指标:赫芬达尔—赫希曼指数(HHI),用来衡量县域内银行竞争水平。

五、研究特色及创新

相比已有文献,本书的特色和创新之处在于以下几个方面:

(一)研究对象和研究视角具有创新性

已有的研究基本上集中在中小企业,研究地理距离对中小企业信贷可得性的影响,且已有研究通常仅对信贷可得性、贷款利率或贷款违约中的某一个方面进行分析,往往无法全面地反映农户信贷行为的影响因素,尤其是对于贷款利率和贷款违约的影响因素缺乏深入分析。本书同时考察了地理距离、数字化转型对农户贷款金额、贷款利率和贷款违约的影响，研究对象方面具有创新。

既有的文献大多数是从农户的视角来研究农户信贷可得性。而本书利用来自金融机构的大样本微观客户数据，从金融机构的角度考察了地理距离对农户贷款金额、贷款利率和贷款违约的影响，之后加入银行数字化转型作为交互项，考察银行数字化转型是否缓解了地理距离对农户信贷的抑制作用，在一定程度上为判断银行数字化转型、地理距离对农户信贷影响提供了证据，研究视角方面具有创新。

（二）使用数据具有特色

有关农户信贷行为的研究数据主要来源于以下两类：一是基于金融机构的信贷数据；二是基于农户的调查数据，二者各有利弊。前者的优势在于信贷数据相对完善，对农户信贷行为的相关资料具有完整记录，但劣势是无法获取农户的丰富信息，同时，该类型数据很难获得；后者的优势在于可以根据研究目的设计有针对性的调查问卷，相对容易获得，且农户信息比较全面和丰富，但劣势在于只能在于抽样调查，且入户调查数据多因农户隐瞒和戒备有所缺失，农户往往对以往信贷行为或者信用记录避而不谈。F省农信系统高度重视客户信息的采集，在全省开展农村信用工程建设，自主研发客户信息管理系统，通过40多个字段多维度、全方位、立体式采集客户信息，建立覆盖面广、数据真实、画像较为完整的农村客户数据库，依托该系统，采用"建档、评级、授信"的信贷模式。本书利用F省农信联社的客户信息管理系统和客户信贷管理系统进行匹配，获得F省农信系统67家农信社（农商银行）2018~2020年808084个获得贷款的大样本微观农户数据，进而对农户信贷行为可以进行更为深入的分析。该数据样本量大，既覆盖F省所有农信社（农商银行），也覆盖F省所有县（市、区），具有较强的权威性和可靠性。

（三）编制了农村金融机构银行数字化转型指数

现有的银行数字化转型指数的编制一般都是利用上市银行的公开数据，受制于数据的可得性，导致银行数字化转型指数编制时不得不牺牲一些维度和指标，如银行内部借助数字技术改善办公效率方面的努力和成效。本书通过F省农信联社协调所辖全部67家农信社（农商银行）提供的数字化转型方面的原始数据，并通过实地调研以及专家访谈等方式确定能够用来评价数字化转型的维度和指标，最终构建了一套相对科学的银行数字化转型指标体系，利用该指标体系编制 F 省农信社（农商银行）数字化转型指数，这是已知的第一份专门针对农村中小金融机构的数字化转型指数，也是第一份专门评估农村中小金融机构数字化水平的成果，有助于较为准确地了解我国农村中小金融机构数字化的现状。

第二章　文献综述

一、农户信贷行为

（一）农户信贷需求

1. 信贷需求的定义与分类

农户信贷是农村金融市场的重要组成部分。农户对正规金融机构或者非正规金融组织产生的信贷需求，主要来自生产或生活的需要，通常使用正规金融机构或者非正规金融组织的贷款来满足。事实上，在识别信贷需求时，需要将其识别成正规信贷需求和非正规信贷需求（李锐和朱喜，2007）。这是因为正规金融机构和非正规信贷部门放贷的方式和制度，以及监督借款人还款的方式等都有所不同。所以，在研究正规信贷需求时，需要从信贷需求中将其识别出来。

在对农户信贷需求进行考察的多种维度中，其用途颇受关注。顾宁和范振宇（2012）对相关主流观点进行总结得出结论，发展中国家农户在信贷方面的需求主要分为两类：一类是正规信贷的需求，以生产性活动为主；另一类则是以非生产性活动为主的非正规信贷需求（Zeller，1994；Okurut 等，2005）。随着现代农业的发展，我国农业生产方式逐渐发展为规模化，农户主体在面对自身财力和国家财政支持远不能满足资金需求的情况下（靳淑平和王济民，2017），产生了对土地流转、生产资料消耗等资金需求（蔡海龙和关佳晨，2018）。例如，刘西川和程恩江（2014）所定义的名义信贷需求指农户对于正规金融机构发放的、有还款能力的贷款的借款需求，主要包括已经得到正规贷款上的有效信贷需求以及有需求潜力但尚未得到满足的潜在信贷需求。刘娟和张乐柱（2014）以"是否进行过正规借贷申请""有民间借贷来源并有借贷需求"作为农户信贷需求的衡量标准。张龙耀等（2015）将名义信贷需求分为有效信贷需求和潜在信贷需求两类，深入地对信贷需求进行了研究。路晓蒙和吴雨（2021）将有银行贷款和需要银行贷款的农户定义为有正规信贷需求，把有民间借款或需要民间借款的农户定义为有非正规信贷需求，李庆海等（2017）的研究思路与分类方法与之类似。

2. 我国农村信贷需求现状

大部分文献都点明了农村信贷需求正在日益增长，亟待满足的基本情况（Barslund 和 Tarp，2008；顾宁和范振宇，2012；靳淑平和王济民，2017；马燕妮和霍学喜，2017；蔡海龙和关佳晨，2018）。例如，霍学喜和屈小博（2005）调研发现，农户借贷行为发生率逐年上升，农户借贷资金总规模逐年增大，同时农户借贷次数逐年增加。我国农村民间金融本身很活跃，信贷发生频繁，其暗含着巨大规模的市场。钱水土和陆会（2008）研究指出，当前由于农村地区非正规信贷机制比正规信贷更加有效，农户更偏向非正规信贷，主要融资目的开始向"生产性投资化"发展。童馨乐等（2015）从需求视角提出，当前农村正规金融市场门槛过高是影响农户信贷渠道选择的主要因素，农户借贷期限中短期居多，农户非正规借贷的主要形式是无息借贷。当前农村生产资金缺口增长，对金融机构资金需求较大（靳淑平和王济民，2017），而金融供给主体存在"高度垄断化"、金融服务"高度同质化"等问题（蔡海龙和关佳晨，2018），使得农村信贷供需矛盾抑制其发展。

具体来看，王雅君（2011）在对 1889 个农户家庭的调查中发现，80.66%的农户有从外部借钱的现象，只有 19.34%的农户认为家中没有融资需求。刘西川等（2014）研究发现，我国浙江农户具有名义信贷需求的比例约为 58%。刘娟和张乐柱（2014）研究发现，我国广东省云浮市不同地区农户具有信贷需求的比例存在较大差异，范围在 12.9%~50%。李庆海等（2017）研究发现，我国农户具有正规信贷需求的比例约为 44.67%，而具有非正规信贷需求的比例约为59.0%。夏咏等（2021）指出南疆四地州农户有较强烈的正规信贷需求，有 70%的农户存在正规信贷需求。

3. 我国农村信贷需求影响因素

（1）计量模型。易小兰（2012）、夏咏等（2021）用 Logit 模型分析农户正规信贷需求影响因素。宁国强等（2017）采用扩展的 Heckman 模型，对种粮大户正规信贷需求与供给规模的影响因素进行了识别。马晓青等（2012）、张龙耀等（2015）、牛荣等（2016）、刘自强和樊俊颖（2019）等研究采用 Probit 模型，对农户信贷需求进行研究。刘西川等（2014）基于 Tobit Ⅲ 模型，对农户信贷需求的影响因素进行研究。熊德平等（2013）、刘娟和张乐柱（2014）、邓锴和孔荣（2014）、林乐芬和俞涔曦（2016）采用 Logistic 模型，对农户的潜在信贷需求的影响因素进行识别。

（2）影响因素。

1）个人特征方面。熊德平等（2013）研究发现，性别、年龄、累计务工年限等对农民工信贷需求具有重要影响。刘娟和张乐柱（2014）研究发现，户主的文化程度、户主类型丰富度、民间借贷均有利于提高农户的潜在信贷需求，而户主年龄、家庭年收入、收入来源反向影响信贷需求。邓锴和孔荣（2014）研究发现，农民工日常生活费用、健康成本等对农户信贷需求有明显的负向影响。苏岚岚等（2017）研究发现，金融知识显著正向影响农户信贷需求。胡历芳等（2017）研究发现，社会资本、所属业态影响借贷行为发生率，而农户自身经营规模、特征和借款渠道决定借贷需求的规模。王海涛等（2020）研究认为，人际关系对农户信贷需求有着明显影响，且传统型与政治关系型分别作用于两种不同获取渠道。陈小知等（2021）研究发现，收入增加，农户的借贷渠道发展呈现出先上升后下降的倒 U 形趋势，并且否定了信贷用途对借贷渠道选择的影响。路晓蒙和吴雨（2021）研究发现，转入土地对农户的农业信贷需求影响较大，对非农信贷需求无显著影响。夏咏等（2021）从金融科技异质性方面进行分析，认为使用金融科技的农户有更大的正规信贷需求并且以扩展性正规信贷需求为主。

2）家庭特征方面。霍学喜和屈小博（2005）分析认为农户借贷行为产生的主要动机是以住宅建设为主的家庭消费需求。王定祥等（2011）研究指出，多重因素如农业生产支出和家庭教育支出分别占总支出的比重、家庭可用耕地面积、人均年收入水平以及家庭现有固定资产的价值等都会对贫困型农户的信贷需求产生显著的影响，家庭固定资产价值只对其非正规借贷行为有正向影响。但是马晓青等（2012）的研究发现，在农户非正规融资渠道偏好方面，被调查户主的年龄、家庭所承包的耕地面积以及家庭人均资产都具有积极影响，而农户在正规融资渠道的选择上，家庭人均收入则是产生了正向的作用，此外拥有正规渠道融资经历的农户更愿意选择非正规融资渠道。童馨乐和杨向阳（2013）研究发现，户主家庭中是否有亲属在政府部门任职、有固定收入者数量及农户的金融知识储备量等变量均对农户借贷意愿具有一定影响。马燕妮和霍学喜（2017）研究发现，具有高资本存量、较重家庭负担和较弱生产能力的专业化农户，对正规信贷的需求往往更为强烈。Lin 等（2019）研究发现，家庭年非农业收入、儿童的存在、日常生活费用支出影响农村家庭使用非正规借款的决定。

3）金融机构特征方面。杨汝岱等（2011）指出提供抵押品是正规金融机构贷款的一个重要条件，但土地作为农户最重要的资产，是集体所有，属于残缺产权，由于缺乏有效的抵押品，因此这不仅阻碍了农村正规金融市场的发展，还制约了农村信贷需求。彭向升和祝健（2014）研究发现我国当前农村金融市场体系不健全是制约农户借贷需求的一大因素，农户从正规金融机构借贷有较大的隐性成本，对农户信贷需求有一定的反向作用。刘西川等（2014）研究认为，信贷利率普遍对农户有着程度不同的负向影响。与此类似的是张宁等（2015）的研究，指出非正规贷款利率对农村家庭贷款规模的影响比较显著，二者呈明显的负相关关系，即家庭贷款规模随非正规贷款利率的增加而缩小，而正规贷款利率并不会产生显著影响。张龙耀等（2015）研究发现，农地确权和农地流转规模化显著提高了农户名义信贷需求，但农户名义信贷需求因当前的金融机构信贷供给意愿和放贷政策而无法实现有效表达。林乐芬和俞泺曦（2016）研究发现，银行金融产品、贷款成本、农户与信贷员熟悉度与相关信贷政策均对农户信贷需求有一定导向作用。

4）宏观特征方面。国内各地区的比较中东北三省农户借款比率显著高于其他省份（湖北省除外）（李锐和李宁辉，2004）。马晓青和黄祖辉（2010）将江苏划分苏南、苏北、苏中，研究发现苏北地区农户信贷需求频率最高，而数额较小，大多是消费用途，苏南由于经济工业化，信贷需求相对较低，贷款大多用于消费途径。易小兰（2012）抽样分析了江苏、河南、甘肃的正规贷款情况，对比发现河南正规贷款需求显著低于江苏，地域差异对农户正规信贷的影响显著。曲小刚（2013）研究发现地区之间的差异性对农户信贷需求有一定影响，正规借贷对农户生产产生的正相关效应在中西部地区较大，在东部和东北地区相对较小，而民间借贷对农户生产产生的正相关效应在各地区之间的差异并不明显。牛荣等（2016）研究发现，村庄类型、村庄地理位置、金融机构数量与政府重视程度等因素，对整体农户借贷需求意愿有显著影响。丁淑娟等（2017）认为农户居住的村到镇中心或市区的距离，是间接通过意愿融资数额对其意愿融资期限产生负相关作用，而不会直接对其意愿融资期限产生影响。邸玉玺和郑少锋（2022）研究发现，农户的总体社会网络状况对生产性信贷有明显正向影响，同时交易成本的降低会增加生产性正规信贷。

（二）农户信贷可得性

1. 信贷可得性研究的现状

对于信贷可得性，学者们主要从是否获得贷款、获得贷款规模或者获得贷款渠道等角度进行分析。在对信贷可得性的研究中，主要是从正规渠道和非正规渠道两个角度对比分析，当前研究主要以正规渠道为主（马晓青等，2010；丁志国等，2011；杨汝岱等，2011；张晓琳和董继刚，2017；何广文等，2018）。路晓蒙和吴雨（2021）将有银行贷款的农户定义为获得了正规信贷，把有民间借款的农户定义为获得了非正规信贷。事实上，金融作为现代经济的核心，伴随经济结构的优化升级，非正规贷款的增速及其对正规贷款的补充作用有所下降，正规贷款对于经济发展的拉动效应不断增强（吴雨等，2016）。如何帮助农村居民有效获取正规渠道的贷款、提高农村居民的信贷可获得性，合理引导正规信贷资金流向"三农"领域以助力乡村振兴，是当前我国规范和发展金融信贷市场的重点（任乐等，2017）。因此，研究农村农户的信贷可获得性问题具有重要的意义。

2. 农村信贷可得性研究的现状

潘海英等（2011）指出，农村合作银行与民间借贷均是浙江温岭地区的农户借贷资金的重要来源。张兵和张宁（2012）研究发现，非正规借款是农户的主要融资形式，然而正规金融机构的借款金额明显较大。汪昌云等（2014）基于中国农村固定观察点的研究表明，农户获得贷款比例约为11%，而从贷款覆盖面的变化趋势看，一年间样本农户的总贷款覆盖面中正规贷款覆盖面从5.3%下降到2.6%，非正规贷款覆盖面从13.4%下降到6.1%。张宁等（2015）研究发现，农户正规渠道信贷可得性比例约为25.5%，获得贷款规模均值约为1.472万元，而正规渠道信贷可得性比例约为15.7%，获得贷款规模约为3.689万元。张林和冉光和（2016）研究发现，8.3%的被调查农户都加入了农村资金互助会，但社员的信贷可得性不高，37.4%的社员农户不能得到信贷资金。莫媛和钱颖（2017）研究发现，有创业需求农户中获得贷款比例约为55.4%。周南等（2019）研究发现，农户正规信贷可得性约为6.7%。

3. 信贷可得性的影响因素

（1）计量模型。根据研究目的的不同，学者们采用有针对性的计量模型进行分析，主要分为以下几类：

1）Probit 模型或 Logit 模型，主要针对农户是否获得贷款进行分析。譬如，汪昌云等（2014）采用 Probit 模型考察了利率市场化对农户信贷可得性的影响；董晓林等（2015）基于多元回归模型分析信用评分技术与小微企业信贷可得性的关系，黄祖辉和刘西川（2007）等均有类似的思路；王性玉等（2019）利用 Logit 回归模型分析农户信誉高低以及农户其他特征指标对信贷可得性的影响；张龙耀等（2019）使用 Probit 模型分析各种自然灾害因素对农户正规信贷可得性的影响；尹鸿飞等（2020）采用 Probit 模型分析信贷可得性对农户是否参与农地流转的影响；柳松等（2020）利用 Probit 模型研究互联网的使用对农户信贷可得性的影响；尹业兴等（2021）使用 Probit 模型来估计农户家庭生产经营类型对信贷可得性的影响。

2）多元模型和多元/多阶段 Probit/Logit 模型。陈东平等（2022）、孙光林等（2021）选取三阶段 Probit 模型分析探究数字信用对农户正规金融机构信贷可得性的影响。马九杰和毛旻昕（2005）基于多元回归分析探究我国县域中小企业的信贷可得性影响因素。莫媛和钱颖（2017）运用需求可观察的双变量 Probit 模型对银农关系和创业农户信贷可得性之间的关系进行了研究。

3）Biprobit/Tobit 模型和 Heckman 两阶段模型。周小斌等（2004）基于 Tobit 模型考察农户信贷规模可得性的影响因素。黄凌云和戴永务（2019）使用双变量 Probit 模型探究农信社因素对信贷可得性的影响。张兵和张宁（2012）通过多项 Logit 模型和 Heckman 两阶段选择模型研究了非正规金融对农户信贷可得性的影响。贺群等（2013）基于江苏省供应链数据，使用 Heckman 模型对供应链融资与农户信贷可得性的相关性进行实证研究；张宁等（2015）采用带删失的 Probit 模型及 Tobit 模型，考察了利率对信贷可得性的影响。胡厉芳等（2017）采用 Heckman 模型对农产品购销商是否获得贷款和获得贷款规模进行了研究。彭积春等（2018）运用 Biprobit 与 Tobit 模型，考察农户外出务工经历对其正规信贷可得性与非正规信贷可得性的影响。

（2）影响因素。

关于信贷可得性的相关研究可分为两类：一类是正规渠道下的农户信贷可得性研究（马晓青等，2010；刘荣茂和陈丹临，2014；罗振军和兰庆高，2016；姜美善和米运生，2020）。随着非正规金融的不断发展，也逐渐有学者开始研究农户民间借贷可得性的影响因素。另一类是非正规金融贷款与正规金融贷款共同作用于农户信贷可得性（何军等，2005；金烨和李宏彬，2009；童馨乐等，2011；汪卫芳，2013）的研究。下面分别予以简要介绍：

周小斌等（2004）研究发现，农户的生产经营规模、农户投资、农户现金支付倾向等因素对农户借贷可得性具有显著影响。何军等（2005）指出，农户的社会关系、家庭收入、户主的社会经济特征等因素对农户的借贷可获得性有较大影响。宫建强和张兵（2008）研究发现，农户的收入水平、农户的自有资金以及生产经营规模等因素对农户信贷可得性具有显著影响。金烨和李宏彬（2009）研究发现，农户信贷可得性的显著影响因素主要有农户的受教育水平、家庭经济状况、家庭劳动力人数等。马晓青等（2010）基于五个省份的研究发现，以市场化为种植导向的农户获得正规融资的意愿及可能性更高。郭红东（2011）研究发现，通过影响农村的经济结构、产业结构、金融机构的信息获取成本、信贷基础设施建设成本、违约控制机制，进而间接影响信贷资金的流动方向、金融机构的信贷供给意愿，最终可以对农户的信贷可得性产生影响。董晓林和杨小丽（2011）指出，影响农村企业信贷可得性的主要因素包括金融机构规模、组织类型、所有制结构、人力资源状况、内部管理制度、信贷额度、贷款利率水平、贷款期限等方面。秦建国等（2011）研究发现，农户的个人与家庭特征、经济特征以及环境特征对农户借贷可得性有显著影响。秦建群等（2011）研究发现，家庭人口数量、平均年龄对信贷可得性的影响负相关；家庭不动产价值对信贷可得性的影响为相关。童馨乐等（2011）以农户调查数据为基础，通过多元回归分析得出结论，农户的政治关系、邻里关系、农民专业合作组织关系以及正规金融机构关系等对农户借贷机会的影响都比较显著。张兵和张宁（2012）研究发现，非正规借贷对提高农户信贷可获性具有积极意义。刘荣茂和陈丹临（2014）研究发现，由于信息获取渠道的差异性，正规与非正规金融信贷的可得性具有不同的影响因素，家庭收入和土地价值对提升农户的正规信贷可得性具有积极意义。汪昌云等（2014）研究发现，金融市场化导致农户从正规金融部门获得信贷的可能性降低了。王金凤等（2015）指出，信贷种类、贷款流向、信用等级、受教育程度、利率水平等因素对农户保证贷款、抵押贷款、信用贷款可得性具有重要影响。张林和冉光和（2016）研究发现，低收入户的确定以及所拥有的牲畜价值与农户信贷可得性正相关，与信贷金额的大小负相关，而房屋、生产性固定资产的价值以及对互助会的了解程度对农户信贷可得性和金额大小都产生了正向作用。罗振军和兰庆高（2016）研究发现，家庭收入高、拥有一定抵押品的农户实现融资正规化转化的可能性更高。吕德宏和朱莹（2017）将农户分为三种类型，其中务农型农户信贷可得性主要受到家庭耕地面积、年龄等方面影响，务工型农户主要受到农户年龄、家庭劳动力所占比例和政府补贴等方面影响。王新玲（2017）研究发现，农户信贷可得性的主要因素有政治面貌、受教育程度、是否为村干部、健康情况、工作类型、保险合同、资产规模、生产经营周期、经济水平等。周南等（2019）研究发现，单方面推进农地确权或允许农地抵押并不能改善农户正规信贷获得性。黄秋波等（2020）研究发现，社会资本对农户信贷可得性具有显著影响。

此外，林乐芬和王步天（2016）、张应良和欧阳鑫（2020）、项质略等（2020）等研究认为农村土地产权与承包经营权抵押有助于提高农户信用贷款可得性。还有文献从农村土地流转、农村合作社、农村互助社、农村金融机构、农村金融市场、人均收入等影响因素对信贷可得性的影响进行阐释（施继元，2008；郭红东等，2011；甘涛，2016；彭克强和刘锡良，2016）。

（三）信贷约束

1. 信贷约束内涵与定义

（1）信贷约束理论简介。很多文献会交互使用信贷约束（Credit Constraints）和信贷配给（Credit Rationing），实际上两者存在一定的区别。信贷约束是从资金需求方的角度阐明资金需求方无法获得所需信贷资金这一现象，信贷配给则是从资金供给方的角度来解释这一现象，即信贷配给是供给方对信贷约束的说明。另外，信贷配给仅是导致信贷约束的一个原因，不是所有的信贷约束都是信贷配给造成的（刘西川和程恩江，2009）。有关信贷约束的研究，多数研究者从信贷配给理论出发，主要从信贷的可得性、风险与利率相关因素、隐含条件的信贷合约、信息的不完全性、信贷合同的执行程度等多角度进行解释。在历史的不同时期，这些研究都产生了积极影响，学者从不同角度对信贷配给问题进行全方位的研究和分析，从而让人们对信贷配给有更深入的理解。随着研究不断的深入与完善，不完全信息理论获得多数经济学家的认同，逐渐发展成最具影响力的信贷配给理论。在这个理论中，关于信贷约束主要来自金融市场借贷双方信息不对称的观点得到广泛认可（Stiglitz 和 Weiss，1981；Hoff 和 Stiglitz，1990）。

（2）信贷约束的衡量方法。现阶段衡量农户信贷约束的方法有间接法、半直接法以及直接法等。

1）间接法。该方法主要分为检验家庭对于"生命周期持久收入假说"（LC/PIH）的满足程度、估算生产者获得信贷资金的成本和相应的资本影子价格、观测生产经营活动是否随信贷可得性的改变而改变三类。其中，检验家庭对 LC/PIH 的满足程度是最普遍且最有影响力的方法，不过也有很多学者对 LC/PIH 的信贷约束衡量方法提出质疑，认为信贷约束不是 LC/PIH 被违背的唯一原因（Browning 和 Lusardi，1996）。

2）半直接法。鉴于第一种方法的缺点，半直接法试图通过建立计量模型对农户受到信贷约束的程度或概率进行直接估计，多数相关文献采用 Biprobit 模型（需求可观测或部分可观测）或者两部门模型等联立方程模型进行分析（Kocher，1997；Swain，2002；李锐和朱喜，2007；黄祖辉等，2009；李庆海等，2012；胡新杰和赵波，2013）。但由于运用计量模型进行估算时，估算过程较为复杂且可利用的信息相对有限，一定程度地约束了这种方法的运用。

3）直接法。即通过精心设计相应的调查问卷，从农户获知关于信贷需求的相关信息。随着对信贷约束研究的不断深入，在样本的可识别性及其分类的完备程度方面，该方法持续领先，现阶段已经成为衡量信贷约束的主要方法（程郁等，2009；刘西川和程恩江，2009；张龙耀和江春，2011；李庆海等，2017；李成友和孙涛，2018）。

（3）信贷约束的分类。信贷约束分类主要有以下几种分类方式：通过判别遭受信贷约束的原因，可以将信贷约束分为需求型信贷约束和供给性信贷约束，这一方法在很多文献中都得到体现（程郁和罗丹，2009；张应良等，2015；牛荣等，2016）。张海洋和李静婷（2012）研究认为，若农户在农业生产、小微经营活动、开办企业以及外出务工等多种生产型活动中的一个或多个活动中受到信贷约束，就认定其受到了生产型信贷约束；若农户在修建房屋、婚丧嫁娶、健康管理、家庭教育 4 项非生产型活动的一个或多个活动中受到信贷约束，则认为其受到了生活型信贷约束，若农户受到生产型或非生产型信贷约束，则认为其遭受信贷约束。类似地，谭燕芝等（2017）将农户遭受的信贷约束分为生产型信贷约束与消费型信贷约束两类。

正规金融机构与非正规金融机构都是我国农户信贷资金的主要来源，有信贷需求的农户不仅可以单独向正规金融机构或者非正规金融组织借款，还可以同时向两者借款，以此为基础，可以将信贷约束分为正规型、非正规型以及混合型三类（白永秀和马小勇，2010；Feng 等，2012；李庆海等，2017；李成友和孙涛，2018）。在供给型和需求型信贷约束分类的基础上，可以将需求型信贷约束进一步细分为交易成本约束和风险约束（赵建梅和刘玲玲，2013）。类似地，还有学者将信贷约束分为服务型信贷约束和数量型信贷约束，前者是指借款申请人申请了贷款，但未获得贷款，而后者是指申请人获得了贷款，但贷款额度小于期望的水平（褚保金等，2009；胡新杰和赵波，2013；宁国强等，2016）。

程郁和罗丹（2009）将农户创业过程中遭受的信贷约束分为第一类创业信贷约束和第二类创业信贷约束，前者是农户未达到最低创业资本要求，于是为了营生而进行生产和务工，后者是指当农户能够创业，却因为受到信贷约束只能在可贷资金水平下生产。朱喜和李子奈（2006）认为，信贷配给主要分为数量型配给与服务型配给两种类型，前者是银行向农户发放了贷款，但数量未达到农户的需求规模，而后者则是银行拒绝提供信贷服务给具有贷款需求的农户。张正平和何广文（2009）将信贷配给分为对既定客户的贷款数量进行配给以及对贷款的客户数量进行配给两类。杨海燕（2010）在研究欠发达地区农村金融市场信贷配给时指出，信贷配给可以分为价格配给和非价格配给两种类型。张兵和张宁（2014）将其分为银行信贷配给和自我信贷配给。董晓林等（2016）借鉴已有研究，把农户所面临的正规信贷配给划分为借贷型价格、非借贷型价格、部分数量、完全数量、交易成本、风险以及社会资本 7 种配给类型，出现后 5 种配给类型则意味着农户受到了信贷配给。类似地，张三峰等（2013）根据相关研究将信贷配给情况主要划分为自我实施型、交易成本型、未借贷型、供给型以及风险型 5 种类型。王姣等（2020）将信贷排斥分为技术性金融排斥、风险性金融排斥以及市场性金融排斥；还有部分学者认为金融排斥有因供给不足产生的地域环境排斥、价格错位排斥、条件缺失排斥、营销方式排斥、评估标准排斥以及因需求未完全满足产生的自我排斥（尹志超等，2019；何婧和岳靓，2021）。

2. 信贷约束现状

大部分文献认为，我国农户遭受信贷约束的现象较为普遍，相关研究可分为两类：一类是仅涉及正规金融渠道（朱喜和李子奈，2006；程郁等，2009；刘西川和程恩江，2009；程郁和罗丹，2009；张龙耀和江春，2011；胡新杰和赵波，2013；张三峰等，2013；赵建梅和刘玲玲，2013；张宁和张兵，2014）。例如，程郁和罗丹（2009）通过直接法发现33.72%的样本农户遭受正规信贷约束，并且需求型约束和供给型约束的比率非常接近。胡新杰和赵波（2013）估算出样本农户遭受正规信贷约束的比率高达57.3%。赵建梅和刘玲玲（2013）通过直接法发现农户遭受正规信贷约束的比率高达45%，同时供给型约束的比率约为需求型约束的2.5倍。张宁和张兵（2014）通过直接法发现遭受正规信贷约束的农户比率为33.53%，其中9.32%受到银行信贷配给，24.21%受到自我信贷配给。

另一类是同时考虑正规和非正规金融渠道（李锐和朱喜，2007；朱喜等，2009；Jia等，2010；董志勇和黄迈，2010；李庆海等，2012；李丹和张兵，2013；李庆海等，2017；路晓蒙和吴雨，2021）。例如，李锐和朱喜（2007）估算出农户遭受总体信贷约束（不区分正规和非正规信贷约束）的比率为70.92%，李庆海等（2012）的调查结果为64.5%。Jia等（2010）通过直接法发现农户中16.91%遭受非正规信贷约束，38.27%遭受正规信贷约束。李庆海等（2017）通过直接法的研究发现，我国农户遭受正规和非正规信贷约束的比例分别为66.92%和30.98%。

此外，也有少量研究认为我国农户遭受信贷约束的情况并不严重，如余泉生和周亚红（2014）认为，衡量"信贷约束强度"相比信贷约束比率更有实际意义，其研究思路是对"有无信贷约束"的传统二元变量进行连续化处理，并且以此为基础设计"信贷约束强度"指标对农户遭受信贷约束的程度进行衡量，通过直接法发现样本农户的"信贷约束强度"仅为14.4%，该研究大大拓展了信贷约束的研究视角。

3. 信贷约束的影响因素

（1）计量模型。梳理已有文献，识别信贷约束影响因素的计量模型主要包括以下几种类型：

1）Probit/Logit 模型。程郁等（2009）通过三个独立 Probit 模型的运用，对农户受到正规信贷约束、需求型信贷约束以及供给型信贷约束的影响因素分别进行识别。Jia 等（2010）、Rahji 和 Adeot（2010）、董志勇和黄迈（2010）等采用 Probit 模型，对受到正规信贷约束或总体信贷约束的影响因素进行识别，其中总体信贷约束指不对正规信贷约束或非正规信贷约束进行区分。

2）多元 Probit/Logit 模型和有序 Probit/Logit 模型。刘西川和程恩江（2009）将受配给农户的配给类型分为借贷型价格配给、未借贷型价格配给、风险或交易成本配给以及数量配给等，并利用多元 Logit 模型对不同配给类型影响因素之间的差异性进行比较分析。

3）双变量 Probit 模型（即 Biprobit 模型）。Jia 等（2010）以判定农户是否受到正规信贷配给以及是否受到非正规信贷配给为标准，把农户划分为互不相同的四种类型，分别识别了农户遭受正规和非正规信贷配给的影响因素。

4）样本选择性（Sample Selection）模型。部分学者意识到样本选择问题的存在，在构建联立方程模型的基础上进行相关分析，但这只解决了部分样本选择性问题。例如，李丹和张兵（2013）构建了关于信贷需求和信贷约束的具有样本选择性的双变量 Probit 模型，尽管这样解决了信贷需求的样本选择性问题，但无法对需求型和供给型两种信贷约束的影响因素的差异性进行比较分析。张宁和张兵（2014）采用相同模型构建了关于需求型约束和供给型约束的样本选择性模型，虽将需求型约束和供给型约束区分开来，但无法解决信贷需求的样本选择性问题。李韬和罗剑朝（2014）运用双栏模型（Double Hurdle Model）比较分析了金融机构信贷配给两步决策的差异及影响因素，却无法解决信贷需求的样本选择性问题。李庆海等（2017）运用具备样本选择性的四元 Probit 模型，充分考量了正规与非正规金融渠道之间的关联和区别以及样本选择性问题，来辨识农户受到的正规信贷约束和非正规信贷约束的影响因素及其差异。

（2）影响因素。

1）个人特征。白永秀和马小勇（2010）研究认为，社会网络广度、是否为村干部以及户主的风险规避倾向对农户正规信贷约束具有显著的影响，而对农户非正规信贷则影响不大。李韬和罗剑朝（2014）认为，户主年龄对遭受金融机构信贷配给的程度具有显著正向影响。Pang 等（2014）研究表明，农户风险态度与信贷配给显著正相关。张应良等（2015）研究认为，创业者的年龄与金融约束概率呈 U 形关系。牛荣等（2016）研究认为，性别、年龄对农户是否遭受信贷约束并无显著影响，而文化程度、政策了解度、交通便利程度以及人际关系等变量可以有效缓解信贷约束。周洋等（2018）研究表明，认知能力能显著缓解家庭金融排斥。Ren 等（2018）研究认为，农村居民的个人特征会影响农户信贷排斥。刘长庚和罗午阳（2019）研究认为，互联网的使用可以有效缓解农户金融排斥，其中对储蓄、风险资产、贷款和商业保险等方面的排斥均具有抑制作用。韦倩和徐榕（2021）研究发现，提高互联网使用强度能显著降低居民信贷排斥的概率。罗娟等（2020）研究认为，提高金融知识水平不仅能在更大程度上对家庭总体投资型金融排斥水平具有缓解作用，还能明显对股票型以及基金型的金融排斥产生缓解效果，比起基金排斥，金融知识对股票排斥具有更多的影响。何婧和岳靓（2021）研究分析，非认知能力在很大程度上影响了信贷排斥，带有积极型严谨性特质和外向性特质的农户做事有条理、小心谨慎，可明显减轻其受到的信贷排斥程度，但带有消极型顺同性特质的农户缺乏主见、犹豫不决，则会受到更严重的信贷排斥。

2）家庭特征。Diagne 等（2000）研究发现，家庭信用评级是决定农户是否信贷约束的重要因素。褚保金等（2009）调查研究发现，农户户主年龄、所拥有的耕地面积、非农业生产收入会在统计上对其遭受信贷配给的概率产生显著的负向影响。马晓青等（2010）研究表明，家庭财富水平对农户信贷抑制的影响存在倒 U 形关系，同时缺乏信用记录、缺乏关系的农户更易遭受正规金融渠道的信贷配给。白永秀和马小勇（2010）的研究表明，收入水平和非农程度均可以有效缓解农户正规和非正规信贷约束，此外，人均耕地面积对化解缓解正规信贷约束并无显著影响，但能有效缓解非正规信贷约束。董志勇和黄迈（2010）研究发现，农户受到正规信贷约束的主要因素是农户是否有"关系"、信用状况以及家庭纯收入，而不是从事自营工商业与否以及土地流转的情况。王性玉和田建强（2011）研究发现，不仅农户的人口总数、劳动力人数及学生人数会影响农户的信贷配给情况，户主年龄、受教育的程度及拥有的土地面积也能产生一定的影响。张兵等（2013）研究认为，社会资本作为一种特殊资本能够有效缓解农户信贷约束。李岩等（2013）研究发现，受到完全信贷约束的农户大多数都是家庭收入较低、资产较少、受教育程度不高的年轻人，而更富裕的农户则更可能受到部分信贷约束。张兵等（2013）研究认为，家庭收入主要来源于工资和工商经营的农户，遭受信贷约束的可能性较低。胡新杰和赵波（2013）研究发现，土地面积、房屋价值和固定生产资料原值对信贷配给具有正向影响。张三峰等（2013）研究发现，信用评级在整体上缓解了农户受到的信贷配给。李韬和罗剑朝（2014）认为，家庭自有土地面积对缓解农户金融机构的信贷配给程度具有积极影响。严武和陈熹（2014）研究发现，亲戚间信任程度、邻里间信任和睦度、与农业专业合作组织的关系、在正规金融机构的信用评价等级以及农户于所在地的诚信评价情况等能够显著缓解农户信贷约束。黎毅等（2014）研究认为，家庭人口和土地面积并不会有效缓解农户信贷约束，经营收入具有缓解作用，而工资收入和其他收入并无积极影响。黄倩和尹志超（2015）研究发现，更易遭受信贷约束的家庭通常具有家庭总资产规模小、收入低、家庭健康情况不乐观、受教育程度较低、老年抚养比高等特点。王静和朱烨炜（2015）研究认为，金融资产余额与是否加入农业合作社对信贷供给具有负向影响。牛荣等（2016）研究认为，实物资产和耕地面积对缓解农户信贷约束具有积极作用，但金融资产、年收入总额、人均收入等变量并无积极影响。谭燕芝等（2017）研究认为，信贷证的获得可以显著缓解农户所受的信贷约束。周洋等（2018）研究发现，家庭财富水平的提高能够显著缓解居民受到的正规金融机构排斥。林芳和陈文相（2019）研究发现，能够明显影响金融排斥的变量主要包括家庭可支配收入、人均住房面积以及农村劳动力的受教育程度。王海琳和熊德平（2020）研究认为，居民收入水平、受教育水平、工作种类、家庭财富会影响农户所受的金融排斥。

3）金融机构特征。马九杰和吴本健（2012）的研究表明，利率变动对于农户受到的信贷配给程度是非线性的。胡新杰和赵波（2013）研究发现，金融机构网点数量对信贷配给具有负向影响。张应良等（2015）研究认为，贷款流程、信贷产品以及贷款条件是导致农户处于高金融约束状态的主要成因。杭斌和修磊（2016）认为收入差距扩大对消费的抑制作用与信贷约束有关。董晓林等（2016）认为"共跻监督"能有效缓解信贷约束。彭澎等（2018）研究发现，通过跨行业合作实现信贷和保险耦合的银保互联贷款模式对缓解信贷约束起到积极作用。王若男等（2019）研究认为，贷款条件苛刻与交易成本约束分别是合作社遭受供给型约束和需求型约束的重要原因。王海琳和熊德平（2020）认为，金融机构网点半径、金融产品的功能和创新性会影响农户所受的信贷排斥。

4）宏观特征。李锐和朱喜（2007）研究发现，土地面积和地理位置对信贷约束产生负影响，同时，交通条件对信贷约束不产生显著影响。杨海燕（2010）认为完善农村财产权利体系，改革抵押制度、建立农村贷款的风险保障体系、建立利率机制改革与竞争机制能有效缓解信贷约束。张海洋和李静婷（2012）认为村庄附近金融环境越好越有助于缓解农户的信贷约束。杨军等（2013）研究认为，社区金融资源的覆盖对缓解信贷约束有显著积极作用。张龙耀和张海宁（2013）认为地区经济金融水平会影响地区所受信贷约束程度，其中信贷约束对经济欠发达省份和农村地区影响更大。何志雄和曲如晓（2015）研究发现，对农业政策性金融供给、社会消费水平能有效缓解信贷约束，而金融机构不良贷款、政府规制会加剧信贷约束。许月丽和王飞（2015）研究认为，政府紧缩性的农村金融政策会对农村正规金融机构的贷款供给产生重要影响。薛宝贵和何炼成（2016）研究认为，由于城乡一体化的程度不高，中部和西部地区的市场竞争更容易出现农村金融排斥的情况。粟芳和方蕾（2016）研究发现，银行排斥和保险排斥现象在中部农村地区最严重，而互联网金融排斥在西部农村地区最严重。MyloniDis 等（2017）研究认为，文化因素和重要社会经济效应会影响金融排斥。Ren 等（2018）研究认为农村居民对数字金融的了解程度、数字金融基础设施、数字金融发展，以及社会环境会影响金融排斥。甘宇和徐芳（2018）研究发现，相对于城镇地区，农村地区家庭更容易受到信贷排斥。张国俊等（2018）研究认为，地区社会经济发展、政府财政支出能力、地区受教育水平以及人口密度都与本地区金融排斥呈明显负相关；提高受教育水平与增加人口密度能明显降低金融排斥的空间差异。王若男等（2019）研究认为，政策环境，如指导意见支持，对信贷约束有正向影响，而区位因素中，西部较东部更易受到信贷供给约束。杨虹和张柯（2020）研究发现，对云南省的金融排斥现象而言，政府干预程度、城市化水平、产业结构布局、受教育水平以及交通运输能力都对其产生了明显的负向作用，而城乡收入分配结构则对其有正向作用。姚凤阁等（2020）研究认为，GDP 贷款贡献率、居民受教育的水平、人均可支配收入以及当地产业结构布局，都是影响本地区农村金融排斥程度的重要因素。王海琳和熊德平（2020）研究发现，社会经济发展情况、当地就业状况、农村城市化与农业现代化水平、相关国家宏观政策以及当地金融基础设施建设等因素都会对农户所遭受的信贷排斥产生影响。

（四）信贷违约

1. 信贷违约的测度及其计量模型

由于研究角度具有差异性，学者运用不同的计量模型深入研究农户的信贷违约行为，如使用 Probit/Logit 模型对农户是否能够及时足额偿还贷款进行详细分析（Roslan 和 Karim，2009；吕京娣和吕德宏，2011；Zhang 和 Izumida，2013；丁志国等，2014；樊鹏英等，2014；苏治和胡迪，2014；李庆海等，2020；李凤至等，2020；王磊玲等，2021），运用 OLS 模型深入分析农户贷款金额的未归还部分（Oke 等，2007；Oladeebo 和 Oladeeb，2008），运用 OLS 模型或双门槛—Tobit 模型（Two—Limit Tobit Model）分析未归还贷款和归还贷款分别占借款总额的比例（Brehanu 和 Fufa，2008；Afolabi，2010；Sileshi 等，2012），或者运用计数模型（Count 模型）分析贷款还款延迟天数（Dufhues 等，2011）等。此外，也有部分学者运用判别分析方法判定识别变量是否为信贷违约的影响因素，并对其进行测度（马九杰和毛旻昕，2005；Afolabi，2010），如张宗毅和李莉（2018）基于 Logistic 模型，考察了人格特征对"农分期"贷款信贷违约的影响；张润驰等（2017）基于 Logistic 模型，考察了江苏北部某地区农户小额贷款信贷违约的影响因素；林丽琼（2017）基于 Probit 模型，考察了地理距离、关系及其交互项对民间借贷违约风险的影响。

2. 信贷违约现状

有关我国农户信贷违约比例的结论尚未达成一致，这是由样本数据调查地点、时间、定义等方式不同所导致的（李庆海等，2018a，2018b）。例如，吕京娣和吕德宏（2011）研究发现，陕西眉县 2010 年农户信贷违约比例约为 18%；张云燕等（2013）对陕西渭南的农户贷款数据研究发现，在 284 个贷款农户中，违约农户有 110 个，履约农户有 174 个；苏治和胡迪（2014）基于金融机构农户信贷记录的数据表明，吉林 2012 年农信社信贷违约率高达 25.75%；赵翠霞等（2015）基于山东农信社的贷款数据表明，农信社不良贷款率为 8.39%；孙光林等（2017）研究发现，新疆地区农户信贷违约比例约为 21.53%；张润驰等（2017）基于江苏北部某地区 18 万条小额贷款的记录显示，信贷违约比例为 2.7%；李庆海等（2018a，2018b）研究发现，新疆地区农户信贷违约比例为 24.66%，2013 年苏鲁两省农户信贷违约比例约为 12.06%；张宗毅和李莉（2018）研究发现，

"农分期"信贷违约比例约为3.13%；李凤至等（2020）研究发现，雅安地区农户信贷违约比例约为35.15%；王达（2020）研究发现，湖南涉农贷款违约比例约为50%；孙光林等（2021）针对我国东三省玉米种植区的研究发现，农户正规信贷违约比例约为12.62%。

3. 信贷违约的影响因素

Pham和Robert（2004）研究发现正规金融、半正规金融履约行为的决定因素存在较大差异；Ojiako和Ogbukwa（2010）研究正规机构还贷表现影响因素，发现相关结论远未达成共识。显然，相关研究仍需进一步细化和深化。简要而言，Dufhues等（2011）总结出对信贷风险造成影响的因素主要有以下五个方面：①借款人（机构）个体的基本特征，如家庭人口特征（年龄层次、教育水平、家庭人口规模、家庭成员的婚姻状况、民族情况、宗教信仰、职业类型以及金融知识水平等）、家庭生产经营状况（如参加农业技术培训的情况、农业或者非农业相关生产经验等）、家庭收支状况（如家庭总收入与总支出、转移性收支以及农业或非农业收支状况等）、家庭财富和资产状况（拥有的耕地面积、生产性固定资本规模以及股票基金等分红型资产等）和地理位置（与金融机构或公路的地理距离等）等。②放贷人（机构）的基本商业特征，如公司规模、公司资产、放贷技术与能力、公司的盈利水平、贷款的分散程度、进行信贷活动的目的以及基层分支机构状况等。③放贷人（机构）运行方式及管理机制，如绩效考核方式（判断额外激励和补贴的发放与否）和内部管理机制（风险监控模式、对农户的附带技能培训）等。④贷款特征，如贷款资金的来源、贷款额度的大小、贷款利率的高低、贷款期限的长短、贷款用途、资金流向、借款人的信用记录、融资团体规模的大小、借款人的还款方式以及借贷活动中产生的各项成本等。⑤市场与宏观因素，如自然灾害、宏观经济波动、政策的变化以及当地利率的变化等。

具体来看，吕京娣和吕德宏（2011）的研究表明，农户兼业程度会对农户小额信贷的还款行为产生一定程度的影响，且二者呈明显的正相关关系。张云燕等（2013）研究证实，户主的受教育程度、家庭总收入、家庭的劳动力数量、是否为种粮户、是否有借款、贷款的金额、借贷渠道以及农户对于偿还贷款所付出的努力等因素都对农户信贷违约行为产生明显的作用。苏治和胡迪（2014）的研究表明，我国农户违约行为动机主要分为主动性违约与被动性违约两类，其中的主导动机是被动性违约。樊鹏英等（2014）研究发现，债务人年龄层次、所处地区、贷款额占家庭总收入的比重、与信用社关系的密切程度以及家庭户口情况等因素对农信社违约与否具有显著影响。林丽琼（2017）研究发现，地理距离对违约风险具有明显的正相关关系，而关系则对违约风险产生明显的负向作用。张润驰等（2017）的研究表明，农户的真实违约情况和信用水平指标二者之间并没有明显的关系，而利率、性别、婚姻状况、职业、教育等变量对信用风险有较大影响。张宗毅和李莉（2018）研究发现，农户的违约行为明显受到农户的性别、年龄、经营的土地面积、贷款金额、还款频率和贷款期限的作用。李庆海等（2020）研究发现，抵押对农户信贷违约风险具有显著的负面影响。李凤至等（2020）研究发现，农户金融素养、农业生产损失、灾后发展水平、是否有邻里借贷、家庭年收入水平、贷款期限、重建房满意度和信用氛围等因素对农户是否信贷违约具有显著影响。王达（2020）分析发现，分类管理农户对降低小额信贷违约风险识别和控制的难度更有利，从而更容易降低小额信贷违约率。孙光林等（2017）研究发现，提高农户金融知识水平有利于降低其信贷违约风险。进一步的研究证明，数字信用与农户信贷违约行为之间呈明显的负相关关系，农户有越高的数字信用评分，则农户信贷违约行为产生的可能性就越小，此外，户主为女性、家庭人口规模越大、家庭收入越高、社交媒体使用越频繁与村庄信用氛围越好的农户，其信贷违约的可能性越低（孙光林等，2021）。梁伟森和方伟（2021）研究发现，农户资产负债率、家庭消费性支出越多对信贷违约具有正向影响，而与人合作的信任度越高则违约风险越小。

关于社会网络或者社会资本对农户信贷履约的影响引起了学者们的普遍关注。例如，王国红（2007）回顾总结了有关社会资本对农村非正规金融履约影响机制的研究，将其划分为信息和信任、硬预算约束、灵活担保、群体惩罚以及女性市场定位等机制。Dufhues等（2011）研究发现，纽带型、桥接型、纽带—连接型和桥接—连接型社会网络对农户履约行为产生重要影响且存在异质性差异。国外农村小额信贷机构逐步放宽了连带责任要求等，针对这一现象，王睿（2012）重点梳理了其是如何从纵向社会资本和横向社会资本两个角度激励农村小额信贷团体贷款的还款的。Al-Azzam等（2012a）研究表明，同伴监督、群体压力和社会关系可以有效减少联保贷款信贷违约的天数，而Al-Azzam和Mimouni（2012b）研究表明，建立在友谊、邻里关系和良好沟通基础上的社会关系能减少联保贷款逾期还款的天数；并将社会资本分为六个方面，其中社会信任、社会关系、同质性、地理相近性对农户信贷违约具有显著影响（Al‐Azzam 等，2020）。赵翠霞等（2014）研究发现，人情贷款是农户不良贷款的主因。李庆海等（2018a）研究认为，正式和非正式社会网络对中国农户信贷违约的影响存在异质性，而个体性社会网络和团体性社会网络对中国农户信贷履约的影响存在异质性（李庆海等，2018b）。Postelnicu 等（2018）研究发现，贷款小组外部的社会关系的不同维度，对农户信贷违约问题的影响存在差异。

（五）利率

1. 利率现状

张元红等（2012）认为，虽然大多数农户民间借贷仍是无息借贷，但是有偿借贷比例和实际利率水平并未呈现下降趋势甚至还有所上升，不仅如此民间有偿借贷日益呈现出商业化、正规化的特征。鉴于农村金融市场的高度垄断、金融机构缺乏创新动力以及定价实践不足，金融机构依然诉诸低利率和高抵押要求（张龙耀和江春，2011）。针对信贷利率的影响，谭燕芝和彭千芮（2016）指出利率直接决定了农户信贷选择正规渠道的意愿强弱，并且其是农户在申贷中权衡收益的重要指标。

霍学喜和屈小博（2005）研究地处西部传统农业区域的农户借贷状况，在2000~2003 年有针对性地进行了持续的问卷调查，发现在农户的全部民间借款中，无息借款占借款总额的绝大部分，高达 92.26%，而有息借款仅占借款总额的 7.74%，在有息借款中，年利息率小于或等于 18% 的民间借贷占比 39.13%，年利息率大于 18% 的民间借贷占比过半，达到 60.87%。针对民间金融利率的现状、形式以及决定机制三个方面，张庆亮和张前程（2010）全方位概括整理了国内的相关文献。支大林和孙晓羽（2009）认为东北地区民间借贷利率有提高的趋势，尤其是辽宁民间融资年利率明显逐年提高，在最高利率方面，各地市农村企业以及个人民间融资的最高利率在 2005 年介于 12%~30%，2006 年则是达到30%~60%，2007 年进一步上升为 40%~84%。张元红等（2012）发现大多数农户民间借贷仍然是无息借款，但有息借贷比例和实际借款利率有上升趋势。徐丽鹤和袁燕（2013）研究发现，我国农户 2008 年平均年利率为 12.6%，最低为0.22%，最高为 60%。刘西川等（2014）研究发现，浙江地区利率上浮贷款主要集中在（1.0，1.3）、（1.3，1.5）和（1.5，2.0）3个区间，分布在这3个区间的正规贷款分别占总笔数的22.88%、17.34%和24.72%，且年化均值约为2%。张宁等（2015）研究发现，在所有样本中，有一半以上（54.52%）贷款笔数的正规贷款年利率在10.25%~11.25%；就非正规贷款而言，贷款的年利率分布明显较为分散，在15%~17%、17%~19%和23%~24%的占比较大，占比分别为19.35%、38.23%和20.75%。孙光林等（2017）研究发现，新疆地区农户借贷年化利率均值约为29.23%；李庆海等（2018a，2018b）研究发现，新疆地区农户扣除利息年化值为12.17%；苏鲁两省农户借贷利率年化均值为8.17%。莫媛和周月书（2019）研究发现，经济较发达的苏南和苏中地区的农户贷款规模高于经济欠发达的苏北地区。

2. 利率水平影响因素的识别计量模型

对于利率水平影响因素的识别，学者们采用了不同的计量模型进行了有针对性的研究。例如，李金阳和朱均（2013）选取了我国最大的P2P网络借贷网站拍拍贷作为例子，借助多元线性回归模型建立网络借贷利率影响因素模型。徐丽鹤和袁燕（2013）选取Tobit模型探讨了影响我国农户民间借贷利率的多种因素。为解决研究中固有的样本选择偏差、利率内生性以及数据截尾三类计量问题，刘西川等（2014）采用Tobit Ⅲ模型等方法进行处理，提出了解决多笔贷款与利率弹性异质性问题的新方法。陈霄和叶德珠（2016）采用AR-GARCH模型来刻画P2P贷款的利率波动情况。任燕燕等（2017）利用双边随机前沿分析方法（SFA方法）对我国P2P网贷市场借贷双方利率主导权力进行测算，并对借贷双方的主导权力对贷款利率的影响效应进行定量分析。

3. 利率的影响因素

有关农户信贷利率的定量研究较为缺乏，主要采用描述性分析或者针对P2P贷款进行研究。Cressy和Toivanen（2001）研究发现，抵押贷款的提供会降低银行贷款的利率支付水平，往往好的借款者可能获得更大规模的贷款和较低水平的贷款利率，Hanley和Girma（2006）使用英国银行466份贷款数据的研究结论与之类似。Ravina（2008）研究指出，当其他借贷信息都相同时，拥有较高颜值的借款人更容易以较低的贷款利率获得贷款。李金阳和朱钧（2013）则认为借款者的借款金额与信用等级会对借款利率产生负面作用，而历史流标次数存在正向作用，但对历史借贷的成功次数、是否具有视频认证、是否加入优先计划等因素并未产生显著的影响。徐丽鹤和袁燕（2013）的研究表明，由于低收入群体拥有的社会资本较少，因此需要支付较高利率才能从高收入群体获得借贷，此外，亲缘关系、融资约束、人力资本和逾期未还款记录等都会明显影响民间借贷利率。Cerqueiro 等（2014）基于瑞士银行数据的研究表明，高质量抵押物有助于借款人更容易获得更低水平的利率。廖理等（2014）的研究表明，现阶段我国网络贷款的市场利率属于非完全市场化利率的一种，但具备利率市场化的基础。刘西川等（2014）研究发现，影响利率水平的显著变量总计 5 个，即抵押条件、是否为农信社社员、所在村庄人口规模、距离金融机构距离及重大事件支出等。陈霄（2014）根据人人贷数据进行研究分析，借款人的收入越高，P2P 借款的利率就会越高，二者呈明显正相关关系。陶珍（2015）同样以人人贷为例，对影响借贷利率的因素进行研究，得出借款人基本人口特征、信用记录变量、历史信用表现、借款信息都会对贷款成功率及借贷利率产生一定的影响。陈霄和叶德珠（2016）研究发现，网贷市场利率不仅有明显的波动聚类效应，还有反转效应，还带有宽尾特征，却没有发生显著的杠杆效应。任燕燕等（2017）研究发现，资金供给方具有明显的主导权，这种权利会随着借款方的学历、年龄、收入等方面的提升有所改善。梁杰等（2020）构建了不完全信息下的动态博弈模型以及重复博弈模型，通过田野实验考察农地抵押与信誉监管对缓解农村信贷高利率困境的影响及其差异。

二、地理距离

（一）地理距离的概念和测度方法

1. 地理距离的概念

在以空间为核心的人文地理学领域内，距离作为空间的主要构成部分，是研究的重要内容之一。距离可以定义为两个物体在空间或时间上相隔的长度。Yi 等（2020）认为距离是空间分析和建模中最基本的度量。然而，地理学研究认为距离代表的是一种空间关系，它强调的是不同位置上的地理行为的空间轨迹和现象的空间相互作用，而不是一种简单的长度度量。因此，将地理距离定义为两地之间的空间距离（原东良和周建，2021），其反映的是两地在地理空间上的邻近程度（史烽等，2016），所以针对地理邻近性的度量也可用地理距离这一变量。

同时，地理距离也是金融地理学中的重要概念。金融地理学是将地理距离、位置等地理因素与金融学研究相结合来考察区域金融问题（俞红玫，2015）。相关文献更多的是探究借款人和银行间、企业与银行间或是两企业间的地理距离。

2. 地理距离的测度方法

（1）间接法。该方法适用于无法直接获取两地地址的情况，故选取合适的间接指标来衡量地理距离。例如，何问陶和王松华（2008）将国有商业银行给企业的贷款占其贷款总额的百分比作为地理距离的替代指标，Alessandrini 等（2009）选取银行分支机构的人口渗透率或者地理渗透率作为替代指标，Milani（2014）使用一定区域内银行分支机构的平均辐射半径来衡量银企地理距离，史烽等（2016）选取铁路时间变量来衡量两地间的地理距离，林丽琼等（2017）使用借贷双方所在住址间的行车时间来刻画借贷双方的地理距离，而 Backman 和 Wallin（2018）则采用企业周边银行网点数量来估计地理距离。此外，李华明和吴非（2019）在考虑城市交通通达程度的同时，为分析地缘优势问题，引入企业达到银行机构的车程来代替银企地理距离变量；而易巍等（2021）则使用两城市间的距离分位数对样本进行分组，然后根据距离区间设置相应的距离虚拟变量来估计城市间的地理距离。

（2）直接法。该方法更为科学、准确，主要是通过两地的经纬度坐标以及数学计算公式获得地理距离的数值。例如，DeYoung 等（2007）使用借款人和出借人所在地址的邮政编码，来计算两地间的地理距离；许坤和笪亨果（2015）则采用直线物理距离，来表示民营企业注册总部和银行等金融机构之间的地理距离；杨伽伦等（2020）、刘小元等（2021）结合两公司所在地的经纬度并使用大圆距离的测算方法，来衡量两公司间的地理距离；而范剑勇等（2021）根据全国各市县区行政中心的经纬度坐标以及球面上两点间的距离公式，直接计算两个城市间的地理距离；胡璇和陆铭俊（2021）根据由银行和企业经纬度坐标得到的点数据进行等距投影转换，并使用 ArcToolbox 软件测算最短银企距离。然而，我国地形地貌复杂多样，所以单纯地采用直线距离或大圆距离来计算两地之间的空间距离并不准确。因此，相关研究为避免数据量纲的影响或平滑数据，对地理距离这一变量取自然对数（原东良和周建，2021；庄希勤和蔡卫星，2021）或加1后取自然对数（金友森和许和连，2021）。范剑勇等（2021）以新企业所在行业与上下游行业的投入产出关系为权重，同时计算新企业和头部企业所在城市间的地理距离，最终加权计算出行业间的空间距离。

（二）地理距离的影响

1. 微观层面的影响

（1）微观个体层面。Agarwal 和 Hauswald（2010）研究发现，地理距离越有助于银行收集个人的软信息以及权衡信贷的定价情况，借款人从银行成功借到钱的概率越高。Hollander 和 Verriest（2016）研究发现，当借款人离银行越远时，银行给予借款人的合同要求和限制会越多。Franz（2018）研究认为，相较于大型银行，地理距离对于区域银行的影响更为显著，此时信用度较高的借贷人的借贷成功率也会提高。也有少数学者认为，地理距离对借款人的借款成功率没有影响，由于人们的生活已经全面信息化，人们的基本社会交往方式趋向于数字化和网络化。还有文献考察地理距离和借款人违约风险间的关系，如 Presbitero 和 Rabellotti（2014）研究认为，借款人和银行网点间的地理距离对借款人的违约风险具有显著的正向影响，而且借款人和网点间地理距离的增大使得信息监测和缓解违约风险的成本增加。林丽琼等（2017）研究表明，地理距离对借贷月利率在2%以下以及借贷本金在100万元以下的借贷违约风险影响程度更高，并且借款人与银行间的地理距离会影响银行收集信息效率、银行筛选和监督的成本以及借款人违约的惩罚成本，从而对借款人的违约风险造成影响。张笑和胡金焱（2020）考察了当借款人持有不同的借款金额时，地理距离对借款人的违约风险的不同影响，并且借款利率的大小也可以充分体现借款人的违约风险。

（2）家庭层面。多以农村家庭为研究主体展开。Jose 和 Toan（2008）研究发现，当家庭所在地和小额信贷机构之间的地理距离越大时，家庭贷款的利率越高，贷款成功率相应降低。徐婷婷和李桦（2016）认为，非农就业的地理距离对家庭林业投入具有显著的负向作用。庄希勤和蔡卫星（2021）研究发现，银行与农村间的地理距离对农村家庭的金融可得性具有显著的正向影响，并且银行离农村越远，就越不利于农村地区家庭的金融发展。

（3）企业层面。Degryse 和 Ongena（2005）研究发现，银行贷款利率随着企业与贷款银行之间距离的增加而减小，且随着企业与竞争银行之间距离的增加而增加。许坤和笪享果（2015）研究发现，银行和企业间距离的增大会影响银行获取到的企业信息的真实性和完整性，使得银行无法准确估计给企业发放贷款的风险大小，进而企业可从银行获得的贷款额减少。钱雪松等（2017）研究发现，当出现贷款企业受到较大的时间约束、互联网和交通基础设施欠发达或者借款企业信息模糊现象时，银企间的地理距离对贷款利率的影响更强。李博等（2019）分析了工业企业融资成本与其和商业银行分支机构的距离的相关性，其中，两地之间的地理距离越近，商业银行收集到的企业信息越可靠，使得商业银行等金融机构可有效避免信息不对称问题。宋昌耀等（2021）研究表明，银企地理距离对企业贷款规模具有显著的负向影响，而且当银行和企业位于同一城市时，地理距离对企业贷款规模的影响更大，此外银企地理距离对于处在中心城市或是发达城市的企业的负向影响更加显著。金友森和许和连（2021）通过作用机制检验表明，银企地理距离具有信息效应和关系效应，地理邻近性可以降低信息不对称以及增强银企关系，进而增加企业贷款额并促进企业出口额，有利于企业的未来发展。此外，也有研究表明银企地理距离对企业贷款的影响有限（Petersen 和 Rajan，2002；Carling 和 Lundberg，2005；李华民和吴非，2019；朱添弘和程博，2021）。

2. 宏观层面的影响

（1）行业发展方面。余泳泽等（2013）研究表明工业企业间的地理距离对工业生产效率具有显著的负向作用。范剑勇等（2021）分析得出，新企业更多集聚于上下游头部企业所在的城市，说明有效的产业集聚能够推动行业的协同发展。朱添弘和程博（2021）研究发现与企业间地理距离更近的供应商，其花费的物流成本和运输成本更低，同时还有利于企业与供应商间的信息传递。徐伊达（2021）研究认为，居民的信贷需求大幅增加将有助于我国金融行业的发展，而地理距离邻近是导致居民信贷需求大幅增加的重要因素之一。毛其淋和陈乐远（2022）认为，制造业企业的地理距离邻近能够降低行业的融资成本以及扩大制造业的生产规模，进一步增加制造业企业的出口量。

（2）地区经济发展方面。周唯杰（2022）研究表明，区域经济发展需要重塑发展路径，可以基于地理距离、制度距离等因素展开研究。李林等（2011）研究发现，地区内企业间的地理距离越远，地区的生产率越低，使得地区经济增长速度放缓。刘凌瑜等（2015）分析得出，地理距离对引进外商直接投资具有显著的负向影响。庄希勤和蔡卫星（2021）研究认为，银行和农村地区的地理距离越小，农村地区中能够获得贷款的人就越多，可以缓解城乡间金融发展不平衡的问题。龚巧慧（2021）研究表明，山东各市的城乡收入差距会受到地理距离因素的影响，而且科技投入对于在地理距离上相关的地区有更强的影响。

（3）产业创新方面。Harzing 和 Noorderhaven（2006）分析得出，澳大利亚和新西兰的子公司比其他国家的子公司更有可能成为本地创新者而不是全球创新者。Presutti 等（2019）研究认为，公司与客户间地理距离的邻近有利于企业创新绩效的提高。唐孝玉等（2020）估计了地理距离对企业产品供应链创新协作的影响，零售商与供应商间地理距离的远近能够促进供应链企业间的创新合作，使得企业收益最大化。杨伽伦等（2020）研究表明公司与大学间的地理距离对公司创新的负向作用较为显著，而高铁的出现提高了信息传递的效率并且促进了人才流动，在一定程度上缓解了地理距离的影响。刘伟等（2021）研究认为，地理距离阻碍了产学合作探索式创新的实现。陈红军和谢富纪（2021）研究认为，地理邻近性对产学协同创新绩效具有显著的正向作用，随着大学和企业间地理距离的增加，两者合作的概率会降低。姚常成和陈煜（2022）研究得出，地理距离对跨区域创新合作存在负向作用，但是通信距离邻近能够降低这种负向作用。胡双钰和吴和成（2021）研究表明，地理距离对于区域间协同创新具有正向促进作用，在地理距离增加使得协同创新双方的时间、沟通成本大大增加的同时，其也对跨区域创新和知识溢出具有阻碍作用。胡璇和陆铭俊（2021）认为，银企地理距离的缩短在一定程度上会促进企业创新，此外，银企地理距离的缩短会缓解企业的融资约束，提高企业的创新水平。此外，有少数学者认为地理距离对合作创新的影响不大，如 McElwain 等（2021）研究认为，地理距离对国际合作创新战略制定的影响很小，而且国际上不倾向于把地理距离视为早期合作创新的决定性因素。

（三）对于农户信贷行为的影响

"三农"问题是我国建成小康社会以及构建和谐、平稳的社会秩序的重要环节，社会各界普遍认为这一问题已经具有一定程度上的严峻性和紧迫性，解决

"三农"问题刻不容缓（张云燕，2013）。目前，农村的金融体系还不完善，发展滞后、资金外流、服务缺失等问题长期没有得到有效解决，农户的借贷需求自然也得不到满足。由于农户借贷难的问题使得农村经济增长放缓，农户的生活水平难以得到实质性提高，所以处理好农户借贷问题迫在眉睫。然而，金融地理学理论揭示了地理距离与金融活动间的关系，其中，农户借贷行为正是金融活动的一种。关于地理距离对农户信贷行为影响的研究，主要集中在信贷需求、信贷可得性、信贷渠道、金融排斥、信贷利率、信贷期限、信贷违约等方面。

1. 信贷需求方面

王富燕和刘丹（2018）研究认为，地理距离对于我国农户信贷需求的影响并不明显，其原因可能是农户的信贷需求更多地会受到个体客观因素的影响，农户与借贷机构距离的远近只能反映农户所处区域的不同差异。

2. 信贷可得性方面

一般来说，信贷可得性是指从金融机构获得借款的可能性（李朝阳等，2021）。庄希勤和蔡卫星（2021）认为银行和农村间的地理距离对农村家庭的金融可得性具有显著的正向作用，即银行离农村越远，农村家庭的金融可得性就越低。Presbitero 和 Rabellotti（2014）研究认为，银行等金融机构的信贷决策更倾向于本地农户而不是异地农户，这从侧面反映出地理距离和农户信贷可得性的关系。Qin 等（2018）研究发现，当农户与金融机构的距离较远时，其得到贷款的可能性越低，此外，在农户信贷过程中的不同阶段，受外部其他因素的影响，地理距离对农户可得性的影响也会随之发生变化。

3. 信贷渠道方面

一般来说，农户借贷有商业银行、农信社以及民间借贷三种渠道。余汉龙（2019）研究表明，只有30%的农户通过商业银行或者农信社这两种渠道进行借贷，这主要是因为商业银行位于市区，距离农村较远，农户能够从商业银行得到的借款金额较少。甚至可能无法得到贷款，因此，农户与银行间的地理距离对农户的信贷渠道具有阻碍作用。

4. 金融排斥方面

Leyshon 和 Thrift（1994）研究表明，经济衰退导致金融服务业为盈利而重组，资本变得更加规避风险，其结果就是农村地区和低收入阶层被商业银行的金融服务排斥在外。因此，金融排斥可以定义为阻碍穷人及弱势群体获得进入正规金融体系渠道的过程。最初，关于地理距离对金融排斥的影响的研究主要是从金融地理学方面来展开的。Leyshon 和 Thrift（1994）研究认为，金融排斥现象具有地理倾向性，即如果偏远乡村地区的金融机构关闭，农户将很难享受到金融产品以及金融服务。Pascale 和 Philip（2010）研究认为，农户受到的金融排斥和地理距离有关，若农户居住地的地理位置远离城区，甚至是位于远离道路主干线的农村地区，交通不便利，银行的营业网点选择退出该区域，那么该农村地区就会出现严重的金融排斥现象。罗坤燕和熊德平（2020）以云南地区的农村为调查背景，分析得出金融排斥现象日益明显的原因之一就是金融供给方和需求方之间的地理距离，即农户居住地离银行等金融机构越远，信息收集以及信贷合同的管理和监测成本越高，所以金融机构不愿将贷款提供给农户，另外，地理距离造成信息不对称问题导致金融机构选择放弃交易机会而不想承担交易风险，所以农户无法享受金融借贷服务。

5. 信贷利率方面

农户贷款利率是农户生产经营成本核算的重要因素（钟成春和肖照国，2019）。农户贷款利率普遍较高，严重影响农户的借贷行为，因此，为推进农户借贷未来的可持续发展，一些学者研究了地理距离和农户借贷利率间的关系。程鑫（2016）分析了地理距离对农户信用评价的影响，当农户所在区域与金融机构的距离较远时，金融机构无法对该农户做出客观、准确的信用评价，进而金融机构会提高其借贷利率，由于农户自身生活水平不高，其可能无法承担较高的借贷利率而放弃借款。陈治国（2017）研究表明，借款农户与信贷机构间的地理距离是影响农户借贷的外部因素，而且贷款规模和利率都随着农户与信贷机构间距离的减小而增大。张笑和胡金焱（2020）认为，地理距离对农户借贷规模和利率有显著的负向作用，农户居住地与小额信贷机构办事处的地理距离越远，银行等借贷机构对农户的贷款要求就越高，同时，为弥补地理距离远导致的交易成本，贷款利率也会随着上升，从而使得农户不选择借贷的方式来获得所需的借款，由此农户的贷款规模也会降低。Fullerton 和 Muñiz（2020）认为，地理距离是农村信用合作社贷款规模以及利率的决定因素之一，随着地理距离的邻近，农村信用合作社的规模增大，其贷款利率随之降低，但是如果农户和借贷机构之间的距离增大的话，高比率的净冲销和运营成本则导致利率上升，商业银行的贷款规模也会有所缩减。

6. 信贷期限方面

Mishra 和 Narwade（2018）认为地理距离对借贷期限具有显著的负向作用，当农户的贷款数不同时，地理距离对借贷期限的影响也会有所不同。Thang 等（2021）研究表明，当农户居住地与借贷机构间的距离越远时，其借贷合同的约束也会越多，其中，为减小信贷违约风险，借贷机构将会缩短借贷的期限。

7. 信贷违约方面

农户信贷违约风险是指农户向信贷机构申请贷款时，信贷机构无法事先甄别农户信息的真实性与农户是否还贷，加之各种事先无法预料因素的影响，使该贷款的实际收益与预期发生背离，信贷机构有蒙受损失的可能（杨静，2015）。对此，学者们展开了研究。Agarwal 和 Hauswald（2010）认为，可以从信息获取和成本花费两个角度探究地理距离对农户借贷违约的影响，即地理距离邻近时，银行等金融机构能够更方便地获取农户的相关信息，加强其对农户信用程度的了解程度。另外，金融机构也可以节省一定的交易成本，从而使得农户的借贷违约风险尽可能地低。林丽琼等（2017）研究表明，地理距离和农户借贷违约的社会惩罚效力之间呈显著的负相关，导致这种现象出现主要是因为地理距离的增加导致借贷双方信息不对称程度的提高，从而造成其风险惩罚成本的增加以及农户借贷违约风险的扩大。

三、银行数字化

（一）银行数字化的概念

随着大数据科技的不断发展，我国数字经济也不断蓬勃发展。科技强国政策的实行，使"互联网+"成为在各行各业大力推行的战略方针之一，其中，商业银行的数字化首当其冲、势在必行。项安达和王鸿（2012）认为，银行若想成功实现数字化转型，重点在于如何在银行日常业务中推行和应用大数据、区块链、人工智能、云计算等新兴的信息技术，从而大幅度提高银行的风险管理控制的能力、海量数据的分析能力以及如何精准定位潜在客户的能力。李广新（2013）认为，金融科学技术的运用改变了商业银行传统的运营方式，使得传统银行中的一个个单独部门达成协作，实现银行工作部门一体化，这也是传统银行实现数字化转型的核心目的。

近年来，学术界、研究机构以及银行业对商业银行数字化转型的定义给出了各种各样的理解。例如，曹彬和邱勇攀（2015）研究认为，数字化银行就是将大数据、互联网技术运用到银行业并建立以客户为主的运营理念。何大勇等（2016）指出，银行实现数字化转型就是引进一系列数字化技术。Gomber 等（2017）研究认为，客户界面和后台流程的数字化带来了金融服务交付的不断演变，同时，银行数字化的侧重点应转移到与先进金融科技企业合作，发掘全新的发展机会；王炯（2020）研究认为，数字化转型是指构建一套包括客户信息获取和分析、客户需求挖掘、精准营销和客户维护的系统，利用大数据实现新客获取、存客服务提升，推动银行内生增长。秦玉芳（2021）认为科技手段对传统金融的升级是商业银行数字化转型的核心，可利用新兴信息技术手段如大数据、云计算、区块链以及人工智能等，改造银行内部管理和提供服务的模式。

综上所述，国内外学者主要从金融创新和技术变革的角度来定义商业银行数字化转型，认为数字化转型的本质是一系列的新兴技术能力在金融领域的应用，从而推动商业银行金融创新、流程优化和模式改革，提高金融服务效率。

（二）银行数字化的衡量方法

关于如何测度银行数字化程度的问题，张烨宁和王硕（2021）提出，运用文本挖掘和熵值法来具体地测度商业银行数字化水平（DI），根据计算所得出的数据来衡量该银行数字化转型的程度。根据《中国商业银行数字化转型调查报告》对于转型的评估，可将商业银行的数字化转型分为战略规划、组织文化、业务流程和渠道变革四个方面；综合任碧云和郭孟（2021）以及张烨宁和王硕（2021）提出的文本挖掘法，银行关于这四个方面的网络新闻越多，即从侧面认为该银行关于数字化转型的实践活动越多。

具体做法如下：首先，建立关于银行战略规划、组织文化、业务流程和渠道变革的关键词库；其次，对各大商业银行进行关键词搜索，根据关键词出现的新闻条数给出银行数字化程度四个方面的总分；最后，运用熵值法给出银行数字化转型所涉及的四大方面的权重。经此，为获得单个银行的数字化程度只需网络搜索该银行关于这四个维度的新闻条数，除以该维度所有银行的新闻条数，再乘以相应的权重，最终得出总分。由于熵值法一般用于截面数据的计算，对于面板数据的计算并不适用，杨丽和孙之淳（2015）认为，可以通过引进时间变量对数据赋值，再求出银行的数字化水平得分。

到目前为止，银行数字化的甄别机制尚未成熟，还存在较多问题：一方面，关于银行数字化的甄别方法方面的文献较少，需要进一步完善；另一方面，银行数字化程度的测度指标没有精确的界定，需要相关专业人士给出准确的界定指标来衡量一个银行的数字化发展程度。

（三）银行数字化现状与影响因素

1. 商业银行数字化现状

（1）国外研究方面。Dapp（2014）指出，银行若想成功实现数字化转型必须做到三点：首先，必须增加数字信息的使用频率，将客户的网络数据运用到平时业务中；其次，必须加强对数据的处理能力，大数据时代，数据就是信息，银行必须从数据中提取顾客信息；最后，互联网的渗透效应，具体就是如何从一个不相关行业的信息中提取到所需要的并作用于银行业的未来发展。Newswire（2014）提出，为了实现向全数字化银行的转型，部分商业银行成立了银行的数字化部门，全力应对数字化时代所带来的技术革新，这对其向数字化转型具有重大意义。换句话说，通过建立单独的数字化金融部门处理相关的数字业务，提高了银行的办事效率，加强了银行的盈利能力。Cuesta等（2015）指出，随着社会的不断向前发展，各种产品的迭代速度不断加快，消费者的消费习惯也随着消费品的变化而变化，对此，银行业必须及时采取手段，适应数字时代的到来，早日实现数字化，防止被市场淘汰。

事实上，银行业的数字化转型大致分为三个阶段：第一阶段就是新产品及其销售渠道的研发；第二阶段则是需要采购大量适应数字化的基础设施；第三阶段就是银行内部结构也需要根据数字化转型而相应变动，以便为企业未来的发展制定精准的战略定位。Sanderson（2015）研究指出，很多金融机构通过 Blockchain 技术为比特币交易基础设施进行改造，区块链技术的到来为银行业提供了一条与众不同的发展道路。Macheel（2015）认为，Blockchain 技术的兴起改变了全世界金融业的运作方式，为客户提供了更便捷、安全、高效的金融服务。Mowry

（2015）研究指出，传统银行业为了谋求新发展，跟上数字化时代的脚步，正在将其线下物理网点逐步转成线上的智能网点，便于客户直接在线上进行各种银行业务。Newswire（2016）指出随着经济全球化的脚步不断加快，金融业的发展日新月异。

数字化时代的来临，各行各业都需要朝着数字化的方向转型，银行业更是如此。Cortet（2016）研究指出，PSD2指令的出现将会为银行业带来有史以来最大的变化，是变化也是机遇，该项指令会激励各大支付行业不断创新，同时也要通过相关的法律法规增加客户线上交易的透明性，为银行的风险管理提供一定的安全保障。Bandara（2016）研究指出，从消费者的角度分析银行数字化的影响发现，数字化可以改变消费者的消费习惯并使消费者通过数字化满足其金融需求。Disparte（2017）研究指出，银行数字化转型过程中数据很重要，对海量数据的处理能力在数字化时代显得尤为珍贵。Riedl和Benlian（2017）研究认为，数字技术的进步过程就是数字化，其本质目的就是解决由数字技术所带来的一系列问题。目前，金融业、工商业正在以惊人的速度向数字化转型，数字化已经渗透到工作内容的方方面面。Rhodes（2017）研究认为，数字化银行产品应该本着以人为本的设计理念，以更简单便捷的方式解决顾客的问题，满足客户的需求。

（2）国内研究方面。曹凤岐（2015）研究认为，互联网的大力发展使得传统金融方式逐渐被新兴的互联网金融方式所取代，互联网技术为传统金融生态注入了新的活力，带来了崭新的互联网金融理念。同时，互联网金融的出现也导致传统金融行业的地位逐年下降，尤其是传统银行业。批量的存款理财App相继出现，传统银行业受到了巨大的冲击，这当头一棒也促使了银行业的数字化转型。

孙杰和贺晨（2015）的研究表明，伴随着大数据时代的到来，传统银行的生存模式被互联网金融所改变，其经营方式也会受到互联网金融的长尾效应、迭代效应和社区效应等的影响。赵志宏（2016）指出随着数字化时代的不断发展，银行业的部分"领头羊"已经突破第三阶段，进入第四阶段，即积极研发各种智能产品来满足客户的个性化需求。数字化转型的第四阶段是指使用互联网技术将银行各种业务相互联系起来，使得各部门实现多渠道的跨部门协作，建立一切以客户需求为中心的工作理念，将各种技术运用到解决客户的个性化需求中。进入第四阶段的银行将会在很多方面产生变化，如数字化网点将会逐渐取代传统的线下网点，客户可以通过手机预约业务办理的时间，并提前咨询业务办理的前提条件。

张杰（2015）指出通过大数据技术对客户进行特征描述，制定个性化产品与服务是数字化的重要价值。何大勇等（2016）指明了银行数字化转型中银行工作方式与文化重塑的关系，指出银行在数字化转型过程中应该注重文化重塑，将工作方式变得更加敏捷。蔡国华（2017）在分析了国内外银行的发展趋势后得出结论：大数据技术的革新将使银行业的发展进入新纪元，数字化将成为银行业未来10年的发展重点。

何大勇等（2017）指出，随着数字化技术在各行各业的投入，银行要想实现数字化必须构建迎合数字化的内外部企业环境的8项重要能力，包括如何将资源进行高效的配置、将资源整合组合管理、处理业务能力专业化、提供可以满足消费者需求的问题解决方案、不同类型客户的管理、银行信贷风险的判断、银行运营和IT能力，这8项能力决定了银行的数字化转型的程度。

周伟等（2017）认为，随着大数据、云计算、区块链、人工智能等科学技术的不断完善，数据的实时共享、信息的高速流通以及银行的风险控制都将朝着有利的方向发展。李岩玉（2017）认为，金融科学技术的新兴将会改变整个金融业的行业格局，打破传统金融业的经营模式，为金融业带来翻天覆地的变化，其对银行业的融入会引领银行业的数字化转型。林文渊（2017）认为，科技创新将成为各行各业的首要动力，科技将会在未来成为银行业发展的主要手段，银行工作的效率取决于其数字化程度。

此外，在当前的科技水平和政策制度下，银行应该更加重视客户的独特性，为每一位客户制定个性化的方案，解决客户的问题，满足客户的需求，给客户带来满意舒适的业务办理体验。侯成晓和邱永辉（2017）认为，基于科技进步的金融科技的新兴会给银行降低高昂的人工成本并提高银行的工作效率。

2. 银行数字化的影响因素

（1）来自银行内部的自身影响因素。银行数字化的影响因素首当其冲就是银行内部的系统是否封闭，独立于其他行业的技术革新，不能及时跟上时代发展潮流。黎立博（2021）指出传统的银行系统设计的中心考虑的是便于管理，然而，这种设计理念很显然不能满足当前消费者的需求，一切应以客户为中心。朱太辉和张彧通（2021）指出银行内部系统的设计是以客户为中心还是为自己便利，决定了该行会不会适应数字化革新，并决定了该行的数字化水平。其次倪武帆（2021）认为银行对所有已有客户、潜在客户的批量数据的处理能力影响着该行的数字化水平。对于传统银行来说，客户产生的大量数据主要都是被财会部门用作会计凭证，银行工作人员大多数缺少数据资产的数据意识，没有形成使用大数据分析客户未来需求的能力。与此同时，银行人员对于数据建模的能力较为薄弱，没有形成完整的数据处理方法体系。因此，一个银行的数据分析处理能力决定了该行的数字化水平。再次就是随着大数据时代的到来，数据分析相关专业的人才紧缺，银行业更是稀缺。张一林等（2021）认为银行想要实现数字化转型，各类掌上银行 App 类产品的开发人员、数据分析人员都非常重要。数字化银行的大多数业务也需要在网上完成，产品的设计必须满足客户的需求，使客户满意，客户办理业务所留下的数据处理问题也需要相关人才处理。然而数据科技近年来发展速度飞快，相关的专业人才缺口较大，因此，拥有足够的专业型人才成为银行能否成功实现数字化转型的关键。最后就是银行的组织架构。赵希同（2020）指出传统银行的各业务部门都是相互独立的，部门各司其职，负责不同部分的业务，然而，数据时代，部门之间必须协作交流。相比互联网公司的敏捷行动、并发决策、快速响应的组织模式，传统银行组织架构的劣势明显。因此，银行的组织架构与银行数字化水平息息相关。

（2）来自银行外部的影响因素。首先是经济发展水平。赵红等（2021）指出若银行所处地区的经济发展较为迅速，如北上广深这类一线城市，银行的数字化程度肯定较其他城市银行数字化程度高。银行业的发展兴衰取决于当地的经济发展水平，经济发展迅速的地区银行业务肯定较为繁忙，若采取传统的工作模式，人力资源肯定紧缺，银行若想谋求发展，必向数字化方向转型。其次是地区的影响。越是一线地区，城市信息化水平越高，其数据科学技术的发展越快，数据人才也会越多，银行广纳贤士为数字化转型做好充分准备。再次是地区因素。郭峰和王瑶佩（2020）指出，银行数字化虽然可以跨越空间地理位置的制约，但其未来发展依然与地区息息相关。袁鲲和曾德涛（2021）指出，通过空间效应分析，对比于东西部，银行数字化在东部地区的竞争力更大，传统银行在非东部地区的优势相对东部更大，银行数字化程度对空间位置的依赖性显著。最后是地方政府的支持。姚耀军和彭璐（2013）指出，由于政府需要将大量的资金投入重点工程中，在城乡一体化的推进过程中，政府需要大量的资金，而数字化的到来为银行业投入了新的力量，使得银行业的发展日趋向好，因此，政府为了获取银行的资金支持，必会加快银行数字化转型的进程。姚耀军和施丹燕（2017）指出，中国的所有数字化转型的经济体都离不开地方政府的"有形之手"的干预，银行数字化转型更是如此。对于政府而言，数字化银行的兴起会掀起该地区新一轮的金融资源竞争。数字化技术也会为当地中小型企业带来新的问题解决方案，对于政府来说，在各行各业引入数字化技术有利于经济发展。

（四）银行数字化的影响

1. 对存款业务的影响

Temelkov（2020）指出，随着数字化在银行业的渗透，各种金融科技手段为银行的各类业务带来巨大便利，尤其是存款业务。相较于传统银行，数字化银行的存款途径更加便捷，存款效率较之前有了很大的进步。Deepak 和 Himanshu（2021）指出，银行可以利用数据分析技术为客户画像，对于那些潜在客户进行精准营销，并为每一位客户的业务进行个性化定制。Naimi-Sadigh 等（2021）指出，银行的精准营销可以根据客户的性别、年龄、受教育水平、资产规模等基本信息为不同的人群设计不同的产品。

由各大银行的年度报表可知，随着银行与互联网公司联合推出各类产品，银行的盈利能力开始慢慢回升，从长远看，随着银行数字化程度的不断提升，数字化影响对银行业的影响将会逐渐弱化。

2. 对贷款业务的影响

在银行贷款业务方面，柯永红等（2016）指出，各种金融科技在银行业务中的应用，使银行贷款较之前方便、安全、快捷。Jagtiani 和 Lemieux（2018）指出，相较于传统银行贷款业务无法渗透到偏远地区，银行通过金融科技手段得以将其贷款业务发展到较为偏远、交通不便的地区。Temelkov（2020）认为，传统的贷款方式主要是人工线下面对面完成，这样就会使得传统的银行放贷流程复杂，审核时间长，而随着数字化技术的应用，数字化银行放贷速度大大提高。Chen（2020）指出，随着数字化时代的到来，银行的贷款利息有较大幅度的下跌，数字化转型有利于银行开展贷款业务，吸引更多的客户在银行办理贷款业务。段永琴和何伦志（2021）提出，互联网技术的不断发展，银行贷款无须人工放贷，银行节省人力资源，对贷款人来说，数字贷款的利率有所下降、贷款效率大幅度提升。从银行的角度出发，张学潘（2021）指出，人工智能技术的快速发展使得银行的客户信用评价更加准确，自从有了人工智能放贷，银行可以通过大数据技术对企业调查更加细致，增加了评估的精确度。

3. 对风险控制的影响

银行数字化的成功转型为银行的风险控制带来极大的便利。杨茜媛（2021）认为，银行的数字化技术可以保证银行的数据安全，加强银行的风险控制。Rubanov（2020）指出，数字化银行必须为顾客提供安全稳定的运行环境及足够大的数据中心，及时处理各种数据以此来确保数字银行安全稳定的运行。蔡普华等（2021）指出，商业银行必须确保其数字化基础设施的安全，实现数字化基础设施与银行风险控制的数字化衔接，确保银行客户信息的安全性以及银行内部的稳定运行。李海涛和李洲天（2021）认为，随着数字化时代的到来，银行在实现数字化转型的过程中要设立其独立的风控系统，尤其是针对互联网贷款。熊铫（2021）指出，数字化技术为银行的交易带来便捷的同时也让银行的资金结算过程变得更加透明，资金运作过程更加安全可靠。

4. 对银行业的整体影响

银行数字化不仅对银行的存款、贷款、风控产生影响，其影响还辐射到整个银行业。Gomber等（2017）研究认为，客户界面和后台流程的数字化带来了金融服务交付的不断演变，银行数字化的侧重点应转移到与先进金融科技企业合作，发掘全新的发展机会。Rubanov（2020）指出，随着金融科技的发展，数字化银行将会创造出一个线上银行，所有的银行业务都可以在移动设备上完成，这一变化将会为整个银行业带来超前的技术变革。Odediran（2021）认为，金融科技的应用在传统银行向数字化银行过渡的过程中发挥了重要作用，与金融科技相结合的传统银行将为银行吸引大批客户，重振银行业的辉煌。刘孟飞和蒋维（2021）提出，数字技术不仅会直接对银行业产生影响，还让一些拥有高新技术的互联网企业从事原本银行业的一些基础业务，进而对银行业产生间接影响。秦玉芳（2021）研究认为，科技手段对传统金融的升级是商业银行数字化转型的核心，以新兴信息技术手段改造银行内部管理和提供服务的模式。罗锐明（2021）指出，云计算作为一种新兴的互联网技术为银行带来了全新的盈利方式，提供了线上的多方位银行服务，因此，对于大多数银行来说，云计算的普及可能会导致银行的分行逐渐减少，银行最终可能只会设立总行。

5. 对农户信贷行为的影响

近年来，数字化银行逐渐成为解决中小型企业以及个体工商户贷款的主要方式，其在这方面的成功经验也可以投射到农户贷款上。鉴于数字化银行在中小型以及个体工商户借贷业务方面取得的成功，数字化将是解决农户贷款难的根本途径。

（1）农户信贷规模方面。Guirkinger 和 Boucher（2008）提出，由于农村地区信息不对称，受到成本约束的农户大多会由于银行贷款办理时间长以及违约金高昂的原因主动放弃贷款，农户贷款规模减少，而数字化银行刚好解决了农户贷款办理时间长的问题，因此银行的数字化将会提高农户贷款规模。杨明婉和张乐柱（2021）提出，随着数字化技术的普及，银行的数字化转型能降低农户借贷交易成本，缩短审核时间，因此农户的贷款规模逐年上升。

（2）信贷配给方面。刘艳华和王家传（2009）、马晓青等（2010）、张龙耀和江春（2011）、丁志国等（2011）、吴本健等（2013）指出，虽然农村银行的普及率逐年上升，但是银行对农户信贷配给仍存在很大的问题，农户贷款可得性低等制约了农村经济的发展，而数字化银行将是解决这一问题的途径之一。薛薇和谢家智（2011）指出，随着城乡一体化政策的推行，农户的信贷规模和信贷需求都有限，传统银行并没有根据农户的需求调整银行的信贷配给模式，导致农户的信贷需求不能够被满足。樊文翔（2021）认为，随着数字化时代的发展，政府愿意加强银行的数字化转型，在政府的大力支持下，银行将会成立专门的普惠金融事业部，这有利于提高农户贷款的配给，使得农户信贷配给更专业。

（3）农户信贷可得性方面。随着数字化银行的出现，农户的个性化需求将会被满足，农户的小额信贷规模和需求也将被满足，信贷可得性相应提高。针对农户信贷行为的产生以及影响因素方面，秦建群等（2011）、易小兰（2012）等均运用了 Logit 模型进行深入分析，而王曙光和王东宾（2010）、李乐等（2011）、仇娟东和何风隽（2012）、王定祥等（2011）、马晓青等（2012）、王芳和罗剑朝（2012）等则采用了 Probit 模型，此外易小兰（2012）等采用 Tobit 模型研究其影响因素。樊文翔（2021）提出，数字化技术的应用降低了银行办理贷款业务的成本，相较于传统银行的农户小额贷款难，数字化银行从小额贷款中也可以获利，因此，银行开始愿意对农户放贷，农户贷款可得性大大提高。

（4）金融排斥方面。根据 2006~2010 年的宏观数据，鞠荣华等（2014）认为农村正规金融机构对农户信贷的金融排斥现象仍然存在，但随着数字化银行的转型，金融排斥现象逐步好转。农村金融机构经过多年的发展，对农户需求的供给能力仍有很大的进步空间。然而，随着数字化银行转型的进程不断加快，农村金融排斥现象缓解了许多。张晓琳（2018）提出，由于农村地理位置偏僻、信息不流通、生产活动形式单一、缺乏抵押品，农户在贷款时很容易受到金融排斥。但是，随着互联网金融的发展以及银行的数字化转型，农户在贷款时所受到的金融排斥情况有很大改善。Zhong 等（2020）指出，数字化银行的出现通过大数据与人工智能技术在一定程度上缓解了金融排斥现象。

（5）农户信贷利率方面。Dereeper 等（2020）认为，随着数字化银行的转型，各种新兴科技引入到银行信贷业务中，银行信贷业务的中间成本降低许多，并随着银行间的竞争逐渐加大，数字化时代的银行信贷利率明显下降。这对农户来说不失为一桩好事，农户的信贷需求不但能够得到满足，其贷款的利率也有所下降，增强了农户对数字化银行的信赖。Georgios 和 Plutarchos（2021）指出，数字化银行为银行的运营模式、内部架构带来了全新的改变，同时银行也通过大数据技术加强了银行借贷业务的风险控制，因此，对于农户借贷业务，银行也可以根据其数据分析得出农户的信用评分并给出合理的放贷金额。

（6）信贷违约方面。杨明婉和张乐柱（2021）提出，银行通过互联网金融技术对客户进行精准的数据画像，通过数据分析可以快速判断农户的信贷违约概率，从理论上可以降低信贷违约风险，进而缓解农户的信贷约束。

（7）信贷渠道方面。樊文翔（2021）提出，由于传统银行农户贷款难的问题，各类非正式信贷渠道层出不穷，使得农村金融市场较为混乱。而银行的数字化转型使得农户的贷款需求得以满足，大多数农户开始选择正规金融银行渠道借贷，规范了农户的信贷渠道，确保了农户的借贷安全。

四、文献述评

有关农户信贷行为的研究已经取得较大进展，同时有关银行数字化和地理距离影响的研究近年来也在逐步普及，但尚存如下不足之处：

第一，有关农户信贷行为的研究，数据来源主要有两类：一类是基于金融机构的信贷数据；另一类是基于农户的调查数据，二者各有利弊。前者的优势在于信贷数据相对完善，对农户信贷行为的相关资料具有完整记录，但劣势是无法获取农户的丰富信息，同时，该类型数据很难获得。后者的优势在于可以根据研究目的设计有针对性的问卷，相对容易获得，且获得的农户信息比较全面和丰富，但劣势在于只能进行入户抽样调查，且入户调查数据多因农户隐瞒和戒备有所缺失，农户往往对以往信贷行为或者信用记录避而不谈。相关文献值得关注的重点是，从金融机构获得大样本微观农户数据，进而对农户行为有着更为深入的分析。

第二，有关农户信贷行为的研究，由于数据所限，往往仅对信贷需求、信贷可得性、信贷约束、信贷利率或者信贷违约中的一个方面或者若干个方面进行分析，无法全面地反映农户信贷行为的现状及其影响因素，尤其是对于利率行为和信贷违约行为的影响因素缺乏深入分析，其中对利率水平影响因素的研究主要集中在小企业贷款或者网络贷款。不仅如此，已有研究往往从全国层面或者省域层面进行抽样分析，尽管抽样方法相对科学，但往往无法真正完全反映某一省域的农户信贷行为现实。

第三，有关农户信贷行为影响因素的考察，较少从地理距离和银行数字化的角度进行分析。事实上，地理距离作为金融地理学中的一个重要概念，对社会经济发展的影响日益引起人们的重视，但相关文献主要聚焦于定性分析层面，基于严格实证分析的文献较为缺乏。不仅如此，地理距离对农户信贷行为的研究近年来很少受到学者们的专门讨论，相关研究亟须深入。作为数字经济时代的重要体现，银行数字化程度越来越高，已经深刻影响了人们的生产生活。遗憾的是，如何科学有效地测度银行数字化程度，还需要进一步讨论。此外，银行数字化程度影响农户信贷行为是一个不言自明的事实，但数据所限，已有文献很少对此进行讨论，这无疑是现有文献的重大缺陷。

第四，有关农户信贷行为的研究，由于数据来源限制，相关研究的样本量有限。尽管此类样本摆脱了有限样本可能带来的研究偏误，但信息无疑会由于遗漏而导致估计出现一定偏差。因此，如何获得大样本微观农户信贷数据，以便更好地对农户信贷行为进行分析，成为理论界和实务界所面临的共同难题。不仅如此，数字金融虽然在我国已获得迅猛发展，但仍处于不充分不均衡的状态，已有文献很少基于具有代表性的数字金融发展示范地区展开研究，而这不利于相关规范的制定、评价和调整。

第五，有关农户信贷行为的研究，往往基于定性分析、描述分析或者定量分析中的一个或几个，很少基于案例分析角度进行研究。事实上，随着数字时代的来临，对农户、金融机构或者政府管理部门都意味着新的挑战，新的方式、场景或者应用不断涌现，很多问题暂时无法通过数据进行研究，同时理论分析有时无法使用，此时需要进行科学性和典型性的案例分析，以便后续研究。遗憾的是，此类文献较为缺乏，不利于对现实问题进行针对性的分析。

第三章　理论分析与研究假说

一、地理距离与金融机构的农户信贷供给服务

农户与信贷机构之间的地理距离直接反映了二者的空间关系。较短的地理距离有助于增强二者关系，方便信贷机构全面收集农户信息，降低因信息不对称风险所产生的信贷排斥，从而精准地增加贷款投放，以达到有效支农的目的。

首先，在有效信息获取方面，地理距离是约束借贷双方取得信息的关键因素。农户的信息有"硬"有"软"，两种信息从不同的角度反映了农户现在以及未来的状况。硬信息具有可控性好、可编码、标准化、可统计的特点，如农户的年龄、性别、拥有的家庭劳动力数量、受教育程度、家庭年收入、拥有的固定及流动资产等，这些信息在一定程度上决定了农户获得贷款规模大小及顺利与否；软信息则具有非标准化、不可统计、难以量化的特性，如农户的人品、经营能力、风险偏好、性格特征以及信用状况等，这些在一定程度上影响了农户还款能力。由于农户属于小规模生产者，所能提供的硬信息非常有限，因此信贷机构向农户发放贷款时就需要更多的软信息（郑世忠，2008），但农户的软信息的获取和评估较硬信息困难，加之农村环境的地域、人际关系等因素，信息数据更容易失真，使借贷双方信息不对称问题更为严重。农户所处的地理位置越偏远，与信贷机构的距离越远，再加上交通不便、农户居住点分散等条件，使信贷机构对农户获取有效信息更加困难，信息不对称程度就更强（肖时花等，2019）。因此，

借款人距离信贷机构越远，越不利于信贷机构收集借款人的有效软信息，地理距离削弱了信贷机构有效收集私人信息以及开拓本地市场的能力，距离信贷机构越远的借款人获得贷款的难度更大（Agarwal 和 Hauswald，2010）。

其次，地理距离通过约束信贷机构对农户信息的获得而产生信贷的逆向选择与道德风险。在贷款的过程中，信贷机构对农户资金运用的相关信息无法直接准确掌握，又要防范农户隐藏自身收入不稳定、偿债能力较差、贷款使用的项目风险较高等不利信息，信贷机构只能凭借农户所提供的个人信息和农业信贷市场的平均情况来判断该贷款的风险，从而使部分真正的有效信贷被挤出市场。所以，借贷双方之间具有"距离数量效应"，且主要集中在信息透明度较低的借款人上，地理距离越远的借款人遭遇具有严格约束力的信贷限制的可能性越大（Bel-lucci 等，2013），就越难以获得贷款，即申请贷款的农户与信贷机构距离越大，所获得的贷款金额越小。

最后，地理距离通过约束信贷机构对农户信息的获取使得信贷交易成本明显提高。交易成本主要包括进行机会搜寻活动、信息获取、定价议价、内部决策、监督交易对象、违约行为的产生以及为取信于对方等过程中产生的各项成本，进行市场交易过程中通过价格机制组织产生的相关谈判和签约费用，以及利用价格机制其他方面所产生的成本（Coase，1937；Williamson，1975）。地理距离导致信贷机构产生的交易成本主要包括：第一，直接体现为交通成本和信息成本（Cerqueiro 等，2009），其中交通成本受到交易双方所耗费的时间、精力等因素的直接影响，进而体现在筛选和监督借款人所需的成本方面；而信息成本则与信息的有效收集与甄别方式有关，并对借贷活动的违约监督与惩罚成本产生间接影响。当借贷双方处于同一个或相邻地域，双方可以通过频繁的接触与沟通直接或间接收集最新信息，且信息收集成本较低，这种信息优势在一定程度上降低了违约风险。反之，借贷双方间的地理距离增加会削弱地域信息优势。现有的文献认为交易双方之间存在的信息不对称问题将会导致交易成本明显提高，进而成为降低农户信贷可得性的主要原因（朱喜和李子奈，2006；李庆海等，2016）。

第二，因信息成本上升所导致的议价成本、决策成本上升。例如，因完备的信息较难获取，信贷机构为了防范风险，对借款人进行更加严格的审查，从而提高了借贷的无形门槛，使借款人难以获得充足的资金支持（许坤和笪亨果，2015）。所以，地理距离与信贷机构贷款决策之间存在明显的负向关系（Brevoort

和 Hannan，2006），信贷机构贷款合同的设计明显受到信贷机构获取借款人相关信息过程中出现的地理距离约束的影响，当借款人向距离自己较远的贷款人申请贷款时，贷款合同的条款相应变得更严格，贷款的可得性就越低（Hollander 和 Verriest，2016）。

第三，因交通成本和信息成本上升导致监督成本、违约处置成本上升。信贷机构在与较远距离农户进行信贷交易时，面临着较高的监督成本和违约处置成本。借贷双方之间的地理距离越大，相应的贷后监督成本也会随之提高，有效监督借款人的贷后管理活动的难度也就越大，这就是事后的信息不对称问题（张笑和胡金焱，2020）。Presbitero 等（2014）将借款人与小额信贷机构之间的实际地理距离设为代理成本的代理变量，通过探究代理变量对违约风险的影响，阐明了小额信贷市场中道德风险是存在的，且代理成本与地理距离之间呈正相关关系。此外，由于城乡人员流动更加频繁，如果贷后检查频率不足，借款人可能早已不再生产经营，而是外出打工或者"跑路"，也容易造成损失，而距离远近显然影响了贷后检查的频率与深度，对贷款人的监督无法做到及时准确。同时，对农户抵押品的处置，距离的远近显然影响了信贷机构的处置成本，所以距离因产生的较高监督与违约处置成本导致信贷机构惜贷，农户的信贷可得性受限（周月书等，2019）。

通过上述的理论分析可以明显看出，在其他条件相同的情况下，借贷双方间的地理距离越大，信息不对称造成的借贷成本越高，从而金融机构愿意供给的信贷规模越低。

为了进一步证明该观点，本书借鉴 DeYoung 等（2008）的做法构建了一个理论模型。假设一个追求利润最大化的贷款人使用传统贷款决策流程向与银行不同距离的新借款人发放贷款，在存贷款市场都是竞争的情况下，借贷双方之间的地理距离为 D，市场净息差为 m，贷款预期利率为 p^e，贷款的偿还概率为 p（0<p<1），贷款拖欠率为（1-p），银行最大化预期利润定义为 $\pi = m \times p^e \times q - C(q)$，其中，q 为贷款量；C（q）为总成本函数，是二次可微的和且在 q 中是凸的（$C_q > 0$，$C_{qq} > 0$）；对预期利润进行一阶求导后，得到一个标准的均衡条件，$m \times p^e = C_q$，即银行增加贷款产出，直到预期边际收入正好等于边际成本（MR = MC）。根据图 3-1，首先将距离 D 作为成本函数 C（q，D）中的一个参数，并假设成本随着借贷双方距离的增加而增加（即 $C_D>0$）；其次假设由于贷款申请人以及申请人所在的当地市场信息越来越不完善，加上贷款人的决策技能不完善，贷款人对借款人信贷质量的不确定性随着借款人与贷款人距离的增加而增加。在统计学中，第一类错误即为拒真错误，在信贷活动中相当于放弃了获得质量良好贷款的机会；而第二类错误则为纳伪错误，在信贷活动中相当于错误地接受了质量较差的贷款。不确定性的增加会导致更频繁的第一类错误和第二类错误。由图 3-1 可得，当借贷双方地理距离增加时，边际成本函数 C_q（D）曲线向上移动，由于边际收入的向下平移导致预期还款率从 p^e（D）下降到 p^e（D′），因此新的均衡点由 A 点移动到 B 点，所获得的贷款量 q 随之减少。

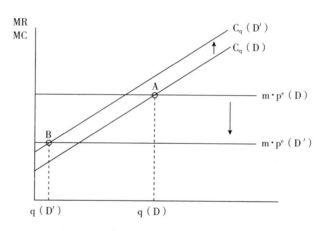

图 3-1 地理距离变动引起的均衡变化

因此，提出假说如下：

H1：地理距离对金融机构的农户贷款供给规模产生显著的负向影响，亦即地理距离越大，农户所能获得的贷款金额越小。

在上述假说的基础上，进一步考虑地理距离对银行农户客户贷款违约率的影响。

首先，因信息不对称导致逆向选择、道德风险的产生，而无论是信贷机构的逆向选择问题还是农户的道德风险问题，都会提高贷款违约概率。在中国，农户信用具有"圈层结构"的特性，信息的获取和交互主要以家庭为核心并逐渐向外辐射延伸，圈层内信息高度共享，圈层外高度不信任，从而在大范围内使得借贷双方之间存在信息不对称，信贷机构无法甄别贷前农户提供的信息真实性以及贷后农户是否能及时还款（杨静，2015）。距离信贷机构越远的农户信息可能具有更强的封闭性，从而使农户贷款的违约概率提高。通过对民间借贷纠纷案件的分析，可以发现地理距离越远，借款人违约的风险越高（林丽琼，2017）。所以，距离会干扰信息收集、阻碍信息监测，从而对贷款违约的概率产生影响（Deyoung 等，2008；Milani，2014）。结合 H1 的理论模型，可以由图 3-1 得出，在更大的借贷距离下，银行将预期更低的贷款偿还概率（即 $p_{D'}^e < p_D^e$），而且只要预期合理准确，银行将经历更高的实际贷款违约率（1-p）。因此均衡条件可改写为 $m \times p^e(D) = C_q(D)$，这就说明了在借款人与贷款人之间距离增加的情况下，贷款成本会随之增加，银行将面临更高的违约率（即 $1-p^e(D') > 1-p^e(D)$）。

其次，受到地理距离的限制，银行客户经理的贷后管理能力下降。农村中小银行的信贷以小额、流动、分散为主，每个客户经理平均管理的信贷客户数量较多[①]，再加上农户居住较为分散，很难想象客户经理在需要拓展新客户的前提下会有足够的时间和精力去走访或了解每个客户的贷后情况。客户与银行间交通距离的增加使客户经理进行贷后管理的成本增加，提高了客户经理进行贷后管理的难度，无法准确及时掌握客户的信息，也无法对农户提供的抵押品价值变化进行随时监测评估，处于信息劣势，由此显著增强了贷后的监督风险，因而无法充分实现集中精细有效的贷款管理。客户也由于地理距离与客户经理的联系频率较低，无法及时有效地被监督，产生"不按时还款甚至不还款也没关系"的想法，进而导致违约现象。

最后，从农户的金融素养来看，由于受到地理距离的限制，农户本身的受教育程度较城镇居民低，所处的信用环境也在一定程度上影响了其契约精神。农村地区尤其是偏远地区，普遍仍是熟人社会，街坊邻里间信用意识较强，但对于金融机构则普遍仍有"政府兜底"的心态，把银行信贷支持与政府财政救济混为一谈，还款意识不强，存在有还款能力但不还的主观故意。越偏远的地区，农户的信用意识越薄弱。

因此，提出假说如下：

---

① F省农信系统各农信社（农商银行）一个客户经理管护的客户大部分在 700 户以上，有些行社的客户经理管护的客户数更是在 1000 户以上。

H2：到银行地理距离增加会诱使农户借贷违约，进而违约风险增加，即地理距离越远，农户贷款违约概率越高，银行的信贷资产质量下降。

在 H1 和 H2 的基础上，进一步考虑地理距离对金融机构贷款定价、利率决策的影响。

首先是距离影响风险，信贷机构对信贷价格要进行相应的风险溢价。距离远近影响了信息的完全性。在申请贷款时，信贷机构会着重审批借款人的还款能力，在借款人的还款能力因信息不完全而不能确定的情况下，信贷机构一方面通过提高价格把借款人排斥在外；另一方面通过提高价格来补偿风险损失，距离较远，信贷机构掌握的农户信息的完全性则较低，提高利率的可能性及幅度就越大。所以，距离信贷机构较远的农户申请贷款时，信贷机构设定的利率总体水平偏高。

其次是距离远近影响了信贷成本，信贷机构要进行成本加成。距离远近影响了信贷交易成本。实际距离决定了信贷机构对借款人评估资产和监督的成本，以及对抵押资产处理的成本，所以，总成本随着借贷双方距离的增加而增加，体现在贷款利率上将随着距离的增加而增加。

所以，因风险溢价与成本加成，地理距离与银行贷款利率之间存在显著的正相关关系，贷款利率会随着借款申请人与信贷机构之间距离的减小而减小（Degryse 和 Ongena，2005；Jose 和 Toan，2008；Knyazeva 和 Knyazeva，2012），显而易见，这种正向作用与借款人和其他竞争银行之间的地理距离呈明显的正相关关系，距离减小，该正向作用随之减弱（Bellucci 等，2013）。

因此，提出假说如下：

H3：地理距离对金融机构农户贷款利率呈显著正向影响，即地理距离越大，农户面临的贷款利率越高。

二、数字化转型、地理距离与金融机构的农户信贷供给服务

随着 5G、大数据、人工智能等数字技术的发展，银行开始进行数字化转型。

银行的数字化转型主要是通过计算机信息技术、通信技术、人工智能技术等手段，以数字化的方式实现用户获取、用户识别、交易记录、风险控制、信用评价、信用交换、争议解决等相关金融活动，具有远程化、场景化、便捷化、抽象化的特点。目前，数字化技术正在加快走进农村、走向农民。据统计，截至2021年6月，中国网民规模已达10.11亿，较上年12月增长2175万，互联网普及率达71.6%，其中农村网民规模为2.97亿，农村地区互联网普及率为59.2%，较上年12月提升3.3个百分点，城乡互联网普及率进一步缩小①。数字技术给农业农村发展带来了新的机遇，能够以更加公平的方式惠及农业农村农民（殷浩栋等，2020）。那么，数字化转型对于因地理距离而产生的信贷关系会产生什么影响？本节结合已有研究，对上述问题做出如下分析：

首先，银行数字化转型可以缓解信贷市场中因信息不对称所产生的风险问题。传统农户信贷面临农户资产非标准化、收入波动性大等问题，导致传统银行业给农户授信过程中，对资产价值以及实际收入的评估较为困难。随着数字化转型在银行和农村的同时开展，农户个人的征信空白问题、农户资产的估值问题都将随着农村信用体系的建设、农户信息共享程度的提升以及农户信贷数据基础的打牢而缓解。数字化技术有助于精准识别用户画像，准确匹配农户贷款需求，将贷款发放给有需要的农户。尤其是数字支付，农户的信贷需求可以被金融机构有效捕捉并进行整合，金融机构的作用在于对大量碎片化、非结构化的互联网用户信息进行充分整合，使信息来源被扩大，从而使借款行为前产生的信息不对称问题得到有效缓解。在向农户发放贷款的过程中，金融机构能够通过大数据等现代化技术手段充分提炼出用户在数据平台上积累的个人相关信息，进而构建和完善风控体系（王馨，2015），减弱逆向选择风险的影响（安宝洋，2014），这将为缺乏有效抵押和担保的借款人进一步提供所需的信贷支持，以对其信贷可得性产生积极作用。

其次，银行数字化转型使地理位置被模糊化，减少因距离而产生的成本问题。这表现在三个方面：一是提高传统金融覆盖率的主要措施是通过机构物理网点的布设，人力、物力资源消耗多，成本回收周期长，客户覆盖率难以有效提升。而金融机构利用互联网数据库、云计算和大数据分析等，实现数字化转型，

---

① 2021年中国互联网络信息中心（CNNIC）发布的《中国互联网络发展状况统计报告》。

这些现代化科技手段能够打破地理距离时间与空间上的局限，减少交易成本，促使社会特别是偏远不发达地区以及弱势群体能够平等廉价地享受方便快捷的金融服务（谢绚丽等，2018）。二是由于农户居住较为分散，传统金融机构对借款人进行筛选和监督的成本较高，从而使其所发放的信贷单位成本随之提高，因此在同等数量借款人的条件下，金融机构的总收益明显减少，而正在进行或已经完成数字化转型的金融机构只需在初始阶段对产品的研发和推广、系统的建设和完善等方面投资大部分资金，这使得金融机构在正式开展业务阶段发放信贷的边际成本有效减少，信贷的可变成本减少甚至趋向于零，且信贷发放的覆盖范围能够打破地域的限制，这正好缓解了传统小微金融业务的规模不经济问题（谢平等，2015），如手机银行减少了物理网点的设施，在节约运营成本的同时降低了经营风险，减轻了风险管理的成本，再如部分地区借助布设多功能自助终端、便民服务点、助农取款点等代理模式，扩大了基础金融服务覆盖面。三是数字化转型可以减少一线服务人员的数量，减少人力成本的支出，同时有利于提高银行内部的运营效率，降低了借贷双方的交易成本。

综合以上分析，信贷机构数字化转型借助方便快捷、低成本的信息技术优势，首先，扩大了普惠金融服务的覆盖面，提高农户贷款规模。数字金融使农村居民，尤其是原来被传统金融和传统征信排除在外的农村居民充分得到金融服务改善后的好处，这部分农村居民的借贷约束问题可以因此得到解决，农村地区的金融抑制困境得以有效缓解（张勋和万广华，2016；程名望和张家平，2019），为打通金融服务的"最后一公里"创造了条件，使得不发达地区能够廉价便捷地享受同等的金融服务，打破了原本长期存在于农村的金融服务不足的困局。同时通过搭建数字渠道，对客户的数据进行分析，进行数字画像，可以为农户生产经营提供更加丰富多元而精准个性化的金融服务，包括移动支付、手机银行、掌上理财、小微贷款等多项业务，并通过智能手机等联网数据平台达成集合征信、理财与信贷等多项金融服务的目的。推动信贷机构与农户之间的良性关系发展，使农户的信贷排斥得到有效缓解。其次，金融机构的数字化转型发展促进了农户信息可得性的提高，并且降低了农户借贷过程中产生的成本。借助移动终端，农户可以更加方便地获取金融信息，甚至相关的借贷活动也能够在移动终端直接完成，这样一方面减少了借贷过程中产生的除资金成本外的其他隐性成本，另一方面破解了农户由于地理排斥和自我排斥因素导致的难以获取金融服务的困境。最后，在银行数字化转型与农村数字化转型同步进行的过程中，农户在进行生产经营过程中的信贷需求得以及时回应，银行业对农户的贷款审查、信贷授权成本显著下降，贷前调查和贷中审查的成本降低，有助于农户以更低的成本获取贷款，原本由地理位置导致的贷款审批困难、授信成本过高、信贷风险大等问题得到解决，农户贷款成本因此下降，贷款利率得以降低。

因此，提出假说如下：

H4：银行数字化转型能够显著缓解地理距离对金融机构对农户贷款额度的负向影响。

H5：银行数字化转型能够显著缓解地理距离对金融机构对农户贷款利率设定的正向影响。

前面已经分析了，因信息不完全对称产生了信贷规模约束与信贷成本约束问题。而规模约束与成本约束的中间传导机制则是因信息不对称形成的违约风险问题。随着乡村振兴战略的推进，农村金融需求的主体、需求的范围、需求种类和需求环境都发生了巨大的变化（陈轶丽，2019）。为了保持农业生产以及应对农业生产所面临的不确定性，农户对贷款的需求日益提升，然而农户在正规信贷市场参与程度普遍较低。农户正规信贷市场参与程度低存在供给和需求双方的共同影响，而信息不对称所带来的银行风险规避现象导致的农户贷款需求难以得到满足则成为影响农户贷款的重要因素（黄祖辉等，2009）。

农户贷款违约率高的原因是多方面的。而地理距离带来的信息隔阂以及我国农户信用具有"圈层结构"的特性形成了农户对信用不重视，注重圈内群体信用关系而忽视圈外群体，缺乏基本的信用价值观。此外，农村信用体系不健全严重制约着农户的信贷诉求。农村整体信用环境仍有改善的空间，提高总体信用水平的阻碍主要来源于农户信息收集整合难度大、相关数据质量差等，并且政府和银行对于信用数据的需求呈现差异化特性，这就导致数据更新频率无法达成同步的矛盾现象（卢勇，2021）。那么数字金融的发展是否可以缓解信贷市场中的违约问题？

首先，数字技术发展推动信贷机构主动利用数字技术来减少信息不对称问题。互联网金融模式区别传统金融模式，更加强调其信息处理能力（谢平和邹传伟，2012）。借助现代化信息技术，偏远地区可以通过互联网等手段及时准确获取外界信息，与外界进行沟通交流，缓解双方的信息不对称现象。所以，多数学者认为大数据技术的运用是当今金融科技浪潮下银行数字化转型的核心竞争力。这是因为银行与互联网公司相比，前者的业务开展更多地取决于申请贷款的客户所提供的个人或组织基本信息、抵质押品、征信信息以及银行能够查询到的历史数据，而后者则是通过大数据平台等现代化科技手段全面收集客户信息，并在此基础上评估客户的信用等级和违约概率等（李莹，2015），所以，大数据对改善银行等金融机构的风险管理效果显著（Rahman 和 Iverson，2015）。

其次，数字技术的共享特征推动信贷机构提高获取信息的完备性。在金融供给侧结构性改革的大背景下，银行业对大数据的需求愈加清晰和迫切，而政府部门进行数字化转型，提升服务效能的理念与银行业转型不谋而合，通过平台实现数据交互式对接有助于拓展普惠金融、农村金融领域的银政合作，通过大数据引流解决农户农企信息不对称难题。银行通过实际的经营活动累积了大量数据，其中包括客户的个人信息、行为偏好以及交易数据，银行通过挖掘自身积累的现金流数据对个体的经营记录进行识别，这一行为对普惠金融业务的风险控制能力提升起到了明显的正向作用，进而达到缓解银行自身信息劣势地位的目的，这使得多数银行通过大数据分析技术来提高自己的竞争实力（Trelewicz，2017）。同时，由于数字经济信息传播速度快，主体间关联影响更为明显，所以，在信息共享方面，越完善的贷款信息收集越能够减少筛选和监测成本，并以此来约束借款人行为，从而降低借贷风险（Sutherland，2018），这也能够显著解决借贷行为中产生的道德风险和逆向选择问题。

再次，数字技术的使用有助于提高银行客户经理贷后管理能力和效率。对于银行而言，信贷资产的安全是其生存和发展的基石，一旦贷款无法如期收回，就有可能引发流动性风险。银行贷后管理普遍还是以客户经理作为贷后管理工作的第一责任人，尽管银行做了详细的贷前调查，但是在信息不对称下的贷后管理体系中，银行依旧被动承担风险。在数字技术的加持下，银行可以运用技术经验实现对大数据的分析，在降低运营成本的同时，做到对贷后管理的提前预警，这有助于减少人为判断带来的误差，解决传统贷后管理中存在人工干预、人工决策效率低、催收策略准确率低等问题，节约了人工管理成本，提高了银行客户经营的贷后管理风险甄别能力。同时，数字技术基于银行对借款人的信息池可以从身份识别、信用评估等方面对借款人风险等级进行量化，减少信息不对称对贷后风险的影响，以提升银行的综合贷后管理能力。

最后，数字技术打破农村信息的"圈层结构"并提高农户的诚信意识。随着银行业数字化转型，智慧村务平台的搭建有助于"整村授信"的深入开展。而农村数字化建设的同向发力则有助于信用宣传工作深入农户，通过加大宣传力度，普遍提升农户的信用意识以及征信意识，进而充分打造"守信光荣，失信可耻"的社会良好信用氛围，随着农户履约意识的增强，违约概率大大减少。同时，数字化建设打破农户圈层意识，主动融入农村金融大环境，从而降低了以往农户因地理距离所产生的违约风险。

针对上述分析，考虑在银行数字化转型的基础上对前文中所提及的理论模型进行更加深入的研究。随着数字化转型的提升，可以打破地理距离产生的贷款生产成本和缓解信息不对称所带来的贷款差异成本，如图3-2所示，即贷款人的边际成本函数 C_q（D）和 C_q（D′）都趋近于 C_q（Fintech），与 m×p^e（D′）交于 $A^{Fintech}$ 和 $B^{Fintech}$ 点；同时，银行数字化转型有助于贷款人能够更好地区分好借款人和坏借款人，第一类错误（更少的好贷款被拒绝）和第二类错误（更少的坏贷款被接受）会更少，预期还款率增加（p′>p）。贷款的预期收益增加，因此原先由于距离增加降低的预期收益将得到提升，即 m×p^e（D′）上升至 m×p'^e（D′，Fintech），原先远距离贷款数量点 $B^{Fintech}$ 移动至 $C^{Fintech}$ 点，这个点有更高的贷款数量、更好的预期贷款表现。

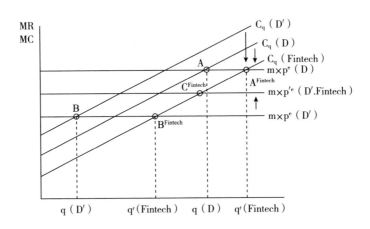

图3-2 地理距离变动、数字化转型引起的均衡变化

因此，提出假说如下：

H6：银行数字化转型能够显著缓解地理距离对金融机构提供农户贷款的信用风险的正向影响，即数字化转型将缓解地理距离对农户贷款违约概率的正向影响。

综上所述，本书的理论框架与研究假说如图3-3所示。

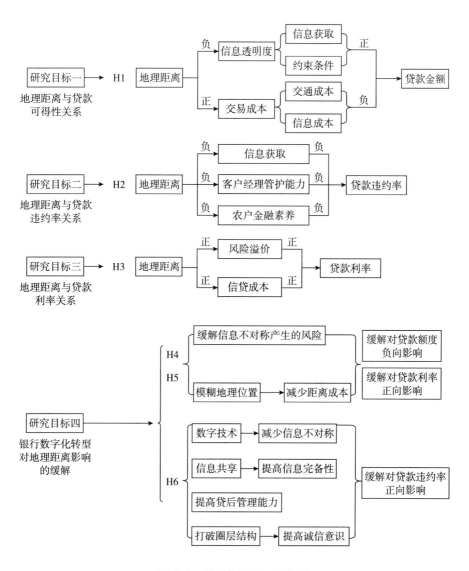

图3-3　理论框架与研究假说

第四章　银行数字化转型指数编制与初步描述性统计分析

一、银行数字化转型指数编制

　　5G、大数据、云计算、人工智能、移动互联等数字技术的兴起和发展，推动了金融科技的快速发展，宏观上有利于克服地理距离引发的信贷配给，提高商业银行普惠金融服务能力，提升金融服务的包容性，打通普惠金融服务"最后一公里"；微观上有利于商业银行平衡金融普惠和盈利的关系（董晓林等，2021），提高商业银行的营利性和成长性（Kellner 和 Dannenberg，1998；李运达等，2020；李建军和姜世超，2021），从而有助于商业银行在提供普惠金融服务时实现财务的可持续性。尤其是 2020 年新冠肺炎疫情暴发后，人们发现银行金融科技在一定程度上具有"稳定器"作用（李建军等，2020），是商业银行应对疫情冲击的有力武器，同时客户的习惯也发生了改变，推动了银行的数字化转型（李建军等，2020；张正平等，2020），有可能重塑银行业格局。2020 年 2 月 1 日，中国人民银行、原中国银保监会等 5 部门联合印发的《关于进一步强化金融支持防控新型冠状病毒感染肺炎疫情的通知》、2020 年 2 月 14 日原中国银保监会发布的《关于进一步做好疫情防控金融服务的通知》等，都强调了要"加强科技应用，创新金融服务方式"。中国人民银行分别于 2019 年 8 月和 2021 年 12 月发布了《金融科技发展规划（2019—2021 年）》和《金融科技发展规划（2022—

2025 年）》，原中国银保监会也于 2022 年 1 月出台了《关于银行业保险业数字化转型的指导意见》，对银行的数字化转型提出了具体的要求。实践中，各个商业银行纷纷加快数字化转型的步伐。为了更好地衡量银行数字化转型的程度，有必要对银行的数字化转型进行量化，编制银行数字化转型指数，以直观展示银行数字化转型的现状。

对于数字化转型指数的拟合，不同学者和研究机构提出了不同的见解，姜世超等（2020）利用渠道覆盖度、产品使用度、业务支持度 3 个维度 11 个指标构建了金融科技发展水平评价指标体系，并利用算术平均合成模型，计算得到银行金融科技指数。董晓林等（2021）认为农商银行线上业务的开展情况在一定程度上可以用来衡量其数字化转型情况，所以选择了农商银行线上理财业务占比、线上支付业务占比、线上转账业务占比 3 个指标编制农商银行数字化指数，并利用江苏 43 家农村商业银行 2015~2018 年的面板数据，选取普惠金融渗透度、普惠金融业务开展情况、普惠金融服务质量 3 个维度 14 个指标，从机构层面建立普惠金融指数，探讨农商银行数字化转型对其发展普惠金融对盈利能力的影响及作用机制。研究发现数字化转型改变了商业银行的传统经营模式，使得既有金融产品和服务得到创新与改进，有利于银行降低运营成本、提升工作效率并拓展服务范围。于波等（2020）构建的金融科技指数包含企业投融资指数和金融科技社会认知指数 2 个二级指标，权重分别为 60%和 40%，其中金融科技社会认知指数的构建包括文本挖掘法，从支付结算、资源配置、财富管理、信息渠道和技术路径 5 个维度，企业投融资指数用金融科技投融资事件数量和金融科技投融资金额分别按照 25%和 75%的权重计算得到；并利用我国 138 家商业银行的数据，探究数字化转型对银行盈利能力的影响作用。

北京大学数字金融研究中心基于 2010~2018 年各商业银行的年报文本内容及财务数据，构建了北京大学商业银行数字化转型指数，用于刻画中国商业银行数字化转型的总体趋势与特征，并对数字金融的认知、组织、创新能力和产品转型与商业银行数字化进行了相关研究。中国人民大学财政金融学院发布了《中国上市银行数字化转型指数报告》，该报告设计的指标体系包含战略、组织、服务、技术 4 个一级指标，以及 19 个二级指标，样本期间为 2017 年第 1 季度至 2020 年第 2 季度。研究发现在中国上市银行数字化转型中，国有商业银行处于第一梯队，股份制商业银行处于第二梯队，城商银行和农商银行处于第三梯队。华为与服务机构 IDC 联合发布的《数字化引领银行业白皮书》，构建了全球数字化银行完备度指数（GDBRI），该指数从 IT 支出、消费者在线技术、Fintech 市场现状、监管市场形势等内容评估北美、西欧、中国和东盟等区域，作为区域市场如何应对数字银行转型的准备。百融云创行业研究中心联合《中国经济周刊》杂志社发布《智能化进入下半场——银行数字化转型白皮书》，对银行机构整体的智能化水平从信贷需求、优质客群占比和欺诈风险三个维度进行了指标设计。

在乡村振兴战略的顶层部署下，伴随着新型城镇化尤其是以县域为主的城镇化的推进，以及农业现代化的发展，农村中小银行的客户群体逐渐转变成"新农民"。长期以来，农村中小银行服务本地客户，产品种类单一。随着农村中小银行的客户群体逐渐呈现需求多样化演进，缺乏创新的产品无法满足日益变化的客户需求。同时，加快构建"以国内大循环为主体、国内国际双循环相互促进的新发展格局"的关键在于畅通供需循环，释放各方面内生动力，这也要求金融业要做好数字化转型与自主创新，以科技创新驱动内涵型增长，助力各类主体更好地接入国内供需循环。在这种内外部因素共同影响下，农信机构的数字化转型迫在眉睫，只有加快数字化转型步伐，不断提高数字化水平，才能进一步提高服务效率，把更多的金融资源高效配置到经济社会发展的重点领域和薄弱环节，也才能守住农信机构在传统普惠金融领域的优势地位。

对于银行数字化转型指数的构建，需要考虑到不同维度，任何单一指标都无法准确、完整地反映银行数字化转型的实际情况，因此构建一套科学的数字化转型指标体系十分重要。一个完整、准确的银行数字化转型指标体系也是科学衡量银行数字化转型程度的前提。

本书基于农信机构实际业务的发展，构建农信机构银行数字化转型指标体系，编制银行数字化转型指数。银行数字化转型指标体系涵盖一级指标和二级指标①，其中一级指标具体包括投入（10%）、组织（20%）、业务（30%）、办公数字化（30%）和业务合作（10%）。投入指标包括科技投入占比 1 个二级指标；组织指标包括是否单设科技部门、董（理）事会是否下设与科技或金融科技有关的专门委员会及科技部门员工占比 3 个二级指标；业务指标包括农 e 贷占比、

---

① 银行数字化转型指标体系所包含的指标及其权重的确定是基于对农信机构科技部门的调研以及对相关专家的咨询。

电子交易替代率、手机银行客户占比及网上银行客户占比 4 个二级指标，用于衡量银行利用数字技术开展业务的实际情况和渠道的覆盖程度；办公数字化指标，包括科技部门自行开发的内部系统或工具的访问量、科技部门自行开发的外部系统或工具的访问量、科技部门自行开发的报表数量、科技部门自行开发的电子化流程数量及科技部门自行开发的系统或工具 5 个二级指标，用于反映银行利用数字技术提高内部经营管理效率的效果；业务合作指标包含合作的金融科技公司数量 1 个二级指标，用于反映银行利用外部力量开展数字化转型的情况。投入指标用于衡量各行社的数字化研发投入，由于银行数字化转型需要建立在数字化设施的基础上，因而金融科技的软硬件支撑都需要有"真金白银"的投入。从全球范围来看，成熟市场上市值领先银行的科技投入占比普遍在 10% 或以上，因此银行在数字化转型过程中需要重视科技投入。组织指标的设立主要用于衡量银行内部数字化获得支撑的框架构建情况，作为银行数字化转型的"软件支撑"，是否单设科技部门、是否有金融科技委员会以及科技人员占比可以衡量一家银行的科技软实力，对于持续产出不断优化数字化架构至关重要。业务层面和办公数字化是对科技投入转化为产出的直观体现。在业务方面，农 e 贷作为农信机构数字化业务的主打信贷产品，其借助手机银行、微信银行、网上银行为媒介，利用政务大数据、金融数据、互联网数据等数据资源为辅助手段，具有无抵押、无担保、低利率等优势，满足广大客户足不出户办理贷款业务的需求。而电子交易替代率、手机银行客户占比和网上银行客户占比则是直观体现数字化转型的重要衡量指标。此外，银行数字化转型还在于有效利用内部数字资源，增强信息流转，提高办公效率，优化客户体验。本书在编制数字化转型指标时着重考虑到办公数字化对银行内部工作流程带来的影响。由于科技力量的薄弱，农信机构在数字化转型方面与其他商业银行存在较大差距，通过业务合作，借助外部金融科技公司的力量，有助于农信机构较快构建数字化转型框架，进而实现"弯道超车"，因此本书将业务合作纳入农信机构数字化转型指标体系中。

综合上述指标，基于农信系统的实际情况，构建了银行数字化转型指标体系，该指标体系涵盖了投入到产出的完整数字化流程，而银行数字化转型指数通过综合农信机构数字化转型升级过程中的各类指标并进行加权最终形成整体指数。一级指标、二级指标的构成及其计算方式如表 4-1 所示。

表 4-1　农信机构数字化转型指标的构成

	一级指标	二级指标
银行数字化转型指标体系	投入（10%）	科技投入占比（%）＝科技投入/营业收入
	组织（20%）	是否单设科技部门（是或否）："是"取 1，"否"取 0
		董（理）事会是否下设与科技或金融科技有关的专门委员会（是或否）："是"取 1，"否"取 0
		科技部门员工占比（%）＝（科技岗位员工数量+外包开发人员数量）/员工总数
	业务（30%）	农 e 贷占比（%）＝农 e 贷余额/贷款余额
		电子交易替代率（%）
		手机银行客户占比（%）＝手机银行客户数/客户总数
		网上银行客户占比（%）＝网上银行客户数/客户总数
	办公数字化（30%）	科技部门自行开发的内部系统或工具的访问量（次）
		科技部门自行开发的外部系统或工具的访问量（次）
		科技部门自行开发的报表数量（张）
		科技部门自行开发的电子化流程数量（个）
		科技部门自行开发的系统或工具（个）
	业务合作（10%）	合作的金融科技公司数量（家）

　　本书基于不同学者和研究机构的研究，采用优劣解距离法构建指标体系。优劣解距离法又称逼近理想解排序法，由 Hwang 和 Yoon 于 1981 年首次提出，是一种常用的综合评价方法，能充分利用原始数据的信息，其结果能精确地反映各项数据之间的差距。该方法可以在对消除量纲后的有限集数据中找到最优方案和最劣方案，然后利用欧几里得距离计算各个评价对象与最优方案和最劣方案之间的距离，获得各评价对象与最优方案的相对接近程度，以此作为评价不同行社数字化转型程度的依据。

　　具体计算过程包括对数据进行正向化处理、对正向化后数据进行标准化处理、计算最值距离并计算归一化得分。其中正向化处理需要判断数据是否需要正向化，数据类型分为极大值数据、极小值数据、中间值和区间型数据，正向化的过程是指将数据统一整理为极大值数据，以便后续数据处理时保持数据样式的统一，其中极小值指标转换为极大值指标公式为：

$\max - x;$

中间值指标转换为极大值指标的计算公式为：

$$M = \max\{|x_i - x_{best}|\}, \quad \phi_i = 1 - \frac{|x_i - x_{best}|}{M}$$

其中 $\{x_i\}$ 表示一组中间型指标序列，且最佳数值为 x_{best}。

区间型指标转换为极大型指标的计算公式为：

$$M = \max\{a - \min\{x_i\}\}, \quad \max\{x_i\} - b\}, \quad \phi_i = \begin{cases} 1 - \dfrac{a - x_i}{M}, & x_i < a \\ 1, & a \le x_i \le b \\ 1 - \dfrac{x_i - b}{M}, & x_i > b \end{cases}$$

其中，$\{x_i\}$ 表示一组区间型指标序列，且最佳数值为 $[a, b]$。

正向化后的二级指标需要以矩阵的形式进行标准化处理，其主要目的是为了去除量纲对计算结果的影响。具体而言，将指标进行正向化后形成一个由 i 个指标，j 个评价对象组成的正向化矩阵，将标准化矩阵记为 Y，对矩阵进行标准化，使得标准化内的每一个元素均为：$Y_{ij} = X_{ij} / \sqrt{\sum_i X_{ij}^2}$。得到标准化后的各个元素的取值均在 0 到 1 之间。

在标准化后的矩阵中找出每个矩阵对应的最大值与最小值。

定义最大值：

$$Z^+ = (\max\{z_{11}, z_{21}, \cdots, z_{n1}\}, \max\{z_{12}, z_{22}, \cdots, z_{n2}\}, \cdots, \max\{z_{1m}, z_{2m}, \cdots, z_{nm}\})$$

定义最小值：

$$Z^+ = (\max\{z_{11}, z_{21}, \cdots, z_{n1}\}, \max\{z_{12}, z_{22}, \cdots, z_{n2}\}, \cdots, \max\{z_{1m}, z_{2m}, \cdots, z_{nm}\})$$

利用欧几里得距离计算各个二级指标矩阵与最值矩阵之间的距离，即定义第 $i(i=1, 2, \cdots, n)$ 个对象与最大值的距离 $D_i^+ = \sqrt{\sum_{j=1}^{m} (Z_j^+ - z_{ij})^2}$，定义第 $i(i=1, 2, \cdots, n)$ 个对象与最小值的距离 $D_i^- = \sqrt{\sum_{j=1}^{m} (Z_j^- - z_{ij})^2}$。从而得到各行社二级指标未归一化前的指数得分：

$$S_i = \frac{D_i^-}{D_i^+ + D_i^-}$$

其中，$0 \leqslant S_i \leqslant 1$，且 S_i 越大 D_i^- 越小，即越接近最大值。最后进行归一化处理完成二级指标指数计算，2018~2020 年各行社数字化转型二级指标得分如表 4-2~表 4-4 所示。

表 4-2　2018 年各行社数字化转型二级指标得分

行社	投入	组织	业务	数字化办公	业务合作
FZ 农商银行	1.3	4.19	1.38	10.45	76.19
MH 联社	0.51	1.97	2.42	0	0
MQ 联社	0.66	1.91	2.71	0	0
YT 联社	0.85	0.84	1.34	0	0
CL 农商银行	1.12	0.18	1.38	2.2	0
FQ 农商银行	1.45	0.2	0.41	0	0
PT 农商银行	1.1	1.94	1.31	0	0
LJ 农商银行	1.92	0.94	1.46	2.12	0
LY 联社	1.29	1.98	1.17	0	0
QZ 农商银行	0.87	0.29	1.42	6.43	4.76
JJ 农商银行	1.97	0.78	2.19	13.69	0
SS 农商银行	0.64	10.02	1.34	0	0
NA 农商银行	1.05	0.3	1.25	13.42	0
HA 联社	1.72	1.96	0.87	3.21	0
AX 农商银行	1.24	1.87	0.82	4.48	0
YC 联社	1.31	1	1.23	4.41	0
DH 联社	1.57	2.01	1.3	4.6	0
XM 农商银行	1.75	2.16	2.03	12.61	9.52
PT 农商银行	1.68	2.08	1.91	3.83	0
XY 农商银行	1.26	0.86	2.05	4.52	9.52
ZZ 农商银行	1.32	2	1.6	4.1	0
LH 农商银行	0.99	1.86	1.1	0	0
YX 联社	2.01	1.92	0.9	0	0
ZP 农商银行	1.82	0.13	2.06	0	0
ZA 联社	0.77	1.9	0.95	0.18	0

续表

行社	投入	组织	业务	数字化办公	业务合作
CT 联社	0.78	1.91	1.14	4.44	0
DS 联社	4.57	0.22	1.94	0	0
NJ 联社	0.68	0.47	1.68	0	0
PH 农商银行	1.16	0.32	2.07	0	0
HA 联社	2.22	0.74	2.76	0	0
LY 农商银行	1.42	1.83	0.76	0	0
CT 联社	2.95	1.89	1.13	0	0
YD 联社	1.94	1.88	0.73	0	0
SH 农商银行	1.32	1.88	1.49	0	0
WP 联社	1.06	1.93	1.95	0	0
ZP 农商银行	1.74	1.89	2.05	0	0
LC 联社	0.78	1.85	1.68	0	0
SM 农商银行	1.13	2.1	1.18	0	0
MX 联社	2.36	2.07	0.73	0	0
YA 农商银行	1.17	1.89	2.33	0	0
QL 联社	1.74	0.89	1.81	0	0
NH 联社	1.7	0.46	1.5	0	0
DT 联社	1.48	0.01	2.22	0	0
YX 联社	2.01	1.83	1.85	0	0
SX 农商银行	0.94	0.49	0.95	0	0
JL 联社	2.03	2.08	1.02	0	0
TN 联社	2.7	0.99	0.73	0	0
JN 联社	0.56	0.87	0.45	0	0
ND 农商银行	2.02	2.05	1.36	5.3	0
FD 联社	0	0.7	0.49	0	0
XP 联社	1.81	0.39	1.81	0.02	0
FA 联社	1.52	1.86	2.7	0	0
GT 联社	1.9	1.96	2.17	0	0
PN 联社	1.38	1.09	1.57	0	0
SN 联社	1.81	2.02	1.24	0	0
ZN 联社	1.66	2.14	2.58	0	0
ZR 联社	1.84	0.69	1.05	0	0

续表

行社	投入	组织	业务	数字化办公	业务合作
NP 农商银行	1.44	0.96	1.9	0	0
SW 联社	1.75	0	0.22	0	0
JY 联社	0.64	0.5	2.24	0	0
SC 联社	0.64	0.5	1.47	0	0
JO 农商银行	0.61	1.88	1.61	0	0
PC 联社	1.92	0.47	1.45	0	0
WYS 农商银行	1.64	2.04	0.43	0	0
GZ 联社	3.5	1.9	0.43	0	0
SX 联社	2.48	0.96	2.52	0	0
ZH 联社	0.83	2.12	2.01	0	0

表 4-3　2019 年各行社数字化转型二级指标得分

行社	投入	组织	业务	数字化办公	业务合作
FZ 农商银行	1.22	2.36	1.36	6.32	64
MH 联社	0.68	2.19	2.19	0	0
MQ 联社	0.69	2.19	2.68	0	0
YT 联社	1.65	0.14	1.62	0	0
CL 农商银行	1.14	2.19	1.49	1.39	0
FQ 农商银行	1.42	0.06	0.66	0	0
PT 农商银行	1.25	2.19	1.33	0	0
LJ 农商银行	1.76	0.17	1.94	0.53	0
LY 联社	1.95	2.19	1.21	0	0
QZ 农商银行	0.98	0.05	1.47	6.8	4
JJ 农商银行	1.65	0.14	1.95	17.26	0
SS 农商银行	1.35	2.19	1.3	0	0
NA 农商银行	0.97	0.04	1.73	11.02	0
HA 联社	1.53	15.47	1.13	4.75	0
AX 农商银行	1.46	2.18	1.11	7.03	0
YC 联社	1.48	0.14	1.28	5.5	0
DH 联社	1.42	2.2	1.24	4.68	0
XM 农商银行	1.94	2.22	1.94	9.92	8

续表

行社	投入	组织	业务	数字化办公	业务合作
PT 农商银行	1.43	2.2	1.34	7.53	0
XY 农商银行	1.25	0.14	1.89	3.93	12
ZZ 农商银行	1.38	2.2	1.61	5.19	0
LH 农商银行	0.93	2.19	1.14	0	0
YX 联社	1	2.19	1.2	0	0
ZP 农商银行	1	0.02	2.47	0	0
ZA 联社	0.81	2.19	1.2	0.11	0
CT 联社	1.14	2.19	1.33	3.65	0
DS 联社	5.33	0.13	1.81	0	0
NJ 联社	0.82	0.08	2.05	0	0
PH 农商银行	2.26	0.06	2.01	0	0
HA 联社	0.96	0.12	3.02	0	0
LY 农商银行	1.58	2.18	0.91	0	0
CT 联社	2.26	2.19	1.32	0	0
YD 联社	1.98	2.19	0.86	0	0
SH 农商银行	2.01	2.18	1.33	0.75	0
WP 联社	0.86	2.19	1.7	0	0
ZP 农商银行	1.76	2.19	2.01	0	0
LC 联社	2.05	2.19	1.36	0	0
SM 农商银行	1.13	2.2	1.19	0	0
MX 联社	1.13	2.2	0.87	0	0
YA 农商银行	1.63	2.19	1.97	0	0
QL 联社	1.84	0.16	0.97	0	0
NH 联社	1.09	0.09	1.37	0	0
DT 联社	1.37	0.06	1.97	0	0
YX 联社	1.64	2.18	1.5	0	0
SX 农商银行	0.82	0.09	1.24	0	0
JL 联社	1.93	2.2	1.14	0	0
TN 联社	3.05	0.18	0.82	0	0
JN 联社	0.47	0.16	0.74	0	0
ND 农商银行	1.5	2.24	1.78	3.1	8
FD 联社	0	0.13	0.72	0.42	0

行社	投入	组织	业务	数字化办公	业务合作
XP 联社	1.4	0.07	1.35	0.11	0
FA 联社	1.44	2.18	2.35	0	4
GT 联社	1.5	2.2	2.19	0	0
PN 联社	1.79	0.2	1.34	0	0
SN 联社	1.49	2.2	1.24	0	0
ZN 联社	1.97	2.21	2.5	0	0
ZR 联社	2.97	0.13	1.13	0	0
NP 农商银行	1.37	0.16	1.61	0	0
SW 联社	1.84	0	0.53	0	0
JY 联社	1.22	0.1	1.91	0	0
SC 联社	1.22	0.1	1.38	0	0
JO 农商银行	0.73	2.18	1.23	0	0
PC 联社	0.09	0.09	1.44	0	0
WYS 农商银行	1.62	2.2	0.78	0	0
GZ 联社	2.94	2.21	0.66	0	0
SX 联社	2.25	0.18	2.17	0	0
ZH 联社	1.19	2.2	1.71	0	0

表4-4 2020年各行社数字化转型二级指标得分

行社	投入	组织	业务	数字化办公	业务合作
FZ 农商银行	1.23	7.49	1.33	6.32	64
MH 联社	0.54	1.84	2.1	0	0
MQ 联社	1.22	1.62	2.94	0	0
YT 联社	0.53	0.95	1.48	0	0
CL 农商银行	1.06	1.73	1.56	1.39	0
FQ 农商银行	1.49	0.36	0.75	0	0
PT 农商银行	1.07	1.78	1.24	0	0
LJ 农商银行	1.77	1.07	2.25	0.53	0
LY 联社	1.65	1.79	1.16	0	0
QZ 农商银行	0.88	0.45	1.51	6.8	4
JJ 农商银行	2.01	1	1.81	17.26	0

续表

行社	投入	组织	业务	数字化办公	业务合作
SS 农商银行	1.18	2.03	1.38	0	0
NA 农商银行	0.9	0.78	1.74	11.02	0
HA 联社	0.97	1.78	1.1	4.75	0
AX 农商银行	1.24	1.94	1.09	7.03	0
YC 联社	1.27	0.92	1.48	5.5	0
DH 联社	1.78	1.87	1.38	4.68	0
XM 农商银行	1.85	2.26	1.81	9.92	8
PT 农商银行	1.33	1.95	1.14	7.53	0
XY 农商银行	1.16	1.96	1.71	3.93	12
ZZ 农商银行	1.56	2.25	1.57	5.19	0
LH 农商银行	0.9	1.74	1.15	0	0
YX 联社	0.78	3.07	1.3	0	0
ZP 农商银行	0.96	0.15	2.85	0	0
ZA 联社	0.64	1.71	1.5	0.11	0
CT 联社	1.1	1.87	1.25	3.65	0
DS 联社	4.13	0.18	1.87	0	0
NJ 联社	0.85	0.56	2.1	0	0
PH 农商银行	2	0.38	1.75	0	0
HA 联社	1.39	0.8	3.07	0	0
LY 农商银行	2.33	1.68	0.86	0	0
CT 联社	2.29	1.71	1.17	0	0
YD 联社	2.17	1.83	0.86	0	0
SH 农商银行	1.34	1.69	1.1	0.75	0
WP 联社	1.45	1.77	1.69	0	0
ZP 农商银行	1.97	1.7	2.15	0	0
LC 联社	2.28	1.79	1.09	0	0
SM 农商银行	1.09	1.99	1.55	0	0
MX 联社	1.25	1.94	0.56	0	0
YA 农商银行	1.5	0.42	2.06	0	0
QL 联社	1.76	1.07	0.84	0	0
NH 联社	1.11	0.59	1.08	0	0
DT 联社	0.95	1.72	2	0	0

续表

行社	投入	组织	业务	数字化办公	业务合作
YX 联社	1.59	1.62	1.34	0	0
SX 农商银行	0.8	0.62	1.6	0	0
JL 联社	1.96	1.96	1.4	0	0
TN 联社	3.89	1.07	0.66	0	0
JN 联社	0.52	1.03	1.02	0	0
ND 农商银行	1.61	2.12	1.85	3.1	8
FD 联社	0	1.77	0.77	0.42	0
XP 联社	1.53	0.44	0.94	0.11	0
FA 联社	1.69	1.67	2.71	0	4
GT 联社	1.41	1.98	2.39	0	0
PN 联社	2.08	1.34	1.27	0	0
SN 联社	1.69	1.9	0.78	0	0
ZN 联社	1.85	2.03	2.2	0	0
ZR 联社	2.21	0.84	1.21	0	0
NP 农商银行	1.41	1.16	1.6	0	0
SW 联社	1.66	0	0.46	0	0
JY 联社	0.85	0.59	1.89	0	0
SC 联社	0.85	0.59	1.49	0	0
JO 农商银行	0.68	1.69	1.48	0	0
PC 联社	0.57	0.6	1.5	0	0
WYS 农商银行	3.02	1.9	0.61	0	0
GZ 联社	3.12	1.72	0.52	0	0
SX 联社	2.69	1.14	2.2	0	0
ZH 联社	1.38	2.03	1.75	0	0

　　将二级指数按照确定的一级指标权重进行加权算术平均即可计算各行社所对应年份的数字化转型指数（见表4-5）。

表4-5　2018~2020年各行社数字化转型指数

行社	2018 年	2019 年	2020 年
FZ 农商银行	11.51	8.902	10.433

续表

行社	2018 年	2019 年	2020 年
MH 联社	1.368	1.382	1.236
MQ 联社	1.452	1.53	1.49
YT 联社	0.739	0.693	0.782
CL 农商银行	1.02	1.496	1.371
FQ 农商银行	0.328	0.358	0.482
PT 农商银行	1.085	1.181	1.013
LJ 农商银行	1.336	0.915	1.279
LY 联社	1.074	1.215	1.05
QZ 农商银行	2.362	2.314	2.436
JJ 农商银行	3.826	4.244	4.496
SS 农商银行	3.472	1.182	1.141
NA 农商银行	3.254	2.832	3.05
HA 联社	1.663	6.083	1.911
AX 农商银行	1.827	2.539	2.439
YC 联社	1.682	1.674	1.947
DH 联社	2.07	2.11	2.089
XM 农商银行	4.906	4.226	4.19
PT 农商银行	2.131	2.711	2.566
XY 农商银行	2.855	2.72	3.203
ZZ 农商银行	2.032	2.319	2.34
LH 农商银行	0.987	1.092	0.957
YX 联社	1.047	1.117	1.389
ZP 农商银行	0.839	0.847	0.996
ZA 联社	0.968	1.12	1.049
CT 联社	1.881	1.9	1.776
DS 联社	1.105	1.115	1.028
NJ 联社	0.713	0.721	0.883
PH 农商银行	0.833	0.847	0.839
HA 联社	1.272	1.038	1.3
LY 农商银行	0.919	1.085	0.995
CT 联社	1.201	1.279	1.093
YD 联社	0.977	1.113	1.024
SH 农商银行	1.143	1.404	1.121

续表

行社	2018 年	2019 年	2020 年
WP 联社	1.27	1.253	1.183
ZP 农商银行	1.356	1.436	1.352
LC 联社	1.137	1.27	1.092
SM 农商银行	1.097	1.13	1.171
MX 联社	1.076	1.034	0.875
YA 农商银行	1.383	1.411	0.894
QL 联社	0.984	0.523	0.749
NH 联社	0.758	0.547	0.612
DT 联社	0.817	0.746	1.211
YX 联社	1.305	1.268	1.047
SX 农商银行	0.526	0.481	0.746
JL 联社	1.133	1.195	1.204
TN 联社	0.786	0.605	0.908
JN 联社	0.452	0.317	0.667
ND 农商银行	2.285	2.776	2.772
FD 联社	0.357	0.339	0.846
XP 联社	0.845	0.588	0.589
FA 联社	1.52	1.903	1.883
GT 联社	1.429	1.467	1.452
PN 联社	0.936	0.641	0.991
SN 联社	1.159	1.181	0.973
ZN 联社	1.582	1.61	1.454
ZR 联社	0.706	0.675	0.836
NP 农商银行	1.002	0.668	0.969
SW 联社	0.241	0.343	0.304
JY 联社	0.886	0.725	0.829
SC 联社	0.655	0.566	0.709
JO 农商银行	1.108	1.096	1.019
PC 联社	0.768	0.468	0.687
WYS 农商银行	0.905	1.056	1.055
GZ 联社	1.049	1.155	0.984
SX 联社	1.292	0.93	1.271
ZH 联社	1.322	1.292	1.272

2018～2020 年 F 省农信社（农商银行）数字化转型指数对比如图 4-1 所示。

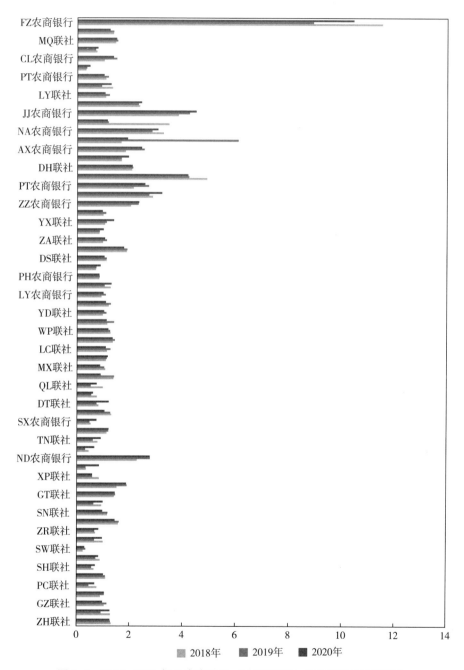

图 4-1　2018～2020 年 F 省农信社（农商银行）数字化转型指数对比

银行数字化转型、地理距离与农户信贷

二、银行数字化转型指数描述性统计

综合上述计算结果，可以发现 F 省银行业数字化转型水平整体呈现东部沿海地区指数大于内陆山区，综合 3 年数据，整体上 FZ、XM、QZ、PT 地区的银行数字化转型指数高于其他地区，与 F 省整体经济发展水平相近，反映出在经济水平较为发达的区域，数字化基础设置的布设较为完备，当地居民对智能终端设备的使用率较高，对银行开展数字化金融服务的接受程度较高；对于银行层面，发达地区的行社整体资产规模更大、科技水平更强、经营管理更先进，数字化转型的基础更好，更有利于推进银行的数字化转型。图 4-2~图 4-4 标示了 2018~2020 年 F 省农信社（农商银行）数字化转型指标的地理分布情况。

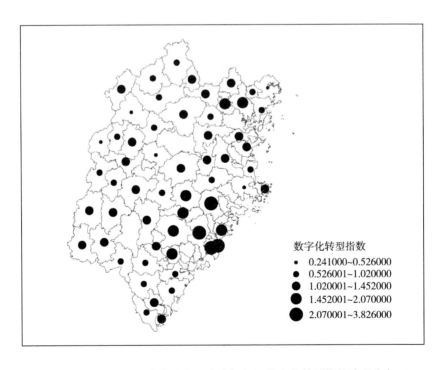

图 4-2　2018 年 F 省农信社（农商银行）数字化转型指数地理分布

· 90 ·

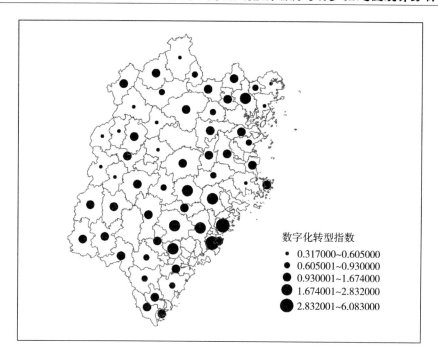

数字化转型指数
· 0.317000~0.605000
· 0.605001~0.930000
● 0.930001~1.674000
● 1.674001~2.832000
● 2.832001~6.083000

图 4-3 2019 年 F 省农信社（农商银行）数字化转型指数地理分布

如图 4-2 所示，2018 年银行数字化转型指标在地理分布上呈现出沿海地区大于内陆地区的整体趋势，其中，作为省会的 FZ 在该指数中得分最高说明 FZ 农商银行的银行数字化转型走在了全省前列，FZ 农商银行在组织得分、数字化办公得分以及业务合作得分方面位居全省前列，其中与金融科技企业进行合作的次数更是位居全省第一，这体现出 FZ 农商银行在组织架构的建设水平、战略规划的完备程度以及行内领导对数字化转型的重视程度等方面在全省农信系统中具有示范带头作用。XM 作为经济特区，数字化基础设置和群众的金融素养普遍较高，在当地推进银行数字化转型难度较小，因此 XM 农商银行的数字化转型指数也位居前列。QZ 和 PT 地区作为民营经济发达的地区，其资源禀赋较为丰富，对于加速银行数字化转型以更好刺激经济发展的诉求较高，因此银行业数字化转型的推进步伐较快。JJ 农商银行和 NA 农商银行在数字化办公得分中位居全省前二，这体现出数字化办公已经深入到两家农商银行的日常工作流程之中，有助于行社在开展业务过程中的信息收集整理和反馈，成为行社业务发展的重要动力，结合全省各行社年度绩效来看，JJ 农商银行和 NA 农商银行的综合绩效也在全省排名靠前。而其他地区城镇化率较低、数字基础设施较为薄弱，银行数字化转型的整体步伐较慢，导致银行业数字化转型的占比较低，且由于地理原因，农户分布较散，各行社更多还是以线下服务为主、线上业务办理为辅，因此整体数字化转型水平较低。

如图 4-3 所示，相较于上年，2019 年 F 省各地区银行业数字化转型均有提速之势。其中，省会城市 FZ 的银行数字化转型指标依旧位于全省第一，QZ 地区各县域综合指标的排名位于前列，其后是 XM 和 PT 地区。值得关注的是，除上述提及地区外，该省其他地区的银行数字化转型相较于上年均有提升。ND 地区、ZZ 地区和 LY 地区的整体银行数字化转型指标占比均较上年有较大幅度变化，在 F 省普惠金融改革示范区的带动下，ND 地区和 LY 地区加速发展普惠金融，在政策引导下，ND 农商银行和 LY 农商银行稳步推进现代普惠金融服务体系，加强与政府部门合作，成立乡村振兴示范点，推动平台端口互联，LY 农商银行在全省率先实现云闪付农产品产销服务平台县域全覆盖。借由政策红利，LY、ND 两地加快银行数字化转型，实现金融惠及更多偏远农村，让更多人享受到数字化金融红利。银行数字化成为助力实现普惠金融、强化农村普惠金融的重要抓手。

如图 4-4 所示，2020 年 F 省银行数字化转型依旧保持沿海快于山区。省会城市 FZ 连续 3 年在银行数字化转型指标排名中位居第一。作为数字峰会的主要举办地，数字化不再是理论层面，而是融入到普通群众的日常生活中，在良好的数字化基础加持下，更有助于银行数字化转型的加快推进，FZ 农商银行的数字化转型连续 3 年保持全省领先。XM 地区、QZ 地区和 PT 地区依旧保持较高的银行数字化转型水平，在加快新型数字技术的推广下，银行数字化转型稳步推进。值得关注的是，ND 地区作为 F 省曾经的欠发达地区，如今的经济发展、数字化建设和普惠金融发展大有后发之势，其银行数字化转型指数在 2020 年已达到全省中游水准，整体发展态势良好。得益于普惠金融改革试验区建设的整体落地，民众对数字化的接受程度普遍提升，银行数字化转型的整体发展更加顺畅。在推进普惠金融服务体系建设方面，ND 升级改造了一批普惠金融服务点，在现有农村普惠金融服务点的基础上升级机具功能，使其兼具农村地区税收、非税和社保资金就地缴交及养老金就地领取等普惠金融综合服务，为使广大农村地区主动融入乡村振兴大局，ND 农商银行加快"福农驿站"在全市范围内的架设，持续深化"党建+金融助理+多社融合"模式，加快推动农村普惠金融服务点转型升级，积极搭建集金融、电商、物流、民生、政务"五位一体"的综合化金融服务平台。同时 ND 地区也加强普惠支付服务，围绕农村日常支付习惯设立加载零售、交通、医疗、教育、政务等多个场景的移动支付应用，进一步提升移动支付的覆盖面与渗透率。政策加持与行社对数字化业务场景的构建共同助力 ND 地区数字普惠金融发展迈向新的高度。

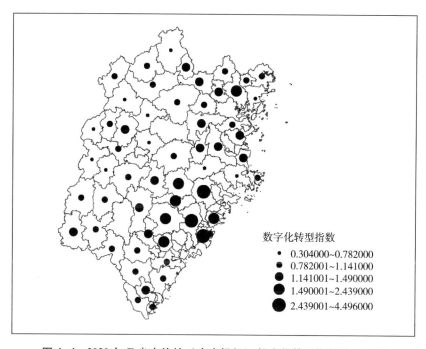

图 4-4　2020 年 F 省农信社（农商银行）数字化转型指数地理分布

三、银行数字化转型与农户信贷供给的相关关系

随着越来越多的现代化金融科技手段被用于推动银行的数字化转型发展，银行信贷业务逐渐趋向高效、多元、便捷，为数字普惠金融的普及发挥重要作用。前文的理论分析表明，银行数字化水平的提高能够发挥积极作用，使农户贷款金额增加、获得贷款的农户数量增多、农户贷款利率降低以及农户贷款违约率下

降。为进一步检验银行数字化转型对农户贷款余额、贷款利率以及不良贷款率产生的影响，本书基于 F 省农信系统 67 家农信社（农商银行）3 年间的观测数据，共得到 201 个散点，依据散点关系初步拟合出变量间的相关关系，绘制数字化转型程度与各相关变量之间的关系图（见图 4-5～图 4-8），并分别对其进行描述分析。

（一）银行数字化转型与农户贷款余额

由图 4-5 可以清楚地看出，银行数字化转型程度与农户贷款余额呈明显正相关关系，数字化水平越高，农户获得的贷款余额越多。究其背后的原因，首先是数字化在一定程度上解决了信贷活动中存在的信息不对称问题。银行数字化转型通过信息整合来缓解信息不对称对金融机构发放贷款所产生的影响，随着科技手段的发展，更新速度越来越快、覆盖面越来越广泛的互联网信息数据库能够收集整合大量碎片化、非结构化的客户信息，打破了时空的限制，使借款前产生的信息不对称问题在一定程度上被缓解，从而降低了逆向选择的风险，为缺乏抵押担保背景的借款人提供了信贷支持，改善了其信贷可得性。

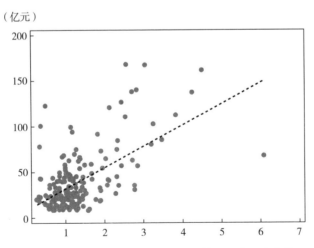

图 4-5　农户贷款余额与银行数字化转型程度拟合曲线

其次数字化水平的提升能够降低信贷活动中产生的各项交易成本。数字化转型在银行系统和农村同时开展，农户个人的征信空白问题、农户资产的估值问题都随着农村信用体系的建设、农户信息共享程度的提升以及农户信贷数据基础的夯实解决，使信贷信息渠道进一步实现双向打通，银行在准确掌握农户个人信息的同时降低了授信成本，为农户发放贷款的意愿得到提高，缓解了金融排斥等问题。此外，数字化转型健全了信用体系，使得银行的贷后监督成本和因农户违约所产生的代价降低，银行能够快速通过征信系统、大数据分析等金融科技手段尽可能地减少或抵消由于道德风险等因素造成的损失。因此，随着数字化水平的提高，农户的贷款余额相应增加。

（二）银行数字化转型与农户贷款户数

由图 4-6 可以清楚地看到，银行数字化转型程度与农户贷款户数呈明显的正相关关系，数字化水平越高，获得贷款的农户户数越多。在信息方面，大数据分析、云收集、云计算等现代化科技手段被应用于银行收集整合借款人信息上，使银行缓解了在借贷活动中存在的信息劣势问题，对借款人的个人信息、资产等进行更快捷高效的收集分类，更方便对借款人的申请进行审核，从而达到向借款人快速发放贷款的目的。此外，在信贷业务数字化转型过程中发展壮大的网络借贷业务能够有效缓解农村大量资金外流、信贷供求结构不平衡等问题，依托网络技术实现借贷双方的供需匹配及资金交换，能够有效突破时空限制，增加农村资金来源，扩大信贷资金的覆盖范围。

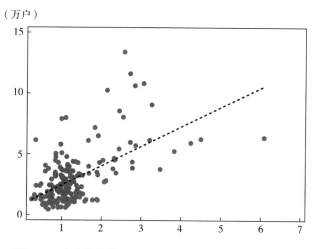

图 4-6 农户贷款户数与银行数字化转型程度拟合曲线

就成本而言，完成数字化转型后，金融机构提供金融服务时将具有更低的成本，数字化转型过程中使用网上银行、手机银行、微信银行的用户增加则相对减少了线下物理网点的布设，在节约银行运营成本的同时降低了经营风险，减少了银行用于风险管理的成本。在解决了信息不对称问题与成本减少的情况下，银行发放贷款的意愿有所上升，使更多农户能够获得贷款。因此，银行数字化转型程度越高，获得贷款的农户越多。

（三）银行数字化转型与农户贷款利率

由图4-7可以清楚地看出，银行数字化转型程度与农户贷款利率呈明显负相关关系，数字化水平越高，农户的贷款利率越低。在银行数字化转型与农村数字化转型同步进行的过程中，农户在进行生产经营过程中的信贷需求能够得到及时回应，银行业对农户的贷款资格审查程序更加快速简便，使信贷授权成本显著下降，有助于农户以更低的成本获取贷款，原本由时间空间等多重限制导致的贷款审批困难、授信成本过高、信贷风险较大等问题得到解决，农户贷款成本下降，因此对农户的贷款额度得到提升，贷款利率得以降低。银行的贷前调查、贷中审查以及贷后监督成本降低，有助于降低贷款利率，进而将数字化红利让利给农户。此外，由于银行数字化转型的推进，多样化的数字金融产品层出不穷，产品

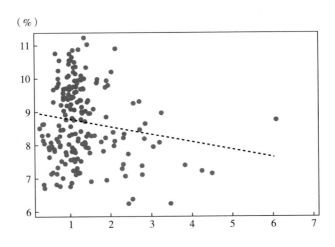

图4-7 农户贷款利率与银行数字化转型程度拟合曲线

竞争逐渐激烈，为了充分吸引客户，银行会通过降低产品定价等方式参与到产品的迭代过程中来，通过在原有的产品数据模型基础上不断更新，并持续提升风控系统的适配度和精准度，从而降低借贷活动中产生的各项成本，进一步减少了将成本转嫁到借款人的部分，该部分就体现为利率的降低。因此，数字化转型程度越高，农户获得的贷款利率将越低。

（四）银行数字化转型与农户贷款不良率

由图4-8可以清楚地看出，银行数字化转型程度与农户贷款违约率呈负相关关系，数字化水平越高，农户贷款违约的可能性越小，贷款不良率越低。贷款不良率是评价商业银行信贷资产质量的重要指标之一，也是衡量商业银行信用风险的核心指标之一，贷款不良率越高，可能无法收回的贷款占总贷款的比例越大；反之，贷款不良率越低，则说明金融机构不能收回贷款占总贷款的比例越小。

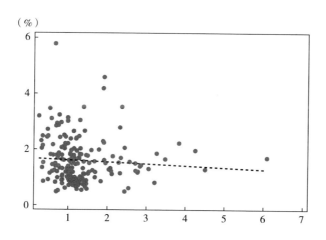

图4-8 农户贷款不良率与银行数字化转型程度拟合曲线

随着银行业数字化转型的深入，银行与政府协同搭建的智慧金融平台能够充分实现数据交互式对接，通过大数据引流解决农户农企的信息不对称难题，多方合作能够更好地满足农户的信贷需求，有助于"整村授信"的深入开展。银行对经营过程中积累的大量数据进行大数据分析，进一步丰富了贷款信息，对借款人进行全方位精准画像，使银行更好、更精确地挑选违约可能性较低的高质量客户，从而降低贷款成为坏账的概率。此外，银行通过挖掘自身积累的现金流数据识别小微个体的经营记录将有助于提升普惠金融业务的风控能力，缓解自身的信息劣势地位，从而解决借贷活动中产生的逆向选择和道德风险。依托现代化金融科技手段实现的数据互通使农村的信用体系更加健全，打破了农户的圈层意识，在一定程度上增强了农户的征信意识和信用意识，从而使农户按时还款的行为增加。

数字化转型后，商业银行采取的贷后行动尤其是监控预警的能力和效率会提高，如利用无人机对农户贷款的抵押物进行监控、运用智慧数据平台对贷款资金流向进行收集分类等，一旦发现抵押物出现变化或贷款资金流向异常的情况，商业银行可以及时回收贷款或要求客户补充抵押物等，从而有可能避免不良贷款的发生或及时补偿不良贷款造成的损失。在贷后管理环节，银行通过数字化转型运用智能管理系统解决还款到期和逾期提醒等问题，进一步减少人工干预，节约人工管理成本，提升贷后管理效率。因此，银行数字化水平的提高，对降低农户贷款不良率具有积极意义。

第五章 银行数字化转型、地理距离与金融机构的农户信贷供给规模

一、引言

信贷约束缓解对于乡村振兴和共同富裕有重要意义,农村金融如何发展才能缓解农户面临的信贷约束,达到惠农助农的目的,成为乡村振兴背景下的热门话题。

不少学者指出,农户面临信贷约束与其到信贷机构的地理距离相关。农户与信贷机构之间的地理距离直接反映了二者之间的空间关系。在信贷市场中借贷双方(农户和信贷机构)所拥有的信息是不对称的,必然有一方处于信息劣势,这就可能会产生逆向选择和道德风险。在申请发放农户贷款的过程中,农户距离信贷机构越远,信贷机构就越缺乏农户较为完备的资产状况、收入情况等详细资料,而农户通常对自己的家庭收入情况、经营状况、偿债能力以及贷款的使用等较为了解,在需要借款时,为最大限度地获取贷款,可能会将自身收入不稳定、偿债能力较差、贷款使用的项目风险较高等不利信息对信贷机构有所隐瞒。而信贷机构对农户资金运用的相关信息无法直接准确掌握,只能凭借农户所提供的个人信息和农业信贷市场的平均情况来判断该贷款的风险,信贷机构发放贷款后,农户可能因为各种各样的实际情况而违背契约规定,从而给信贷机构造成损失。因此,信贷机构为将损失最小化,申请贷款的农户所处地区越偏远,所获得的贷

款金额越小。借贷双方之间具有的"距离数量效应"主要集中在信息透明度较低的借款人上，距离越远的借款人越有可能遭遇有严格约束力的信贷限制（Bellucci 等，2013），就越难以获得贷款。信贷机构在获取借款人信息时所面临的地理距离约束会影响其贷款合同的设计，当借款人向远距离贷款者寻求贷款时，贷款合同往往更加严格，贷款合同中的贷款条件也越多，更具有限制性，贷款的可得性因此越低（Hollander 和 Verriest，2016）。此外，通过分析小规模生产者向大型信贷机构申请贷款的数据，能够发现借款人离信贷机构越远，越不利于信贷机构收集借款人的有效软信息，距离削弱了信贷机构有效收集私人信息以及开拓本地市场的能力，距离信贷机构越近的借款人越容易获得贷款（Agarwal 和 Hauswald，2010）。而信息不对称会使得交易成本过高，现有文献认为阻碍农户获得信贷的主要原因是交易双方的信息不对称所导致的交易成本过高问题（朱喜和李子奈，2006；李庆海等，2016），在这种情况下，信贷机构将花费高昂成本用于事前收集农户信息以及事后采取相应的监督措施。

但随着数字化技术的升级，处于数字化转型过程中以及完成数字化转型的银行为农户生产经营提供更加丰富多元的创新产品和金融服务。银行的数字化转型会降低交易双方的交易成本，通过信息技术，既方便快捷，又具有低成本的优势，能使不发达地区同样享受金融服务，破解了行业长期存在的对农村金融服务不足问题，弥补了传统金融服务的缺失，有效缓解了偏远地区的金融排斥问题。同时数字化技术也在加快走进农村、走向农民。据统计，截至 2021 年 6 月，我国网民规模已达 10.11 亿，较上年 12 月增长 2175 万，互联网普及率达 71.6%，其中农村网民规模为 2.97 亿，农村地区互联网普及率为 59.2%，较上年 12 月提升 3.3 个百分点，城乡互联网普及率进一步缩小①。数字技术给农业农村发展带来了新的机遇，随着我国农业农村数字化转型，合理布局和加快推进农村网络设施建设，补齐农村数字基础设施和服务短板，缩短城乡之间分享数字红利的机会和能力，能够以更加公平的方式惠及农业农村农民（殷浩栋等，2020）。而数字化转型为农业数字化、农村数字化奠定了基础，扩大了普惠金融服务的覆盖面，为打通金融业的"最后一公里"创造了条件。农村地区特别是偏远地区、贫困地区，就是金融服务覆盖的"最后一公里"，也是金融供给、需求结构不平衡问

---

① 2021 年中国互联网络信息中心（CNNIC）发布的《中国互联网络发展状况统计报告》。

题在区域层面的表现。传统金融服务覆盖率的提高主要依赖于机构网点的铺设，人力、物力投入高，成本回收期长，客户覆盖率扩张困难。而信息技术的发展则降低了金融服务的门槛，部分地区借助布设多功能自助终端、便民服务点、助农取款点等代理模式，扩大了基础金融服务覆盖面。数字金融则能够大幅缓解传统金融对农村居民的地理排斥、评估排斥、营销排斥等问题。从移动支付、掌上理财到小微贷款，通过智能手机集成征信、理财与借贷等多项职能，有效弥补了传统金融难以服务农村和偏远地区的不足。数字金融有效惠及那些原来被传统金融、传统征信排除在外的农村居民，帮助其缓解借贷约束，改善了存在于农村地区的金融抑制现象（张勋和万广华，2016；程名望和张家平，2019）。

可以说，银行数字化转型为打破借贷双方的时空界限提供了"解题方法"。对于金融机构而言，数字化技术的加持有助于精准识别用户画像，准确匹配农户贷款需求，将贷款发放给有需要的农户。而传统农户信贷面临农户资产非标准化，收入波动性大，导致传统银行业给农户授信过程中对资产价值以及实际收入的评估较为困难。随着数字化转型在银行和农村的同时开展，农户个人的征信空白问题、农户资产的估值问题都将随着农村信用体系的建设、农户信息共享程度的提升以及农户信贷数据基础的打牢，从而使信贷渠道实现双向打通，金融机构在掌握农户信息的同时也降低了授信的成本，可以有效地缓解金融机构对农户信贷的惜贷现象。在向农户发放贷款的过程中，金融机构可以充分利用大数据等现代化技术挖掘用户在平台积累的信息，建立风控体系（王馨，2015），进而缓解农户因缺乏抵押和担保而导致的信贷约束，改善其信贷可得性。大量研究表明，中国农村资金外流现象严重，农村信贷市场存在巨大供需缺口，信贷供求结构不平衡（徐忠和程恩江，2004）。信贷业务数字化转型中的网络借贷可以有效缓解这一问题，它依托网络技术实现借贷双方的供需匹配及资金交换，能够有效突破地域限制，增加农村资金来源，扩大信贷资金的覆盖范围。此外，完成数字化转型后，金融机构提供金融服务时将具有更低的成本。由于农户居住点较为分散、农业贷款具有小额性等特点，因此传统金融机构发放的农业信贷单位成本较高，导致其总体收益较低，而完成数字化转型的金融机构只需在初始阶段投入大部分资金用于产品研发、系统建设等，在正式开展业务时发放的信贷边际成本则较低，可变成本趋于零，且其覆盖范围可以突破时间和空间的限制，这恰好解决了传统小微金融的规模不经济问题（谢平等，2015）。金融服务数字化转型主要依托于互联网、大数据分析和云计算，能够打破地域的限制，降低交易成本，其发展可以不断完善金融基础设施，提高金融服务的可得性，实现以较低成本向全社会尤其是偏远欠发达地区和弱势群体提供较为便捷的金融服务（谢绚丽等，2018）。对于金融机构而言，数字化转型可以减少一线服务人员的数量，并且可以通过搭建数字渠道对客户进行数字画像，提供个性化服务；手机银行减少了物理网点的设施，在节约运营成本的同时降低了经营风险，减轻了风险管理的成本。

在银行数字化转型与农村数字化转型同步进行的过程中，农户在进行生产经营过程中的信贷需求得以及时回应，银行业对农户的贷款审查，信贷授权成本显著下降，有助于农户以更低的成本获取贷款，原本因地理位置导致贷款审批困难、授信成本过高、信贷风险大等问题得到解决，农户贷款成本下降，对农户的贷款额度得以提升，贷款利率得以降低。此外，金融机构的数字化转型发展促进了农户信息可得性的提高并且降低了农户借贷过程产生的成本，农户可以利用移动终端更加方便地获取金融信息甚至直接进行借贷活动，这降低了农户借贷过程中资金成本外的其他隐性成本，缓解了农户由于地理排斥和自我排斥而无法获得金融服务的情况。

而农户贷款金额是农户金融服务需求是否得到满足的直接表现。为此，本章首先探讨了银行数字化转型、地理距离对农户贷款额度的影响，研究发现农户与乡镇行社网点的距离对农户贷款金额存在负向影响，但银行的数字化水平越高，地理距离对农户贷款额度的抑制作用会越小。异质性分析结果表明农户金融素养越高，越能发挥金融科技和数字化转型的作用，银行数字化转型对地理距离负向影响的缓解作用越大；区域内银行竞争越激烈，越能促进农信社利用金融科技缓解地理距离的负向作用；银行商业化程度越高，就会越有激励去进行数字化转型，以缓解地理距离造成的金融排斥，为农户提供贷款服务。进一步分析发现，由于信用贷款比其他担保方式贷款面临更大的信息不对称、中长期贷款比短期贷款面临更大的信息不对称、农林牧渔贷款比其他投向贷款面临更大的信息不对称，因此，银行数字化转型对农户信用贷款、中长期贷款和投向为农林牧渔贷款的缓解作用更大。

本章的主要贡献体现在以下两个方面：第一，已有的研究没有专门从银行数字化转型的角度来考虑地理距离对农户贷款金额的影响，本章为惠农助农金融发展背景下银行进行数字化转型的必要性提供了经验证据。第二，本章使用的数据为 F 省农信系统农户贷款的内部数据，数据量充实、时效性强，增强了实证分析结果的可信度。

二、研究设计与数据

（一）研究设计

本章运用 OLS 模型来识别与分析银行数字化转型、地理距离对于农户贷款额度的影响，以证明银行数字化转型对于缓解农户地缘性信贷配给的意义。首先，由于农户与农信社（农商银行）的地理距离几乎不随时间而改变，因而缺乏时间层面的变异，故难以使用面板数据模型进行分析。其次，一般来说，农户需要的贷款额度难以影响到农户和农信社（农商银行）之间的地理距离，因而地理距离与贷款金额之间的反向因果关系较弱。此外，本书使用的农信社数据拥有较为丰富的银行层面和农户层面的控制变量，可以在很大程度上减少遗漏变量的问题。因而，基于上述原因，没有采用因果识别中常用的准自然实验的方式，而是运用混合截面数据，通过设立交互项的 OLS 模型进行识别。本书采用的识别策略已经得到广泛应用，如程郁等（2009）运用 3 个独立的 Probit 模型，分别识别了农户遭受正规信贷约束、需求型约束和供给型约束的影响因素，朱喜等（2009）、张三峰（2013）、Pang 等（2014）也在分析中采取了类似思路。

1. 地理距离与农户贷款供给额度

地理距离对农户信贷金额影响的基本回归方程设定如下所示：

$$\text{Loan}_{it} = \alpha + \beta \text{Dis}_{it} + \delta \text{Hhd}_{it} + \eta \text{Bank}_{jt} + \lambda_t + \varepsilon_{it} \tag{5-1}$$

式中，i 表示农户；j 表示农信社，由于一个县域只有一家信用社，所以 j 也表示县域；t 表示年份。Loan 为被解释变量，表示农户贷款金额。Dis 为核心解释变量，表示农户与农信社之间的地理距离。当 β 为显著的负值时，表示地理距离对农户贷款金额存在负向影响。Hhd 表示农户层面的控制变量，参考程郁等（2009）的相关研究，包括是否为自营工商业主、是否为低收入户、是否为农业新型经营主体、是否为党员、家庭年收入、年龄、性别、受教育程度、婚姻状况、健康状况。Bank 表示信用社层面的控制变量，包括是否改制、资产规模、资本充足率、盈利能力（ROA）、存贷比、农户贷款占比及市场竞争程度。λ_t 表示年份固定效应。ε_{it} 表示误差项。为控制混合截面数据潜在的自相关和异方差问题，将回归系数的标准误聚类（Cluster）到机构层面。

2. 银行数字化转型、地理距离与农户贷款供给额度

为了探究银行数字化转型能否缓解地理距离对农户贷款金额的抑制作用，引入银行数字化转型程度这一变量。引入银行数字化转型后基本回归方程设定如下：

$$Loan_{it} = \alpha + \beta Dis_{it} \times Fintech_{jt} + \kappa Dis_{it} + \phi Fintech_{jt} + \delta Hhd_{it} + \eta Bank_{jt} + \lambda_t + \varepsilon_{it} \qquad (5-2)$$

式中，Fintech 是银行数字化转型指数，反映了银行数字化转型的程度，代表银行数字化转型水平。其余变量定义同式（5-1）。当 β 为显著的正值时，表示银行数字化转型能够缓解地理距离对农户贷款金额的负向影响。

3. 异质性检验

从农户金融素养、区域银行竞争程度和信用社的商业化程度三个方面依次进行异质性检验。

（1）农户金融素养（用受教育水平来衡量）。为研究对于不同金融素养农户，银行数字化转型对其贷款额度的影响，回归方程如下：

$$Loan_{it} = \alpha + \beta Dis_{it} \times Fintech_{jt} \times Literacy_{it} + \kappa Controls + \delta Hhd_{it} + \eta Bank_{jt} + \lambda_t + \varepsilon_{it} \qquad (5-3)$$

式中，Literacy 表示农户金融素养，用农户受教育水平来衡量。Controls 表示三交叉项的主项和两交叉项。当 β 为显著的正值时，表示农户金融素养越高，银行数字化转型对地理距离的缓解作用越大。

（2）区域银行竞争程度。回归方程设定如下：

$$Loan_{it} = \alpha + \beta Dis_{it} \times Fintech_{jt} \times HHI_{jt} + \kappa Controls + \delta Hhd_{it} + \eta Bank_{jt} + \lambda_t + \varepsilon_{it} \qquad (5-4)$$

式中，HHI 表示区域内银行竞争程度，用 HHI 指标来衡量（实际使用 1-HHI，所以该数值越大，银行竞争程度越大）。Controls 表示三交叉项的主项和两交叉项。当 β 为显著的正值时，表示区域内银行竞争越激烈，越有利于促进农信社利用金融科技缓解地理距离的负向作用。

（3）信用社的商业化程度。回归方程设定如下：

$$Loan_{it} = \alpha + \beta Dis_{it} \times Fintech_{jt} \times Reform_{jt} + \kappa Controls + \delta Hhd_{it} + \eta Bank_{jt} + \lambda_t + \varepsilon_{it} \qquad (5-5)$$

式中，Reform 表示农信社的商业化程度，用是否改制农商银行来度量。Controls 表示三交叉项的主项和两交叉项。当 β 为显著的正值时，表示农信社的商业化程度越高越能发挥金融科技和数字化转型的作用。

（二）数据来源与描述性统计

本书使用的数据来自 F 省农信联社，为 2018～2020 年的混合截面数据，共有 850000 个样本。剔除信息不全样本，最终保留 808084 个样本。

根据以上研究设计，变量选取情况如下：被解释变量为农户贷款金额；核心解释变量为地理距离与银行数字化水平，其中，地理距离用农户距离乡镇行社网点的距离表示，银行数字化水平用本书构造的银行数字化转型程度 Fintech 来表示。

由于农户贷款金额还受到其他因素的影响，故引入了控制变量。控制变量包括农户层面的控制变量和银行层面的控制变量。其中农户层面变量包括农户是否为个体经营户（是为 1，否为 0）、农户是否为低收入户（是为 1，否为 0）、农户是否为男性（男性为 1，女性为 0）、年龄、家庭年收入、受教育水平、政治面貌（是党员为 1，否为 0）、婚姻状况（已婚为 1，否为 0）及农户是否为新型经营主体（是为 1，否为 0）。而银行层面变量包括银行资产规模、银行资本充足率、银行资产利润率（ROA）、银行存贷比、银行成本收入比、农信社是否改制（是为 1，否为 0）、银行农户贷款比重及当地银行业的竞争程度。其中，当地银行业的竞争程度用赫芬达尔—赫希曼指数（HHI）来表示，该指数是负向指标，数值越大，表明银行业市场集中度越高，即竞争程度越小。为使银行竞争指标方向更符合直觉，本书构造了 HHI_reverse 这一变量，用 1-HHI 来表示。HHI_reverse 数值越大，表示农户所在区县银行业的竞争程度越大。表 5-1 展示了本书涉及的主要变量设置及描述性统计结果。

表 5-1　主要变量设置及描述性统计结果

变量名称	变量定义	平均值	标准差	最小值	最大值
lnLoan	农户贷款金额取对数（元）	11.56876	1.387819	7.972811	14.64842
Interest	农户贷款年利率	0.09287	0.024062	0.0435	0.130625
Default	农户贷款是否违约（0/1）	0.143001	0.350074	0	1

续表

变量名称	变量定义	平均值	标准差	最小值	最大值
Default_1	农户贷款本金是否违约（0/1）	0.142738	0.349805	0	1
lnDefault_amt	农户贷款违约金额取对数（元）	1.607828	3.965752	0	12.89922
lnDis_bank	农户距离乡镇行社网点的距离取对数（米）	8.280385	1.265888	4.26268	10.65728
lnDis_town	农户距离乡镇政府的距离取对数（米）	8.067497	1.1717	4.26268	11.43281
lnDis_county	农户距离区县联社的距离取对数（米）	9.59257	1.219081	5.993961	11.84008
Fintech	银行数字化水平	1.636731	1.087381	0.241	11.51
Business	农户是否为个体经营户（0/1）	0.429853	0.495055	0	1
Poverty	农户是否为低收入户（0/1）	0.219779	0.414097	0	1
Gender	农户是否为男性（0/1）	0.798051	0.401455	0	1
Age	农户年龄（岁）	42.65147	9.562516	20	91
lnIncome	农户家庭年收入取对数（元）	12.25074	0.866792	9.392745	15.03929
Edu	农户受教育水平（序数变量1~6）	3.442855	0.807718	1	6
Party	农户是否为党员（0/1）	0.023755	0.152285	0	1
Health	农户健康状况（序数变量1~3）	2.960112	0.213665	1	3
Marriage	农户是否处于婚姻状态（0/1）	0.750218	0.432887	0	1
Newfarmer	农户是否为新型经营主体（0/1）	0.68057	0.466256	0	1
lnAsset	银行资产规模取对数（万元）	13.90573	0.829913	11.96722	15.4377
Car	银行资本充足率	0.188831	0.027485	0.124	0.2717
ROA	银行资产利润率	0.016467	0.00649	0.0001	0.0293
Ldr	银行存贷比	0.637281	0.08519	0.39	0.8699
Cost_rev	银行成本收入比	0.313126	0.031982	0.2427	0.4448
Reform	农信社是否改制（0/1）	0.376123	0.484412	0	1
R_farmLoan	银行农户贷款占总贷款比重	0.771978	0.131165	0.103631	0.952141
HHI_reverse	1-农户所在区县银行业HHI	0.740435	0.063697	0.592593	0.861029

从表5-1可以看出，农户从农商银行贷款利率的均值为9.287%，略低于农业银行10%的贷款利率；农户贷款违约的比重为14.30%，总体样本中有14.27%的农户发生本金违约现象。此外，农户到乡镇行社网点的距离（取对数，米）同农户到乡镇政府距离（取对数，米）的平均数大致一致，这侧面说明农商银行网点的设置大多数距离乡镇政府较近。

同时，在农户层面从均值结果还可以初步看出，在所统计的农户贷款样本中，个体经营户的占比接近一半，而新型农业经营主体的占比更高（达到68%）；其中男性样本共644892份，占分析样本总数的近80%；且贷款金额对数的平均值（11.56876）与家庭收入对数的平均值（12.25074）比较接近，这说明，农户贷款金额（或者说银行放贷金额）是与农户收入相匹配的；而选择贷款农户的受教育水平、健康水平和已婚者比重相对来说较高，但样本农户的受教育水平存在差异性，受教育水平（Edu）最小值为1，最大值为6。有趣的是，进行贷款的样本中，党员比重只有2.3755%，这可能与国家对公务员从事私人经营活动的限制有关。

而在银行层面，在所统计的样本中，进行农信社改制的银行占比已经超过1/3；银行资本充足率平均值较高，表明样本银行承受违约资产风险的能力较好；银行存贷比接近64%，表明银行还存在一定的放贷空间；且农户所在区县银行业的市场竞争程度相对较大（最小值大于0.5）。

三、实证结果

（一）基准回归：地理距离与农户信贷供给规模

表5-2展示了本章基准回归——地理距离对农户贷款金额影响的结果。为了增加回归结果的稳健性，采取逐步回归法。其中表5-2中第（1）列仅控制年份固定效应，没有控制农户层面和银行层面特征变量；第（2）列控制了年份固定效应和农户层面变量；第（3）列则在第（2）列的基础上进一步控制了银行层面的变量。表5-2的回归结果显示，地理距离对农户贷款金额存在负向影响，且在1%的水平显著。这表明地理距离越远，农户贷款金额越小，即地理距离对农户贷款金额存在抑制作用。这一结果可能与两方面原因有关：一是农户与乡镇行社网点的距离越远，农户和银行间的信息不对称越严重；二是农户与乡镇行社网点的距离越远，交易成本就会越高，包括交通成本、时间成本等都会随距离的增加而增多。

表 5-2　地理距离对农户贷款金额的影响

变量	（1）	（2）	（3）
	lnLoan	lnLoan	lnLoan
lnDis_bank	-0.0721***	-0.0367***	-0.0455***
	（0.00121）	（0.000937）	（0.000930）
Business		0.0874***	0.107***
		（0.00250）	（0.00252）
Poverty		-0.108***	-0.0962***
		（0.00298）	（0.00299）
Gender		0.214***	0.201***
		（0.00342）	（0.00336）
Age		0.0410***	0.0395***
		（0.000153）	（0.000150）
lnIncome		0.547***	0.526***
		（0.00161）	（0.00159）
Edu		-0.0129***	-0.0262***
		（0.00174）	（0.00173）
Party		0.110***	0.132***
		（0.00700）	（0.00695）
Health		-0.0106*	-0.0222***
		（0.00587）	（0.00576）
Marriage		0.670***	0.632***
		（0.00370）	（0.00364）
Newfarmer		-0.235***	-0.205***
		（0.00272）	（0.00267）
lnAsset			0.113***
			（0.00290）
Car			-0.889***
			（0.0530）
ROA			27.12***
			（0.344）
Ldr			-1.428***
			（0.0146）

续表

变量	（1）	（2）	（3）
	lnLoan	lnLoan	lnLoan
Cost_rev			1.640***
			（0.0586）
Reform			-0.0439***
			（0.00377）
R_farmLoan			-0.514***
			（0.0151）
HHI_reverse			1.550***
			（0.0319）
Constant	12.17***	2.970***	1.264***
	（0.0101）	（0.0280）	（0.0610）
年份固定效应	控制	控制	控制
Observations	808084	808084	808084
R²	0.005	0.391	0.409

注：括号内为稳健标准误；＊、＊＊和＊＊＊分别表示10%、5%和1%的显著性水平。无特殊说明，下同。

接下来对控制变量进行分析。由第（2）列和第（3）列报告的结果可知，农户层面，从事个体经营的农户倾向于获得更多的贷款金额（变量 Business 系数显著为正），这可能是因个体经营需要有足够的流动性资金所致；男性农户比女性农户更倾向于获得更多的贷款（变量 Gender 系数显著为正），这可能与女性在投资决策中风险厌恶程度更高（Jianakopolos 和 Bernasek，1998；Nelson，2015）有关；家庭收入越多的农户越能获得更多的贷款（变量 lnIncome 的系数显著为正），这是因为银行放贷时是有一定的贷款审核标准的，家庭收入是其中考虑的重要因素之一，因此，贫困农户所得贷款金额比非贫困农户要少（变量 Poverty 系数显著为负）；已婚的农户更倾向于获得更多的贷款金额（变量 Marriage 的系数显著为正），这可能是已婚农户生产生活性投入需求增加所致；而受教育程度越高的农户贷款金额越少（变量 Edu 系数显著为负），这是因为受教育程度高的农户可以更好地利用自身知识和技能从事相关工作，获得了相应的收入，进而减少自身贷款需求；健康状况越好的农户贷款金额越少（变量 Health 的系数显著为负），这是因为健康状况好的农户可以利用自身的劳动力从事相关产业的工作，如农业劳动、外出务工等，获得了较高的收入，进而减少自身贷款需求；新型经营主体的农户贷款金额更少（变量 Newfarmer 的系数显著为负），即非新型经营主体农户比新型经营主体农户的贷款金额多，这可能与新型经营主体农户可通过其他渠道（如政府补助）融资有关，因而减少对银行贷款的需求。

银行层面，银行资产规模、银行资产利润率（ROA）、银行成本收入比及当地银行业的市场竞争度对农户贷款金额有显著正向影响，其中，银行资产规模、银行资产利润率和银行成本收入比都是衡量银行盈利能力的重要指标，其与贷款量正向相关；而当地银行业的市场竞争度正向影响农户贷款金额（变量 HHI_reverse 的系数显著为正），这可能是因为"鲶鱼效应"的存在，使得当地银行更加重视农户和中小企业等客户（马九杰等，2021）。此外，银行资本充足率、银行存贷比、农信社改制及银行农户贷款比重对农户贷款金额有显著负向影响。其中，银行农户贷款占总贷款的比重跟农户贷款金额之间的变量 R_farmLoan 的系数显著为负，这可能与普惠金融的发展及理念相关，即农户贷款虽然占比总额大，但不是集中的，而是针对有需求的农户进行小额放贷，实现普惠性的发展。而农信社改制负向影响农户贷款金额（变量 Reform 的系数显著为负），这可能是因为市场化改革后，农信社存贷资金的名义利率不再由政府决定，而是由市场决定利率浮动，一定程度上增加了农户贷款的成本。

（二）基准回归：数字化转型、地理距离与农户信贷供给规模

表5-3 展示了引入银行数字化水平这一变量后，地理距离对农户贷款金额影响的回归结果。同表5-2、表5-3 中第（1）列仅控制年份固定效应；第（2）列控制了年份固定效应和农户层面变量；第（3）列则在第（2）列的基础上进一步控制了银行层面的变量。表5-3 的回归结果显示，交乘项 Dis×Fintech 与农户贷款金额存在正向关系，且在1%的水平显著。以第（3）列结果为例，当地理距离不变时，相较于没有数字化转型时（即 Fintech＝0），Fintech 增加一个标准差（1.087），将会导致农户贷款金额对数的增值等于农户距乡镇银行社网点距离的对数值乘以 0.0157（0.0144×1.087）。这意味着银行数字化转型一定程度上抵消了地理距离带来的负向作用。这是因为银行数字化转型一方面能够降低银行放贷的搜寻和信息成本，缓解了银行与农户之间的信息不对称；另一方面数字化操作提高了与农

信社距离较远农户的信贷可得性，缓解了地理距离对农户贷款金额的抑制作用。

表5-3　数字化转型、地理距离与农户贷款金额

变量	(1)	(2)	(3)
	lnLoan	lnLoan	lnLoan
Dis×Fintech	0.0256***	0.0147***	0.0144***
	(0.00145)	(0.00126)	(0.00129)
Fintech	−0.113***	−0.0883***	−0.132***
	(0.0119)	(0.0105)	(0.0109)
lnDis_bank	−0.104***	−0.0567***	−0.0667***
	(0.00241)	(0.00197)	(0.00200)
农户层面变量	未控制	控制	控制
银行层面变量	未控制	未控制	控制
Constant	12.27***	3.138***	1.372***
	(0.0201)	(0.0315)	(0.0649)
年份固定效应	控制	控制	控制
Observations	808084	808084	808084
R^2	0.012	0.391	0.409

表5-3的回归结果表明，银行数字化转型能够显著缓解地理距离对农户贷款额度的负向影响，即银行的数字化水平越高，农户距离乡镇行社网点的距离对农户贷款额度的抑制作用越小。

(三) 异质性分析

1. 农户金融素养 (用受教育水平来衡量)

银行数字化转型在缓解地理距离对农户贷款额度的抑制作用方面，对于金融素养不同的农户来说可能存在异质性。这是因为，数字化一方面为农户获得信贷提供便利，减少了金融排斥的现象；但另一方面由于数字化依托智能手机、大数据等技术水平要求较高的工具发展，也对工具的使用者设置了一定门槛，农户不仅需要知道贷款政策，也要会使用智能手机、了解并下载相关 App，这样的农户才能与数字化转型后的银行进行需求对接。而对于具备一定金融素养的农户来说，他们了解金融机构贷款政策和相关条件，并会使用数字工具，比起金融素养

较低的农户来说，数字化转型更容易缓解他们由地理距离带来的负向影响，提高信贷可得性。所以银行数字化转型更有利于满足金融素养高的农户的贷款需求，从而增加贷款金额。

表5-4汇报了银行数字化水平对农户贷款金额在农户金融素养维度上的异质性影响。用农户受教育水平（Edu）来衡量农户金融素养，并将Dis×Fintech与Edu交乘作为三交叉项，同时将Dis、Fintech与Edu分别两两组合成两交叉项，来考察银行数字化转型对农户贷款金额在农户金融素养维度上的异质性影响。表5-4第（1）列仅控制了年份固定效应和三交叉项的主项、两交叉项；第（2）列在第（1）列的基础上进一步控制了农户层面和银行层面的变量。相对于表5-3的回归结果，表5-4中第（2）列的两交乘项Dis×Fintech对农户贷款金额影响变得不显著，说明银行数字化转型对农户贷款金额在农户金融素养维度上确实存在异质性。表5-4的回归结果显示，交乘项Dis×Fintech×Edu与农户贷款金额存在显著的正向关系。具体而言，交乘项Dis×Fintech×Edu与农户贷款金额的回归系数为0.00516，并且在1%的水平显著。

表5-4 地理距离、农户金融素养和农户贷款金额

变量	（1）	（2）
	lnLoan	lnLoan
Dis×Fintech×Edu	0.0107***	0.00516***
	（0.00193）	（0.00161）
Fintech	−0.0311	−0.209***
	（0.0537）	（0.0489）
lnDis_bank	0.163***	0.0612***
	（0.0109）	（0.00896）
Dis×Fintech	−0.0109*	−0.00181
	（0.00656）	（0.00584）
Dis×Edu	−0.0813***	−0.0379***
	（0.00328）	（0.00254）
Fintech×Edu	−0.0245	0.0142
	（0.0157）	（0.0134）
Edu	0.268***	0.190***
	（0.0271）	（0.0213）

续表

变量	(1)	(2)
	lnLoan	lnLoan
农户层面变量	未控制	控制
银行层面变量	未控制	控制
Constant	11.45***	0.511***
	(0.0903)	(0.0956)
年份固定效应	控制	控制
Observations	808084	808084
R^2	0.046	0.411

表5-4的回归结果表明，银行数字化转型在缓解地理距离对农户贷款额度的抑制作用方面受到农户金融素养的影响，农户金融素养越高，越能发挥金融科技和数字化转型的作用，银行数字化转型对地理距离负向影响的缓解作用越大。

2. 区域内银行竞争水平

市场集中度一般用赫芬达尔—赫希曼指数（HHI）来表示，该指数是负向指标，数值越大，表明银行业市场集中度越高，即竞争程度越小。为此，本书构建了HHI_reverse（即1-HHI）这一指标来代表区域内银行竞争水平。

银行数字化转型在缓解地理距离对农户贷款额度的抑制作用方面，对于区域内竞争程度不同的银行来说可能存在异质性。这是因为，基于市场势力假说（Market Power Hypothesis）理论，市场竞争加剧会削弱银行的垄断地位，进而促使银行更加重视农户和中小企业等客户（Chong等，2013；Leon，2015），市场竞争能够促进金融支农的观点也得到一些研究的验证（黄惠春和杨军，2011；谭燕芝和杨芸，2016；马九杰等，2021）。而在不同银行业竞争水平下，信息的分散程度存在差异（Marquez，2002），所以区域内银行竞争产生的效果也存在差异。而对于银行业竞争程度较高的区县来说，为了获得农村客户、扩展市场，金融机构就会更愿意进行数字化转型，实现金融数字科技的创新，扩大涉农贷款的投放规模来抢占市场，以更好地对接和服务农村客户。但对于银行业竞争程度较低的区县来说，由于对市场垄断程度较高，农村金融机构就没有动力去进行转型。从这一逻辑来说，区域内银行竞争越激烈，当地银行就越可能进行数字化转型，进而缓解地理距离对农户贷款金额的抑制程度。

表5-5汇报了银行数字化水平对农户贷款金额在区域内银行竞争水平维度上的异质性影响。用HHI_reverse（即1−HHI）来衡量样本农户所在区县银行业的竞争水平，并将Dis×Fintech与HHI_reverse交乘作为三交叉项，同时将Dis、Fintech与HHI_reverse分别两两组合成两交叉项，来考察银行数字化转型对农户贷款金额在区域内银行竞争水平维度上的异质性影响。表5-5第（1）列仅控制了年份固定效应和三交叉项的主项、两交叉项；第（2）列在第（1）列的基础上进一步控制了农户层面和银行层面的变量。相对于表5-3的回归结果，表5-5中第（2）列的两交乘项Dis×Fintech对农户贷款金额影响不显著，这说明银行数字化转型对农户贷款金额在区域内银行竞争水平维度上存在异质性。表5-5的回归结果显示，交乘项Dis×Fintech×HHI_reverse与农户贷款金额存在显著的正向关系。具体而言，交乘项Dis×Fintech×HHI_reverse与农户贷款金额的回归系数为0.0430，并且在10%的水平显著。

表5-5　地理距离、银行竞争和农户贷款金额

变量	(1)	(2)
	lnLoan	lnLoan
Dis×Fintech×HHI_reverse	−0.0103	0.0430*
	(0.0282)	(0.0239)
Fintech	−0.142	0.453***
	(0.185)	(0.154)
lnDis_bank	0.260***	0.130***
	(0.0280)	(0.0231)
Dis×Fintech	0.0482**	−0.0143
	(0.0220)	(0.0184)
Dis×HHI_reverse	−0.542***	−0.277***
	(0.0374)	(0.0310)
Fintech×HHI_reverse	−0.179	−0.797***
	(0.237)	(0.200)
HHI_reverse	7.134***	4.436***
	(0.317)	(0.263)
农户层面变量	未控制	控制

续表

变量	（1）	（2）
	lnLoan	lnLoan
银行层面变量	未控制	控制
Constant	7.365***	-0.597***
	(0.237)	(0.202)
年份固定效应	控制	控制
Observations	808084	808084
R²	0.022	0.409

表5-5的回归结果表明，银行数字化转型在缓解地理距离对农户贷款额度的抑制作用方面受到当地区域内银行业竞争程度的影响，区域内银行竞争越激烈，越有利于促进农信社利用金融科技缓解地理距离的负向作用。

3. 银行商业化程度（是否改制）

银行数字化转型在缓解地理距离对农户贷款额度的抑制作用方面，对于商业化程度不同的银行来说可能存在异质性。这是因为金融服务的本质是对风险进行定价，在竞争性的市场条件下，只有当金融服务产品的价格（即利率）能灵活调整并充分覆盖其风险和成本，银行等金融机构才会进行金融服务和产品的有效供给（黄益平等，2018）。而商业化程度较高的银行相对于没有进行商业化改制的银行来说，拥有了更多的自主权，如合理范围内可浮动的信贷价格使得涉农贷款利率可以覆盖银行经营的风险和成本，金融机构有激励提供涉农贷款。而在这样的背景下，商业化程度较高的银行更有激励去进行数字化转型，以缓解地理距离造成的金融排斥，为农户提供贷款服务。

表5-6汇报了银行数字化水平对农户贷款金额在银行商业化程度上的异质性影响。用农信社是否改制（Reform）来衡量银行商业化程度，并将 Dis×Fintech 与 Reform 交乘作为三交叉项，同时将 Dis、Fintech 与 Reform 分别两两组合成两交叉项，来考察银行数字化转型对农户贷款金额在银行商业化程度维度上的异质性影响。表5-4第（1）列仅控制了年份固定效应和三交叉项的主项、两交叉项；第（2）列在第（1）列的基础上进一步控制了农户层面和银行层面的变量。相对于表5-3的回归结果，表5-6中第（2）列的两交乘项 Dis×Fintech 对农户贷款金额影响不显著，这说明银行数字化转型对农户贷款金额在银行商业

化程度维度上存在异质性。表5-6的回归结果显示，交乘项 Dis×Fintech×Reform 与农户贷款金额存在显著的正向关系。具体而言，交乘项 Dis×Fintech×Reform 与农户贷款金额的回归系数为0.00549，并且在10%的水平显著。

表5-6 地理距离、银行商业化程度和农户贷款金额

变量	(1)	(2)
	lnLoan	lnLoan
Dis×Fintech×Reform	0.0499***	0.00549*
	(0.00374)	(0.00290)
Fintech	0.293***	0.0328*
	(0.0248)	(0.0184)
lnDis_bank	−0.0593***	−0.0592***
	(0.00383)	(0.00279)
Dis×Fintech	−0.0175***	0.00151
	(0.00303)	(0.00222)
Dis×Reform	−0.0479***	0.0326***
	(0.00634)	(0.00503)
Fintech×Reform	−0.570***	−0.120***
	(0.0309)	(0.0241)
Reform	0.964***	−0.198***
	(0.0533)	(0.0428)
农户层面变量	未控制	控制
银行层面变量	未控制	控制
Constant	11.74***	1.516***
	(0.0318)	(0.0681)
年份固定效应	控制	控制
Observations	808084	808084
R^2	0.024	0.410

表5-6的回归结果表明，银行数字化转型在缓解地理距离对农户贷款额度的抑制作用方面受到银行商业化程度的影响，农信社的商业化程度越高，越能发挥金融科技和数字化转型的作用，从而缓解地理距离对农户贷款金额的负向作用。

（四）进一步分析[①]

1. 担保方式

农村金融服务发展面临的重要问题就是信息不对称问题。由于农村人口相对分散，组织化程度和市场规范化程度相对城市都更低，因此农村信贷市场的信息不对称问题远比城市普遍和严重。银行往往很难知道分散在各地农村的小额借贷人是否是按照合同写明的目的申请贷款，获得贷款后做了些什么，也难以确认借贷人是否会策略性赖账（周立，2007）。信息不对称的存在导致农户贷款申请、获得、使用的整个过程中面临道德风险和逆向选择问题。而抵押与担保可以在很大程度上克服信息不对称给正规金融信贷业务带来的风险，并且降低银行所面临的逆向选择和道德风险问题，从而将违约损失降到最低（何广文，2001）。可以说，有效的担保方式是解决信息不对称问题，使农民得到贷款支持最主要的保障。其中，保证、抵押和质押贷款是以第三方担保人提供或一定的抵质押品作为贷款的担保，以保证贷款的到期偿还。信用贷款以借款人的信誉为基础发放的贷款，借款人无须提供抵押品或第三方担保仅凭自己的信誉就能取得贷款，而是以借款人信用程度作为还款保证。对比来看，由于保证、抵押和质押贷款需提供借款人或担保人具有一定价值的抵质押品作为保证，相比无须提供抵质押品作为保证的信用贷款来说，更能缓解信息不对称所带来的道德风险和逆向选择问题。但在数字化的潮流下，银行数字化转型可以通过一些统计数据对借款人的信用做出评价，进而决定是否发放贷款，可以说，数字化发展能在一定程度上降低信用贷款所面临的风险。因此，相比保证、抵押和质押贷款，银行数字化转型对信用贷款风险降低的效应更大。本书的分析结果验证了这一观点。

表5-7考察了不同担保方式下银行数字化转型对农户贷款金额的影响，其中第（1）列展示了保证、抵押和质押贷款样本组中，银行数字化转型对农户贷款金额的实证结果；第（2）列展示了信用贷款样本组中，银行数字化转型对农户贷款金额的实证结果。表5-7的回归结果显示，对于保证、抵押和质押贷款组来说，银行数字化转型在缓解地理距离对农户贷款金额的负向作用中不明显；而对

[①]　本书第五章至第七章均对相关问题做了进一步分析，但由于分析背景相同，所以只在第五章做了相关介绍，第六章、第七章未做介绍。

于信用贷款组来说，银行数字化转型能显著缓解地理距离对农户贷款金额的负向作用，且在1%的水平显著。从经济显著性来说，在信用贷款组中，银行数字化水平 Fintech 每增加一个标准差（1.087），将会导致农户贷款金额约增加1.022个单位（$e^{1.087 \times 0.0196}$）。

表5-7　地理距离、担保方式和农户贷款金额

变量	(1) 保证、抵押和质押贷款 lnLoan	(2) 信用贷款 lnLoan
Dis×Fintech	0.00120	0.0196***
	(0.00106)	(0.00285)
Fintech	0.197***	−0.259***
	(0.00877)	(0.0247)
lnDis_bank	−0.0181***	−0.0492***
	(0.00164)	(0.00413)
农户层面变量	控制	控制
银行层面变量	控制	控制
Constant	4.120***	3.476***
	(0.0575)	(0.152)
年份固定效应	控制	控制
Observations	680661	127423
R^2	0.337	0.490

表5-7的分析结果进一步验证了相比于抵押、质押和保证贷款，信用贷款面临更大的信息不对称，因此，银行数字化转型对农户信用贷款的缓解作用会更大。

2. 贷款期限

贷款期限也是银行发放贷款时考虑的重要指标之一。相较于短期贷款，中长期贷款会受到更多的政策变动和经济周期等宏观因素冲击，借款人的经营不确定性更大，由此可能会导致借款人更严重的策略性行为和道德风险。因此，中长期贷款相较于短期贷款来说面临的信息不对称和风险更大。但随着银行数字化水平的提升，金融科技运用到针对农户中长期贷款的申请、获得、使用过程里，这在

一定程度上能够减少信息不对称所带来的道德风险和逆向选择问题，从而为银行向农户发放中长期贷款提供激励。本书对农户短期贷款的定义为 3 年以下的贷款期限，对中长期贷款的定义为 3 年以上的贷款期限。

表 5-8 考察了不同贷款期限下银行数字化转型对农户贷款金额的影响，其中第（1）列展示了 3 年以下的短期贷款组中，银行数字化转型对农户贷款金额的实证结果；第（2）列展示了 3 年以上的长期贷款组中，银行数字化转型对农户贷款金额的实证结果。表 5-8 的回归结果显示，对于 3 年以下的短期贷款组，银行数字化转型在缓解地理距离对农户贷款金额的负向作用不明显；而对于 3 年以上的中长期贷款组，银行数字化转型能显著缓解地理距离对农户贷款金额的负向作用，且在 10% 的水平显著。从经济显著性来说，在中长期贷款组中，银行数字化水平 Fintech 每增加一个标准差（1.087），将会导致农户贷款金额增加约 1.005 个单位（$e^{1.087 \times 0.00448}$）。从表 5-8 中还可以看出，银行数字化转型对农户短期和中长期贷款金额产生显著促进作用，且在 1% 的水平显著。

表 5-8　地理距离、贷款期限和农户贷款金额

变量	（1）	（2）
	3 年以下贷款	3 年以上贷款
	lnLoan	lnLoan
Dis×Fintech	0.000177	0.00448 *
	(0.00151)	(0.00252)
Fintech	0.177 ***	0.136 ***
	(0.0120)	(0.0211)
lnDis_bank	−0.0177 ***	−0.0434 ***
	(0.00220)	(0.00380)
农户层面变量	控制	控制
银行层面变量	控制	控制
Constant	2.498 ***	4.457 ***
	(0.0656)	(0.143)
年份固定效应	控制	控制
Observations	616901	191183
R^2	0.327	0.604

表5-8的分析结果也进一步验证了相比于短期贷款，中长期贷款面临的信息不对称更大，因此，银行数字化转型对农户3年以上的中长期贷款的缓解作用更大。

3. 贷款投向

银行在经营时会面临许多金融风险，其中信用风险是最主要的风险，而信用风险直接与客户的选择紧密相关。因此，在审核贷款申请时，银行关注的一个重点就是客户的贷款投向。而相对于其他贷款，当借款人的贷款投向为农林牧渔时，由于其生产受到自然环境等因素的影响等，借款人很难提供完备的财务信息给银行，从而更可能产生信息不对称问题。但在数字化的潮流下，银行数字化转型不仅可以通过金融科技对借款人的信用进行评价审核，还可以对投向为农林牧渔的贷款农户的生产行为和作物等的生长情况进行监测，扩展抵押品范畴，降低信息不对称带来的道德风险和逆向选择风险，进而决定对相关农户发放贷款。因此，相比其他贷款投向，银行数字化转型对农林牧渔贷款投向风险降低的效应更大。本书的分析结果验证了这一观点。

表5-9考察了不同贷款投向下银行数字化转型对农户贷款金额的影响，其中第（1）列展示了其他贷款组中，银行数字化转型对农户贷款金额的实证结果；第（2）列展示了针对农林牧渔的贷款投向组中，银行数字化转型对农户贷款金额的实证结果。表5-9的回归结果显示，对于不同贷款投向组，银行数字化转型都能显著缓解地理距离对农户贷款金额的负向作用，且在1%的水平显著。从经济显著性来说，在农林牧渔贷款组中，银行数字化水平Fintech每增加一个标准差（1.087），将会导致农户贷款金额增加约1.029个单位（$e^{1.087 \times 0.0265}$）。此外，从置信区间来看，虽然第（1）列和第（2）列Dis_Fintech前的系数均显著，但是第（2）列的系数明显大于第（1）列。并且在第（1）列回归中，Dis×Fintech系数95%的置信区间为［0.008162，0.014238］；在第（2）列回归中，Dis×Fintech系数95%的置信区间为［0.0216，0.0314］。第（1）列回归中Dis×Fintech系数95%的置信区间的最大值小于第（2）列回归中Dis×Fintech系数95%的置信区间的最小值。

表5-9的分析结果进一步验证了相比于其他投向，农林牧渔贷款的信息不对称程度更大，因此，银行数字化转型对投向为农林牧渔的农户贷款的缓解作用更大。

表5-9　地理距离、贷款投向和农户贷款金额

变量	(1)	(2)
	其他贷款	农林牧渔贷款
	lnLoan	lnLoan
Dis×Fintech	0.0112***	0.0265***
	(0.00155)	(0.00250)
Fintech	−0.110***	−0.242***
	(0.0128)	(0.0222)
lnDis_bank	−0.0643***	−0.0700***
	(0.00265)	(0.00327)
农户层面变量	控制	控制
银行层面变量	控制	控制
Constant	1.527***	1.386***
	(0.0824)	(0.110)
年份固定效应	控制	控制
Observations	493743	314341
R^2	0.442	0.349

（五）稳健性检验

1. 将 lnDis_bank 替换为 lnDis_county

为了进一步检验结果的准确性，本书进行了指标替换，将 lnDis_bank 替换成 lnDis_county 后进行实证分析，其中，lnDis_county 表示农户与农信社（农商银行）总部的距离。这样替换的原因是，由于一些贷款需要农信社（农商银行）总部审批，因此农户与县域总部的距离也会影响农户贷款金额。故利用 lnDis_county 替代 lnDis_bank 进行稳健性检验。

表5-10 展示了替换变量后的实证结果，其中第（1）~第（2）列汇报了不考虑银行数字化水平变量的回归结果；第（3）~第（4）列汇报了引入银行数字化水平变量的回归结果。其中，第（1）列和第（3）列只控制了年份固定效应，没有控制农户层面和银行层面的变量特征；第（2）列和第（4）列则都进行了控制。表5-10 回归结果显示，农户与农信社（农商银行）总部的距离对农户贷款金额存在负向影响（第（1）列和第（2）列 lnDis_county

的系数均为负），且在1%的水平显著。此外，银行数字化转型能够显著缓解农户距离农信社（农商银行）总部的距离对农户贷款额度的负向影响（第（3）列和第（4）列 Dis_county×Fintech 的系数均为正）。表5-10 的核心解释变量系数的方向和显著性与表5-2 和表5-3 的回归结果保持一致，增强了本书结论的稳健性。

表 5-10　指标替换

变量	(1)	(2)	(3)	(4)
	lnLoan	lnLoan	lnLoan	lnLoan
lnDis_county	−0.147***	−0.108***	−0.164***	−0.0912***
	(0.00122)	(0.00101)	(0.00279)	(0.00229)
Dis_county×Fintech			0.0354***	0.00266*
			(0.00169)	(0.00143)
Fintech			0.243***	0.431***
			(0.0157)	(0.0132)
农户层面变量	未控制	控制	未控制	控制
银行层面变量	未控制	控制	未控制	控制
Constant	12.98***	1.522***	12.28***	0.469***
	(0.0119)	(0.0596)	(0.0264)	(0.0762)
年份固定效应	控制	控制	控制	控制
Observations	808084	808084	808084	808084
R^2	0.018	0.415	0.164	0.477

2. Fintech 滞后一期

为了缓解农信社（农商银行）农户贷款发放对本行数字化转型的反向影响。将 Fintech 滞后一期进行稳健性检验。表5-11 汇报了 Fintech 滞后一期后的回归结果，其中第（1）列仅控制年份固定效应，第（2）列控制了年份固定效应和农户层面变量，第（3）列则进一步控制了银行层面的变量。表5-11 的核心解释变量均通过了显著性检验，且各变量方向与表5-3 中的结果保持一致，进一步增强了银行数字化转型能够显著缓解地理距离对农户贷款额度的负向影响这一结论的稳健性。

表 5-11　Fintech 滞后一期

变量	（1）	（2）	（3）
	lnLoan	lnLoan	lnLoan
Dis×Fintech_1	0.0263 ***	0.0159 ***	0.0128 ***
	（0.00177）	（0.00160）	（0.00162）
Fintech_1	−0.128 ***	−0.108 ***	−0.109 ***
	（0.0146）	（0.0133）	（0.0135）
lnDis_bank	−0.100 ***	−0.0551 ***	−0.0584 ***
	（0.00287）	（0.00244）	（0.00245）
农户层面变量	未控制	控制	控制
银行层面变量	未控制	未控制	控制
Constant	12.29 ***	3.362 ***	1.062 ***
	（0.0240）	（0.0387）	（0.0868）
年份固定效应	控制	控制	控制
Observations	546811	546811	546811
R^2	0.009	0.344	0.363

四、本章小结

为研究地理距离、银行数字化水平对农户贷款金额的影响，本章利用 F 省农信系统 2018~2020 年的混合截面数据进行分析。研究发现，农户到乡镇农信社（农商银行）网点的地理距离对农户贷款金额存在负向影响，但银行的数字化水平越高，地理距离对农户贷款额度的抑制作用会越小。本章还进行了异质性分析，研究发现银行数字化转型在缓解地理距离对农户贷款额度的抑制作用方面受到农户金融素养、区域内银行竞争程度和农信社商业化程度的影响。这是因为农户金融素养越高，越能发挥金融科技的作用，银行数字化转型对地理距离负向影响的缓解作用越大；区域内银行竞争越激烈，为了获得农村客户、扩展市场，银行会更愿意进行数字化转型，实现金融科技的创新，扩大涉农贷款的投放规模来抢占市场，以更好地对接和服务农村客户，进而促进农信社利用金融科技缓解地理距离的负向作用；银行商业化程度越高，相对于没有进行商业化改制的银行来说，就会越有动力去进行数字化转型，以缓解地理距离造成的金融排斥，为农户提供更多的信贷支持。进一步分析发现，由于信用贷款比其他担保方式贷款面临更大的信息不对称、中长期贷款比短期贷款面临更大的信息不对称、农林牧渔贷款比其他投向贷款面临更大的信息不对称，因此，银行数字化转型对农户信用贷款、中长期贷款和投向为农林牧渔贷款的缓解作用更大。经过一系列稳健性检验之后，上述结果依然存在。

本章的结论对于我国银行制度的进一步改革和农村金融的发展具有以下启示：一是要出台相关措施积极引导和规范银行数字化转型，缓解地理距离对农户信用贷款需求、中长期贷款需求和农林牧渔投向贷款需求的不利影响；二是要重视培养和提升农户的金融素养，不仅要让农户知道数字金融"是什么"，更要了解"怎么用"；三是适当推进农村地区银行的商业化改制，同时注意防范当地银行服务的垄断行为，为银行进行数字化转型提供激励和契机。

第六章 银行数字化转型、地理距离与金融机构的农户贷款利率

一、引言

产业兴旺、生活富裕的农村是乡村振兴题中应有之义。实现乡村振兴需要提高农村居民的信贷可获得性，合理引导正规信贷资金流向"三农"领域。由于农业本身具有生产周期长、风险高和收益低的特点，因而农村发展更需要信贷资金的支持。我国农村信贷需求旺盛，李庆海等（2017）研究发现，农户具有正规信贷需求的比例约为44.67%，而具有非正规信贷需求的比例约为59.0%。然而，当前农户面临的贷款利率普遍偏高，"贷款难""贷款贵"问题突出，严重影响了农户的借贷行为。由于贷款利率决定了农户使用资金的成本，因而较高的贷款利率会抬高农户生产经营的成本，从而抑制农户的创业和投资行为，使得农民的企业家精神难以参与要素分配，不利于乡村振兴和共同富裕的实现。

地理距离是影响农户面临的贷款利率的一个重要因素。首先，从市场竞争的角度来看，与市区中心的地理距离越远，金融机构的密度越低，从而金融机构之间的竞争程度越低，资金会出现供不应求的现象，从而导致农户面临的贷款利率越高。其次，贷款利率反映了银行的风险溢价。农户与信贷机构地理距离越远，二者间的信息不对称问题越显著，信贷机构很可能由于无法准确考察借款人是否能够按时足额归还贷款本息，其发放贷款后的监督成本和借款人违约的惩罚成本

随之提高，但同时又必须确保所承担的违约风险降到最低，因此信贷机构会一定程度上提高利率。另外，在较偏远地区，距离信贷机构较远的农户申请贷款时，信贷机构的监督成本增加，为了尽可能减少成本损失，信贷机构设定的利率总体水平也会偏高。地理距离与农户面临的贷款利率之间的关系引起了国内外学者的重视。程鑫（2016）分析了地理距离对农户信用评价的影响，当农户所在区域与金融机构的距离较远时，金融机构无法对该农户做出客观、准确的信用评价，进而金融机构会提高其借贷利率，由于农户自身生活水平不高，其可能无法承担较高的借贷利率而放弃借款。陈治国（2017）研究表明，借款农户与信贷机构间的地理距离是影响农户借贷的外部因素，而且贷款规模和利率都随着农户与信贷机构间距离的减小而增大。张笑和胡金焱（2020）认为，地理距离对借贷利率有显著的正向作用，农户居住地与小额信贷机构办事处的地理距离越远，银行等借贷机构对农户的贷款要求就越高，同时，为弥补地理距离远而导致的交易成本，贷款利率也会随之上升。Fullerton 和 Muñiz（2020）认为，地理距离是农村信用合作社贷款规模以及利率的决定因素之一，随着地理距离的邻近，农村信用合作社的规模增大，其贷款利率随之降低，但是如果农户和借贷机构之间的距离增大，高比率的净冲销和运营成本则导致利率上升，商业银行的贷款规模也会有所缩减。

近年来，我国数字经济蓬勃发展，互联网日益成为创新驱动发展的先导力量。习近平总书记在主持中央政治局第三十四次集体学习时强调，发展数字经济是把握新一轮科技革命和产业变革新机遇的战略选择。金融作为现代经济发展的血液，商业银行的数字化转型首当其冲、势在必行。银行数字化转型即指银行机构运用现代信息技术对自身业务进行改造的产物，通过现代的计算机信息技术、通信技术、人工智能技术等手段，将与银行进行相关金融活动的用户获取、用户识别、交易行为、交易记录、风险控制、信用评价、信用交换甚至是争议解决，均以数字化的方式予以实现，对客户的数据进行分析从而提高银行内部的运营效率，具有远程化、场景化、便捷化、抽象化的特点。银行数字化转型产生了广泛的影响。Dereeper 等（2020）认为，随着数字化银行的转型，各种新兴科学技术被引入到银行信贷业务，银行信贷业务的中间成本降低，并随着银行间的竞争逐渐变大，数字化时代的银行信贷利率明显下降。Georgios 和 Plutarchos（2021）指出，数字化为银行的运营模式、内部架构带来了全新的改变，同时银行也通过大数据技术加强了银行借贷业务的风险控制。

　　银行的数字化转型为降低农户面临的贷款利率，缓解农户的信贷约束带来了新的希望。首先，银行数字化转型可以通过信息整合来对农户的信贷活动产生影响，以缓解信息不对称对金融机构发放信贷所产生的影响。借助数字金融，尤其是数字支付，农户的信贷需求可以被金融机构有效捕捉并进行整合，金融机构可以整合大量碎片化、非结构化的网络用户信息，扩大信息来源，缓解借款前产生的信息不对称问题，降低逆向选择风险（安宝洋，2014），从而为缺乏抵押和担保的借款人提供信贷支持，改善其信贷可得性。其次，银行的数字化转型打破了借贷双方的时空界限，地理位置被模糊化，因此信贷发放可以不受时空界限。对于金融机构而言，数字化技术的加持有助于精准识别用户画像，准确匹配农户贷款需求，将贷款发放给有需要的农户。在向农户发放贷款的过程中，金融机构可以充分利用大数据等现代化技术挖掘用户在平台积累的信息，建立风控体系（王馨，2015），进而缓解农户因缺乏抵押和担保而导致的信贷约束，改善其信贷可得性。最后，就交易成本而言，完成数字化转型后，金融机构提供金融服务时将具有更低的成本。金融服务数字化转型主要依托于互联网、大数据分析和云计算，能够打破地域的限制，降低交易成本，其发展可以不断完善金融基础设施，提高金融服务的可得性，实现以较低成本向全社会尤其是偏远欠发达地区和弱势群体提供较为便捷的金融服务（谢绚丽等，2018）。对于金融机构而言，数字化转型可以减少一线服务人员的数量，通过搭建数字渠道对客户进行数字画像，提供个性化服务；手机银行减少了物理网点的设施，在节约运营成本的同时降低了经营风险，减轻了风险管理的成本。贷前调查和贷中审查的成本降低，有助于降低贷款利率，将数字化红利让利给农户。

　　在银行数字化转型与农村数字化转型同步进行过程中，农户在进行生产经营过程中的信贷需求得以及时回应，银行业对农户的贷款审查，信贷授权成本显著下降，有助于农户以更低的成本获取贷款，原本由地理位置导致的贷款审批困难、授信成本过高、信贷风险大等问题得到解决，农户贷款成本下降，对农户的贷款额度得以提升，贷款利率得以降低。此外，金融机构的数字化转型发展促进了农户信息可得性的提高并且降低了农户借贷过程产生的成本，农户可以利用移动终端更加方便地获取金融信息甚至直接通过移动终端进行借贷活动，这降低了农户借贷过程中资金成本外的其他隐性成本，缓解了农户由于地理排斥和自我排斥而无法获得金融服务的情况。

本章在既有研究的基础上，利用独特的信用社数据研究了银行数字化转型、地理距离对农户面临的贷款利率的影响。首先探讨了地理距离对农户面临的贷款利率的影响，研究发现农户距离乡镇行社网点的距离对农户面临的贷款利率存在正向影响。接着，用交互项模型进一步研究了银行数字化转型的作用，研究发现银行数字化转型能够减小由地理距离抬高农户面临的贷款利率的作用，进而有效缓解由地理距离造成的农户信贷约束。异质性分析结果表明农户金融素养越高，越能发挥金融科技和数字化转型的作用，银行数字化转型对地理距离负向影响的缓解作用越大；区域内银行竞争越激烈，越能促进农信社利用金融科技缓解地理距离的负向作用；银行商业化程度越高，就会越有动力去进行数字化转型，以缓解地理距离造成的金融排斥，为农户提供贷款服务。进一步分析发现，由于信用贷款比其他担保方式贷款面临更大的信息不对称、中长期贷款比短期贷款面临更大的信息不对称、农林牧渔贷款比其他投向贷款面临更大的信息不对称，因此，银行数字化转型对农户信用贷款、中长期贷款和投向为农林牧渔贷款的缓解作用更大。

本章的主要贡献体现在以下两个方面：第一，研究视角创新，既有的研究没有专门从银行数字化转型的角度来考虑地理距离对农户面临的贷款利率的影响，本章为银行进行数字化转型缓解农户面临的地缘性信贷配给提供了经验证据。第二，所使用的数据为东南某省农信系统农户贷款的内部数据，数据量充实、时效性强，增强了实证分析结果的可信度。

二、研究设计与数据

（一）识别策略

本章运用混合截面回归模型识别银行数字化转型、地理距离对于农户面临的贷款利率的影响，以证明银行数字化转型对于缓解农户地缘性信贷配给的意义。首先，由于农户与农信社（农商银行）的地理距离几乎不随时间而改变，因而缺乏时间层面的变异，故难以使用面板数据模型进行分析。其次，一般来说，农户面临的贷款利率难以影响到农户和农信社（农商银行）之间的地理距离，因而地理距离与贷款利率之间的反向因果关系较弱。此外，本书使用的农信社数据拥有较为丰富的银行层面和农户层面的控制变量，可以在很大程度上减少遗漏变量的问题。因而，基于上述原因，没有采用因果识别中常用的准自然实验的方式，而是运用混合截面回归模型和交互项模型进行识别。

（二）回归方程设定

1. 地理距离与金融机构的农户贷款利率设定

回归方程设定如下：

$$\text{Interest}_{it} = \alpha + \beta \text{Dis}_{it} + \delta \text{Hhd}_{it} + \eta \text{Bank}_{jt} + \lambda_t + \varepsilon_{it} \tag{6-1}$$

式中，下标 i 代表农户；j 代表农信社[①]，由于一个县域只有一家信用社，所以 j 也表示县域；t 代表年份。Interest_{it} 为被解释变量，表示第 i 个农户第 t 年面临的贷款利率，本章用农户贷款的年利率来度量。Dis_{it} 为核心解释变量，表示第 i 个农户第 t 年与农信社之间的地理距离，本书中用农户与乡镇农信社（农商银行）网点的距离来度量。在回归方程中，Dis_{it} 前的系数 β 表示农户与乡镇农信社（农商银行）网点之间的地理距离对农户面临的贷款利率水平的影响。当 β 显著为正时，表示农户与农信社之间的地理距离越远，农户面临的贷款利率越高。Hhd 为农户层面的控制变量，这些变量既与农户与农信社之间的地理距离有关又从需求侧影响到农户的贷款利率。参考程郁等（2009）的研究，这些控制变量包括农户是否以工商自营为主、是否为低收入户、是否为新型农业经营主体、是否为党员、家庭年收入、年龄、性别、受教育程度、婚姻状况和健康状况。Bank 为信用社层面的控制变量，这些变量既与农户与农信社之间的地理距离有关又从供给侧影响到农户的贷款利率，包括农信社是否改制、资产规模、资本充足率、盈利能力[②]、存贷比和农户贷款占比。λ_t 为时间固定效应，控制不随个体而变但随时间而变的同时影响距离和农贷利率的不可观测因素。ε_{it} 表示误差项。为控制混合截面数据潜在的自相关和异方差问题，本书将回归系数的标准误聚类

（Cluster）到机构层面。

2. 银行数字化转型、地理距离与农户贷款利率设定

回归方程设定如下：

$$Interest_{it} = \alpha + \beta Dis_{it} \times Fintech_{jt} + \kappa Dis_{it} + \phi Fintech_{jt} + \delta Hhd_{it} + \eta Bank_{jt} + \lambda_t + \varepsilon_{it} \quad （6-2）$$

式中，Fintech 表示银行数字化转型指数，反映了银行数字化转型的程度，代表银行数字化转型水平。其余变量的定义与式（6-1）中相同。在回归方程中 Dis_{it} 与 $Fintech_{jt}$ 交互项之前的系数 β 表示银行数字化转型对由地理距离引起的农户贷款利率变化的影响。当 β 显著为正时，表示银行数字化转型会缓解由地理距离引起的农户贷款利率提高的作用，进而缓解农户面临的地缘性信贷约束。

3. 异质性检验

（1）农户金融素养。回归方程设定如下：

$$Interest_{it} = \alpha + \beta Dis_{it} \times Fintech_{jt} \times Literacy_{it} + \kappa Controls + \delta Hhd_{it} + \eta Bank_{jt} + \lambda_t + \varepsilon_{it}$$

$$（6-3）$$

式中，$Literacy_{it}$ 表示农户 i 第 t 年的金融素养，用农户受教育水平来度量。Controls 表示三交叉项的主项和两交叉项，即 $Dis_{it} \times Fintech_{jt}$、$Dis_{it} \times Literacy_{it}$、$Fintech_{jt} \times Literacy_{it}$、$Dis_{it}$、$Fintech_{jt}$ 和 $Literacy_{it}$。其余变量的定义与式（6-2）中相同。在回归方程中，Dis_{it}、$Fintech_{jt}$ 和 $Literacy_{it}$ 三交叉项之前的系数 β 表示银行数字化转型对拥有不同金融素养的农户由地理距离引起的贷款利率变化的异质性影响。当 β 显著为负时，表示农户金融素养越高，银行数字化转型对由地理距离引起的贷款利率抬升的缓解作用越大，进而农户面临的地缘性信贷约束更有可能得到缓解。

（2）区域银行竞争程度。回归方程设定如下：

$$Interest_{it} = \alpha + \beta Dis_{it} \times Fintech_{jt} \times HHI_{jt} + \kappa Controls + \delta Hhd_{it} + \eta Bank_{jt} + \lambda_t + \varepsilon_{it} \quad （6-4）$$

式中，HHI_{jt} 表示第 j 个县域内第 t 年银行业竞争程度，用构造的 HHI_reverse 变量来度量。赫芬达尔—赫希曼指数（HHI）指数是负向指标，数值越大，表明银行业市场集中度越高，即县域内银行业竞争程度越小。为使银行竞争指标方向更符合直觉，构造了 HHI_reverse 这一变量，用 1-HHI 来表示。HHI_reverse 数值越大，表示农户所在区县银行业的竞争程度越大。Controls 表示三交叉项的主项和两交叉项，即 $Dis_{it} \times Fintech_{jt}$、$Dis_{it} \times HHI_{jt}$、$Fintech_{jt} \times HHI_{jt}$、$Dis_{it}$、$Fintech_{jt}$

和 HHI_{jt}。其余变量的定义与式（6-2）中相同。在回归方程中，Dis_{it}、$Fintech_{jt}$ 和 HHI_{jt} 三交叉项前的系数 β 表示区域内银行业竞争程度不同下银行数字化转型对由地理距离引起的农户贷款利率变化的异质性影响。当 β 显著为负时，表示区域内银行竞争越激烈，银行数字化转型对由地理距离引起的贷款利率抬升的缓解作用越大，进而农户面临的地缘性信贷约束更有可能得到缓解。

（3）信用社的商业化程度。回归方程设定如下：

$$Interest_{it} = \alpha + \beta Dis_{it} \times Fintech_{jt} \times Reform_{jt} + \kappa Controls + \delta Hhd_{it} + \eta Bank_{jt} + \lambda_t + \varepsilon_{it} \quad (6-5)$$

式中，$Reform_{jt}$ 表示第 j 个农信社第 t 年的商业化程度，本书中用农信社是否改制为农商银行来度量。Controls 表示三交叉项的主项和两交叉项，即 $Dis_{it} \times Fintech_{jt}$、$Dis_{it} \times Reform_{jt}$、$Fintech_{jt} \times Reform_{jt}$、$Dis_{it}$、$Fintech_{jt}$ 和 $Reform_{jt}$。其余变量的定义与式（6-2）中相同。在回归方程中，Dis_{it}、$Fintech_{jt}$ 和 $Reform_{jt}$ 三交叉项前的系数 β 表示农信社商业化程度不同下银行数字化转型对由地理距离引起的农户贷款利率变化的异质性影响。当 β 显著为负时，表示农信社商业化程度越高，银行数字化转型对由地理距离引起的贷款利率抬升的缓解作用越大，进而农户面临的地缘性信贷约束更有可能得到缓解。

（三）数据介绍与描述性统计

本书使用的数据来自东南某省农信联社。样本的时间跨度为 2018~2020 年，样本总数为 850000 个，剔除信息不全的样本，最终保留 808084 个样本。

根据以上的研究设计，变量选取情况如下：被解释变量为农户面临的贷款利率；核心解释变量为地理距离与银行数字化水平。其中，地理距离用农户和乡镇行社网点的地理距离表示，银行数字化水平用本书构造的银行数字化转型指数 Fintech 来表示。

由于农户面临的贷款利率还受到其他因素的影响，故引入了控制变量。控制变量包括农户层面的控制变量和银行层面的控制变量。其中农户层面控制变量分为农民个人层面和农民家庭层面两部分。农户个人层面控制变量包括年龄、性别（男性为 1，女性为 0）、受教育水平、政治面貌（有政治身份则为 1，否则为 0）、婚姻状况（已婚为 1，否则为 0）和健康状况。农民家庭层面的控制变量包括是否为新型农业经营主体（是为 1，否则为 0）、是否为低收入户（是为 1，否则为 0）、家庭年收入。而银行层面变量包括银行资产规模、银行资本充足率、银行资产收益率（ROA）、银行存贷比、银行成本收入比、农信社是否改制（是为 1，否则为 0）、银行农户贷款比重及区域银行业的竞争程度。其中，区域银行业的竞争程度用赫芬达尔—赫希曼指数（HHI）来测度，该指数是负向指标，数值越大，表明银行业市场集中度越高，即竞争程度越小。为使银行竞争指标方向更符合直觉，本章构造了 HHI_reverse 这一变量，用 1−HHI 来表示。HHI_reverse 数值越大，表示农户所在区县银行业的竞争程度越大。表 6−1 展示了本章涉及的主要变量设置及描述性统计结果。

从表 6−1 可以看出，农户从农信社（农商银行）贷款的年利率均值为 9.287%，略低于农业银行 10% 的贷款利率。此外，农户到乡镇行社网点的距离（取对数，米）与农户到乡镇政府的距离（取对数，米）的平均数大致一致，这侧面说明农商银行网点的设置大多距乡镇政府较近。

表 6-1　主要变量定义及描述性统计

变量名称	变量定义	平均值	标准差	最小值	最大值
Interest	农户贷款年利率	0.09287	0.024062	0.0435	0.130625
lnDis_bank	农户距离乡镇行社网点的距离取对数（米）	8.280385	1.265888	4.26268	10.65728
lnDis_town	农户距离乡镇政府的距离取对数（米）	8.067497	1.1717	4.26268	11.43281
lnDis_county	农户距离区县联社的距离取对数（米）	9.59257	1.219081	5.993961	11.84008
Fintech	银行数字化水平	1.636731	1.087381	0.241	11.51
Business	农户是否为个体经营户（0/1）	0.429853	0.495055	0	1
Poverty	农户是否为低收入户（0/1）	0.219779	0.414097	0	1
Gender	农户是否为男性（0/1）	0.798051	0.401455	0	1
Age	农户年龄（岁）	42.65147	9.562516	20	91
lnIncome	农户家庭年收入取对数（元）	12.25074	0.866792	9.392745	15.03929
Edu	农户受教育水平（序数变量 1~6）	3.442855	0.807718	1	6
Party	农户是否有政治身份（0/1）	0.023755	0.152285	0	1
Health	农户健康状况（序数变量 1~3）	2.960112	0.213665	1	3
Marriage	农户是否处于婚姻状态（0/1）	0.750218	0.432887	0	1
Newfarmer	农户是否为新型经营主体（0/1）	0.68057	0.466256	0	1
lnAsset	银行资产规模取对数（万元）	13.90573	0.829913	11.96722	15.4377
Car	银行资本充足率	0.188831	0.027485	0.124	0.2717
ROA	银行资产利润率	0.016467	0.00649	0.0001	0.0293
Ldr	银行存贷比	0.637281	0.08519	0.39	0.8699

续表

变量名称	变量定义	平均值	标准差	最小值	最大值
Cost_rev	银行成本收入比	0.313126	0.031982	0.2427	0.4448
Reform	农信社是否改制（0/1）	0.376123	0.484412	0	1
R_farmLoan	银行农户贷款占总贷款比重	0.771978	0.131165	0.103631	0.952141
HHI_reverse	1-农户所在区县银行业 HHI	0.740435	0.063697	0.592593	0.861029

同时，在农户层面从均值结果还可以初步看出，在所统计的农户贷款样本中，个体经营户的占比接近一半，而新型农业经营主体的占比更高（达到68%）；其中男性样本共644892份，占分析样本总数的近80%；选择贷款农户的受教育水平、健康水平和已婚者比重相对来说较高，但样本农户的受教育水平存在差异性，受教育水平（Edu）最小值为1，最大值为6。有趣的是，进行贷款的样本中，有政治身份的人员比重只有2.3755%，这可能与国家对公务员从事私人经营活动的限制有关。

而在银行层面，在所统计的样本中，进行农信社改制的银行占比已经超过1/3；银行资本充足率平均值较高，表明样本银行承受违约资产风险的能力较强；银行存贷比接近64%，表明银行还存在一定的放贷空间；且农户所在区县银行业的市场竞争程度相对较大（最小值大于0.5）。

三、实证结果

（一）基准回归：地理距离与金融机构的农户贷款利率设定

表6-2报告了农户与农信社的地理距离对农户面临的贷款利率影响的回归结果。为了增强回归结果的稳健性，采取了逐步回归法，其中表6-2中的第（1）列仅控制了年份固定效应；第（2）列进一步控制了农户层面的控制变量，其中农民个体层面的变量有年龄、性别、受教育年限、是否有政治身份、婚姻状况和健康状况，农户家庭层面的变量有是否为个体经营户、是否为低收入户和家庭年收入；第（3）列进一步控制了银行层面的控制变量，包括农信社资产规模、资

·133·

本充足率、资产利润率、存贷比、成本收入比、是否改制、农户贷款占总贷款之比和区域内银行业竞争程度。表 6-2 的回归结果显示（以第（3）列为例），核心解释变量农户与农信社（农商银行）地理距离的对数与农户贷款利率之间存在正向关系，且在 1% 的水平显著。从经济显著性来说，由对数线性模型的含义可知，农户与农信社的地理距离每增加 1%①，则农户面临的贷款利率会提高 1.8‰。表 6-2 的回归结果证明了农户与农信社之间的地理距离会导致农户贷款利率高企，因而地缘性信贷配给是农户面临信贷约束的重要原因。这一结果可能与两个方面的原因有关，首先地理距离会增加金融机构对于贷款的监督成本，抑制金融机构对于农户的资金供给，从供给侧抬高农户面临的贷款利率。其次，由于与金融机构的地理距离越远，农户获得金融服务的交通成本越高，导致农户对资金的交易性需求和预防性需求越大，从需求侧抬高农户面临的贷款利率。

表 6-2　地理距离对农户贷款利率的影响

变量	（1）	（2）	（3）
	Interest	Interest	Interest
lnDis_bank	0.00246 ***	0.00190 ***	0.00180 ***
	(0.0000209)	(0.0000189)	(0.0000187)
Business		-0.00587 ***	-0.00494 ***
		(0.0000500)	(0.0000500)
Poverty		0.00170 ***	0.000938 ***
		(0.0000620)	(0.0000607)
Gender		0.0104 ***	0.00955 ***
		(0.0000644)	(0.0000636)
Age		7.08e-05 ***	7.49e-05 ***
		(0.00000297)	(0.00000291)
lnIncome		-0.000783 ***	-0.000752 ***
		(0.0000315)	(0.0000312)
Edu		-0.00586 ***	-0.00549 ***
		(0.0000343)	(0.0000338)

① 由于农户与农信社的地理距离的均值为 3925.71 米，因而距离增加 1% 相当于农户与农信社之间的距离增加 39.26 米。

续表

变量	(1)	(2)	(3)
	Interest	Interest	Interest
Party		−0.00383***	−0.00382***
		(0.000173)	(0.000172)
Health		0.000204	0.0000851
		(0.000127)	(0.000123)
Marriage		0.0113***	0.0104***
		(0.0000693)	(0.0000680)
Newfarmer		5.77e−05	0.000233***
		(0.0000538)	(0.0000532)
lnAsset			0.000602***
			(0.0000584)
Car			0.0783***
			(0.00107)
ROA			0.133***
			(0.00570)
Ldr			−0.0140***
			(0.000288)
Cost_rev			−0.120***
			(0.00102)
Reform			0.00417***
			(7.65e−05)
R_farmLoan			0.00352***
			(0.000241)
HHI_reverse			−0.0481***
			(0.000585)
Constant	0.0726***	0.0889***	0.142***
	(0.000172)	(0.000584)	(0.00120)
年份固定效应	控制	控制	控制
Observations	808084	808084	808084
R^2	0.019	0.207	0.245

注：括号内为稳健标准误；*、**和***分别表示10%、5%和1%的显著性水平。无特殊说明，下同。

接下来，对控制变量进行分析。首先是农户个体层面的控制变量，包括年龄、性别、受教育年限、是否为党员、婚姻状况和健康状况。表 6-2 第（3）列的回归结果显示：年龄对农户面临的贷款利率有正向影响，具体的农户年龄增加10 岁，其面临的贷款利率会提高 0.75‰且这种影响在 1%的水平显著；相比于女性，男性农民面临的贷款利率平均高 9.55‰，且这种影响在 1%的水平显著；受教育年限对农户面临的贷款利率有显著的负向影响，这可能是因为相比于受教育程度较低的农户，受教育程度较高的农户对贷款程序和其他贷款信息更加了解并且信用信息也更加完善，从而降低了金融机构的征信成本，进而降低了贷款利率；相比于没有政治身份的人，拥有政治身份的农户面临的贷款利率平均会低3.82‰，且这种影响在 1%的水平显著，这可能是因为拥有党员身份的农户往往拥有更强的社会资本和人力资本，能够获得更低利率的贷款；相比于未婚农户，已婚农户面临的贷款利率平均高 1.04%，且这种影响在 1%的水平显著，这可能是因为已婚农户的生产性和生活性投入需求更高，对资金的交易性和预防性需求也更高，进而从需求侧抬高了面临的贷款利率；健康水平对农户有不显著的正向影响。

其次是农户家庭层面的控制变量，包括是否为个体经营户、是否为低收入户和家庭年收入。表 6-2 中第（3）列的回归结果显示，相比于非个体经营户，个体经营的农户面临的贷款利率平均低 4.94‰，且这种影响在 1%的水平显著，这可能是因为从事个体经营的农户拥有更强的人力资本和社会资本，因而能够获得更低的贷款利率；相比于非低收入户，贫困农户面临的贷款利率平均高 0.94‰，且这种影响在 1%的水平显著，这是因为贫困农户缺少用于抵押担保的资产，贷款违约风险高；家庭收入对农户面临的贷款利率有显著的负向影响，这是因为家庭收入高的农户拥有更强的还款能力，从而贷款违约风险低，降低了金融机构的放贷成本。

最后是银行层面的控制变量，包括农信社资产规模、资本充足率、资产利润率、存贷比、成本收入比、是否改制、农户贷款占总贷款之比和区域内银行业竞争程度。资产利润率与成本收入比是衡量银行盈利能力的重要指标，表 6-2 中第（3）列的回归结果显示，农信社的资产利润率越高、成本收入比越低则农户面临的贷款利率越低，且均在 1%的水平显著，说明农信社的盈利能力与农户面临的贷款利率成正比。资产规模、资本充足率是衡量银行抗风险能力的重要指标，农信社的资产规模越大、资本充足率越高则农户面临的贷款利率越高且均在1%的水平显著，说明农信社的抗风险能力与农户面临的贷款利率成正比，这可能是因为农信社的抗风险能力越强，越可能从事高风险高收益的贷款业务，从而抬高了贷款利率的均值。银行的存贷比反映了银行信贷投放的空间，存贷比越低则银行的信贷投放规模越高，能够释放更多的流动性，意味着银行更高的盈利能力，但也伴随着银行抗风险能力的减弱，因而银行的存贷比要维持在合理区间。表6-2中第3列的回归结果显示，农信社的存贷比与农户面临的贷款利率成反比，且在1%的水平显著。相比于未完成改制，农信社完成改制会抬高农户面临的贷款利率，达4.17‰，且这种影响在1%的水平显著，这可能是因为市场化改革后，农信社存贷资金的名义利率不再由政府决定，而是由市场供求决定利率的浮动，从而在一定程度上抬高了农户面临的贷款利率。农户贷款占总贷款的比重对农户面临的贷款利率有显著的正向影响，且这种影响在1%的水平显著，这是因为农业具有风险高、投资回报率低的特点，农户贷款占比提高会抬高银行的贷款成本，进而抬高贷款利率。区域内银行业的竞争程度与农户面临的贷款利率成反比，且在1%的水平显著，这是因为区域内银行业的竞争越激烈，可贷资金供给就越充足，可贷资金的价格即贷款利率越低。

（二）基准回归：数字化转型、地理距离与金融机构的农户贷款利率设定

表6-3展示了引入银行数字化水平变量后，地理距离对农户面临的贷款利率影响的回归结果。同表6-2、表6-3中第（1）列仅控制年份固定效应；第（2）列控制了年份固定效应和农户层面的控制变量；第（3）列则在第（2）列的基础上进一步控制了银行层面的控制变量。表6-3的回归结果显示，地理距离和银行数字化水平的交互项对农户面临的贷款利率有负向影响，且这种影响在1%的水平显著。以第（3）列的结果为例，当地理距离不变时，相较于没有数字化转型时（即Fintech=0），农信社数字化转型水平每增加一个标准差（即1.087），将会导致地理距离对农户面临的贷款利率的影响下降0.316‰（即1.087×0.291‰）。这意味着银行数字化转型一定程度上抵消了地理距离抬高农户面临的贷款利率的作用，从而降低了农户的融资成本，缓解了农户面临的地缘性信贷约束。这是因为银行数字化转型一方面会降低银行放贷事前的搜寻和信息成本以及事后的监督成本，缓解银行和农户之间面临的信息不对称问题，从而降低了银行

的放贷成本，从供给侧降低了农户面临的贷款利率；另一方面数字化转型降低了农户面临的交通成本，提高了与农信社距离较远农户的信贷可得性，减少了农户对于资金的交易性和预防性需求，进而从需求侧降低了农户面临的贷款利率。

表6-3 地理距离、数字化转型与农户贷款利率

变量	(1)	(2)	(3)
	Interest	Interest	Interest
Dis×Fintech	−0.000179***	−0.000267***	−0.000291***
	(0.0000200)	(0.0000202)	(0.0000199)
Fintech	0.000195	0.00138***	0.00136***
	(0.000163)	(0.000166)	(0.000161)
lnDis_bank	0.00485***	0.00445***	0.00438***
	(0.0000369)	(0.0000352)	(0.0000346)
农户层面变量	未控制	控制	控制
银行层面变量	未控制	未控制	控制
Constant	0.0551***	0.0674***	0.113***
	(0.000301)	(0.000637)	(0.00126)
年份固定效应	控制	控制	控制
Observations	808084	808084	808084
R^2	0.060	0.233	0.271

表6-3的回归结果表明，银行数字化转型能够显著减小地理距离抬高农户面临的贷款利率的作用，即银行的数字化水平越高，农户距离乡镇行社网点的距离对农户面临的贷款利率抬高作用越小。

（三）异质性分析

1. 农户金融素养（用受教育水平来衡量）

银行数字化转型在降低地理距离抬高农户面临的贷款利率作用方面，对于金融素养不同的农户来说可能存在异质性。数字化转型往往意味着银行用更多的智能机具替代传统银行高柜，减少劳动力的投入，这会降低银行的放贷成本，但却增加了农户学习使用智能机具的成本。对于金融素养较低的农户来说，他们学习使用智能机具的成本较高，更难利用数字化转型程度较高的银行提供的金融服

务，对资金的交易性需求和预防性需求并不会减少。因此，对于金融素养较低的农户而言，数字化转型难以从需求侧降低农户面临的贷款利率。数字化转型能够降低银行放贷事前的搜寻和信息成本以及事后的监督成本，降低银行放贷成本，从供给侧降低农户面临的贷款利率。但是数字化往往依托智能手机等工具收集农户的信息，并通过大数据等技术甄别信息，这可能对金融素养较低的农户形成金融排斥。金融素养较低的农户难以利用智能手机等终端及时反馈信息给银行，使得银行征信成本较高，无法有效利用大数据等技术甄别信息，难以降低银行放低的事前搜寻和信息成本以及事后的监督成本。因此，对于金融素养较低的农户而言，数字化转型难以降低银行的放贷成本，难以从供给侧降低农户面临的贷款利率。

表6-4汇报了银行数字化转型对由农户与农信社之间地理距离引起的农户贷款利率变化在农户金融素养维度上的异质性影响。用农户受教育水平来衡量农户金融素养，并将地理距离、银行数字化水平和农户受教育程度交乘作为三交叉项，同时将地理距离、银行数字化水平和农户受教育程度分别两两组合成两交叉项，来考察银行数字化转型对由地理距离带来的农户贷款利率变化在农户金融素养维度上的异质性影响。表6-3中第（1）列仅控制年份固定效应和三交叉项的主项和两交叉项；第（2）列在第（1）列的基础上进一步控制了农户层面和银行层面的控制变量。表6-4的回归结果显示，银行数字化转型、地理距离水平和农户受教育程度的交乘项与农户面临的贷款利率存在显著的负向影响，且这种影响在5%的水平显著。

表6-4 地理距离、农户金融素养和农户贷款利率

变量	(1)	(2)
	Interest	Interest
Dis×Fintech_Edu	−0.000142***	−7.05e−05**
	(0.0000345)	(0.0000337)
Fintech	−0.0206***	−0.0160***
	(0.00111)	(0.00109)
lnDis_bank	−0.0211***	−0.0220***
	(0.000237)	(0.000228)

续表

变量	（1）Interest	（2）Interest
Dis×Fintech	0.00193***	0.00161***
	（0.000130）	（0.000128）
Dis×Edu	0.000968***	0.00121***
	（0.0000653）	（0.0000622）
Fintech×Edu	0.00203***	0.00105***
	（0.000293）	（0.000287）
Edu	−0.0188***	−0.0167***
	（0.000565）	（0.000539）
农户层面变量	未控制	控制
银行层面变量	未控制	控制
Constant	0.310***	0.373***
	（0.00205）	（0.00246）
年份固定效应	控制	控制
Observations	808084	808084
R^2	0.362	0.429

表6-4的回归结果表明，银行数字化转型在缓解地理距离抬高农户面临的贷款利率方面受到农户金融素养的影响。农户金融素养越高，银行数字化转型对地理距离造成的信贷约束的缓解作用越大。

2. 区域内银行竞争水平

市场集中度一般用赫芬达尔—赫希曼指数（HHI）来表示，该指数是负向指标，数值越大，表明银行业市场集中度越高，即竞争程度越低。本章基于赫芬达尔—赫希曼指数构建了 HHI_reverse 变量来代理区域内银行竞争水平，该变量数值越大，表明区域内银行业市场集中度越低，即市场竞争程度越高。

银行数字化转型在减小地理距离抬高农户面临的贷款利率作用方面，对于区域内竞争程度不同的银行来说可能存在异质性。一方面，存贷款利率本身是银行竞争的手段，银行为维护自身的市场地位会策略性地提高存款利率并降低贷款利率。因此，区域内银行业竞争越激烈，农信社越有可能通过降低贷款利率的方式来维护自身的市场地位。另一方面，数字技术能够帮助银行降低放贷的事前甄别成本和事后监督成本，因此数字化转型越来越成为银行转型升级的战略选择。区域内竞争程度越激烈，银行为维护自身的市场地位越有激励通过数字金融技术的创新推进数字化转型（马九杰等，2021）。数字化转型往往意味着银行用更多智能机具替代人工，在降低放贷成本的同时会增加农户的学习成本，从而造成金融排斥，而市场竞争会促使银行面向客户痛点进行创新，如开发农户使用友好型的智能机具等来争取农村客户。这些数字金融技术的创新，一方面会切实降低金融素养较低的农户对资金的交易性和预防性需求，从需求侧降低农户面临的贷款利率；另一方面又会使得农户能够有效反馈信息，降低银行放贷事前的搜寻和信息成本以及事后的监督成本，降低银行放贷成本，从供给侧降低农户面临的贷款利率。

表6-5汇报了银行数字化水平对由地理距离带来的农户面临的贷款利率变化在区域内银行竞争水平维度上的异质性影响。用HHI_reverse来衡量样本农户所在区县银行业的竞争水平，并将地理距离、区域内银行业竞争程度和农信社数字化水平交乘作为三交叉项，同时将地理距离、区域内银行业竞争程度和农信社数字化水平分别两两组合成两交叉项，来考察银行数字化转型对农户面临的贷款利率在区域内银行竞争水平维度上的异质性影响。表6-5中第（1）列仅控制了年份固定效应和三交叉项的主项、两交叉项；第（2）列在第（1）列的基础上进一步控制了农户层面和银行层面的变量。表6-5的回归结果显示，地理距离、农信社数字化转型水平和区域内银行竞争水平交乘项与农户面临的贷款利率存在显著的负向关系，且这种影响在1%的水平显著。

表6-5　地理距离、银行竞争和农户贷款金额

变量	(1)	(2)
	Interest	Interest
Dis×Fintech×HHI_reverse	−0.00205***	−0.00209***
	(0.0000440)	(0.0000453)
Fintech	−0.0156***	−0.0182***
	(0.000466)	(0.000476)
lnDis_bank	0.00712***	0.00815***
	(0.000333)	(0.000312)

续表

变量	（1） Interest	（2） Interest
Dis×HHI_reverse	0.0118*** （0.000489）	0.00931*** （0.000456）
Fintech×HHI_reverse	0.0343*** （0.000742）	0.0386*** （0.000764）
HHI_reverse	−0.118*** （0.00383）	−0.146*** （0.00373）
农户层面变量	未控制	控制
银行层面变量	未控制	控制
Constant	0.0558*** （0.00260）	0.114*** （0.00275）
年份固定效应	控制	控制
Observations	808084	808084
R^2	0.253	0.384

表6-5的回归结果表明，银行数字化转型在缓解地理距离对农户贷款利率的不利影响方面受到当地区域内银行业竞争程度的影响，区域内银行竞争越激烈，越有利于促进农信社利用金融科技缓解地理距离的负向作用，从而缓解地缘性信贷配给。

3. 银行商业化程度（是否改制）

农信社改制即农信社由合作制规范、有序地改制为农商银行的制度变迁过程，其目标是将原有的农村金融机构改造成既能实现商业可持续，又能强化对农村地区的金融支持的现代农村金融部门（付兆法和周立，2015）。银行数字化转型在缓解地理距离对农户面临的贷款利率不利影响方面，对于商业化程度不同的农信社来说可能存在异质性。这是因为相对于没有完成农商银行改制的农信社来说，完成改制的农信社拥有更多的自主权，对于市场环境的变化更加敏感，更能够针对客户的痛点进行创新，更好地发挥出数字化转型和金融科技的作用，从供给侧和需求侧降低农户面临的贷款利率，起到缓解地缘性信贷配给的作用。

表6-6汇报了银行数字化水平对由地理距离带来的农户面临的贷款利率变化在银行商业化程度上的异质性影响。用是否改制（Reform）来衡量农信社的商业

化程度，并将地理距离、农信社数字化水平和是否改制的交乘作为三交叉项，同时将三者分别两两组合成两交叉项，来考察银行数字化转型对农户面临的贷款利率在银行商业化程度维度上的异质性影响。表6-5中第（1）列仅控制了年份固定效应和三交叉项的主项、两交叉项；第（2）列在第（1）列的基础上进一步控制了农户层面和银行层面的变量。表6-6的回归结果显示，地理距离、农信社数字化水平和是否改制的交乘项与农户面临的贷款利率存在显著的负向关系，并且这种影响在1%的水平显著。

表6-6 不同改制情况客户数字化转型的调节作用差异

变量	（1）	（2）
	Interest	Interest
Dis×Fintech×Reform	−0.00109 ***	−0.000814 ***
	（0.0000857）	（0.0000797）
Fintech	−0.0183 ***	−0.0139 ***
	（0.000671）	（0.000618）
lnDis_bank	−0.0183 ***	−0.0184 ***
	（0.000101）	（0.0000924）
Dis×Fintech	0.00178 ***	0.00152 ***
	（0.0000788）	（0.0000724）
Dis×Reform	0.00373 ***	0.00318 ***
	（0.000139）	（0.000130）
Fintech×Reform	0.0105 ***	0.00715 ***
	（0.000730）	（0.000678）
Reform	−0.0300 ***	−0.0193 ***
	（0.00120）	（0.00113）
农户层面变量	未控制	控制
银行层面变量	未控制	控制
Constant	0.251 ***	0.338 ***
	（0.000871）	（0.00174）
年份固定效应	是	是
Observations	808084	808084
R^2	0.316	0.428

表6-6的回归结果表明，银行数字化转型在缓解地理距离对农户贷款利率的不利影响方面受到银行商业化程度的影响。农信社的商业化程度越高，越能发挥金融科技和数字化转型的作用，从而减少地理距离抬高农户面临的贷款利率的作用，缓解地缘性信贷配给。

（四）进一步分析

1. 担保方式

表6-7考察了不同担保方式下银行数字化转型对减小地理距离抬高农户面临的贷款利率作用的影响，其中第（1）列展示了保证、抵押和质押贷款样本组中，银行数字化转型对农户面临的贷款利率的实证结果；第（2）列展示了信用贷款样本组中，银行数字化转型对农户面临的贷款利率的实证结果。表6-7的回归结果显示，对于保证、抵押和质押贷款组来说，银行数字化转型在缓解地理距离对农户面临的贷款利率的不利影响中不明显；而对于信用贷款组来说，银行数字化转型能显著缓解地理距离对农户面临的贷款利率的不利影响，且在10%的水平显著。从经济显著性来说，在信用贷款组中，当地理距离不变时，相较于没有数字化转型（即 Fintech = 0）时，农信社数字化水平每增加一个标准差（即1.087），将会导致地理距离对农户面临的贷款利率的影响降低0.181‰（即1.087×0.161‰）。

表6-7　地理距离、担保方式和农户贷款利率

变量	(1)	(2)
	信用贷款	保证、抵押和质押贷款
	Interest	Interest
Dis×Fintech	−0.000161*	0.0000638
	(0.0000856)	(0.0000416)
Fintech	0.00104	−0.00441***
	(0.000666)	(0.000154)
lnDis_bank	0.00952***	−0.00334***
	(0.000123)	(0.0000332)
农户层面变量	控制	控制
银行层面变量	控制	控制

续表

变量	（1）	（2）
	信用贷款	保证、抵押和质押贷款
	Interest	Interest
Constant	-0.0486***	0.261***
	（0.00354）	（0.00126）
年份固定效应	控制	控制
Observations	127423	680661
R^2	0.513	0.178

表 6-7 的分析结果也进一步验证了相比于抵押、质押和保证贷款，信用贷款面临更大的信息不对称。因此，银行数字化转型对农户信用贷款的缓解作用会更大。

2. 贷款期限

本章中对农户短期贷款的定义与第五章定义相同。

表 6-8 考察了不同贷款期限下银行数字化转型减小地理距离抬高农户面临的贷款利率的影响，其中第（1）列展示了 3 年以下的短期贷款组中，银行数字化转型对农户面临的贷款利率的实证结果；第（2）列展示了 3 年以上的长期贷款组中，银行数字化转型对农户面临的贷款利率的实证结果。表 6-8 的回归结果显示，对于 3 年以下的短期贷款组来说，银行数字化转型在缓解地理距离对农户面临的贷款利率的不利影响中不明显；而对于 3 年以上的长期贷款组来说，银行数字化转型能显著减少地理距离抬高农户面临的贷款利率的作用，且这种影响在 1% 的水平显著。从经济显著性来说，对于 3 年以上的长期贷款组，当地理距离不变时，相较于没有数字化转型（即 Fintech = 0）时，农信社数字化水平每增加一个标准差（即 1.087），将会导致地理距离对农户面临的贷款利率降低 0.533‰（即 1.087×0.49‰）。

表 6-8　距离、贷款期限和农户贷款利率

变量	（1）	（2）
	3 年以上贷款	3 年以下贷款
	Interest	Interest
Dis×Fintech	-0.000490***	-0.000115
	（0.0000457）	（0.000122）

续表

变量	（1）	（2）
	3 年以上贷款	3 年以下贷款
	Interest	Interest
Fintech	0.00198***	0.0152***
	（0.000359）	（0.000305）
lnDis_bank	0.0118***	0.0165***
	（0.000513）	（0.000364）
农户层面变量	控制	控制
银行层面变量	控制	控制
年份固定效应	控制	控制
Observations	191183	616901
R^2	0.511	0.393

表 6-8 的分析结果进一步验证了相比于短期贷款，中长期贷款面临的信息不对称程度更大，因此，银行数字化转型对农户 3 年以上的中长期贷款的缓解作用更大。

3. 贷款投向

表 6-9 考察了不同贷款投向下银行数字化转型减小地理距离抬高农户面临的贷款利率的影响，其中第（1）列展示了其他贷款组中，银行数字化转型对农户面临的贷款利率的实证结果；第（2）列展示了针对农林牧渔的贷款投向组中，银行数字化转型对农户面临的贷款利率的实证结果。表 6-9 的回归结果显示，对于不同贷款投向组，银行数字化转型都能缓解地理距离对农户面临的贷款利率的不利影响，但只有农林牧渔贷款的影响是显著的。从经济显著性来说，在农林牧渔贷款组中，当地理距离不变时，相较于没有数字化转型（即 Fintech = 0）时，银行数字化水平 Fintech 每增加一个标准差（即 1.087），将会导致地理距离对农户面临的贷款利率下降 1.489‰（即 1.087×1.37‰）。

表 6-9 的分析结果也进一步验证了相比于其他投向，农林牧渔贷款的信息不对称程度更大，因此，银行数字化转型对投向为农林牧渔的农户贷款的缓解作用更大。

表6-9　地理距离、贷款投向和农户贷款利率

变量	(1)	(2)
	农林牧渔贷款	其他贷款
	Interest	Interest
Dis×Fintech	−0.00137***	−0.00284
	(0.0000684)	(0.00440)
Fintech	0.00959***	−0.00761***
	(0.000536)	(0.000207)
lnDis_bank	0.0160***	−0.00103***
	(0.0000958)	(0.0000473)
农户层面变量	控制	控制
银行层面变量	控制	控制
年份固定效应	控制	控制
Observations	314338	493746
R^2	0.369	0.283

（五）稳健性检验

1. 将 lnDis_bank 替换为 lnDis_county

为了进一步检验结果的准确性，本书进行了指标替换，相关替换与第五章相同。

表6-10展示了替换变量后的实证结果，其中第（1）列只控制了年份固定效应，第（2）列进一步控制了农户层面的控制变量，第（3）列则在第（2）列的基础上进一步控制了银行层面的控制变量。表6-10的回归结果显示（以第（3）列为例），农户与农信社（农商银行）总部的地理距离和农户面临的贷款利率之间存在正向关系，且在1%的水平显著。从经济显著性来说，由对数线性模型的含义可知，农户与农信社的地理距离每增加1%，则农户面临的贷款利率会提高0.981‰。表6-10的核心解释变量系数的方向和显著性与表6-2的回归结果保持一致，且回归系数大小相似，增强了本章结论的稳健性。

表 6-10 指标替换

变量	（1）	（2）	（3）
	Interest	Interest	Interest
lnDis_county	0.00222***	0.00108***	0.000981***
	(0.0000212)	(0.0000206)	(0.0000205)
农户层面变量	未控制	控制	控制
银行层面变量	未控制	未控制	控制
Constant	0.0716***	0.0946***	0.156***
	(0.000202)	(0.000614)	(0.00119)
年份固定效应	控制	控制	控制
Observations	808084	808084	808084
R^2	0.015	0.200	0.239

2. 将 Fintech 滞后一期

为了缓解农信社（农商银行）农户贷款发放对银行数字化转型的反向影响，将 Fintech 滞后一期进行稳健性检验。表 6-11 汇报了 Fintech 滞后一期后的回归结果，其中第（1）列只控制了年份固定效应，第（2）列进一步控制了农户层面的控制变量，第（3）列则在第（2）列的基础上控制了银行层面的控制变量。以第（3）列的结果为例，当地理距离不变时，相较于没有数字化转型（即 Fintech=0）时，农信社数字化转型水平每增加一个标准差（即 1.087），将会导致地理距离对农户面临的贷款利率的影响下降 0.285‰（即 1.087×0.262‰）。表 6-11 的核心解释变量均通过了显著性检验，各变量方向与表 6-3 中的结果保持一致，且系数大小相似，进一步增强了银行数字化转型能够显著缓解地理距离抬高农户面临的贷款利率这一结论的稳健性。

表 6-11 Fintech 滞后一期

变量	（1）	（2）	（3）
	Interest	Interest	Interest
Dis×Fintech_1	-0.000134***	-0.000191***	-0.000262***
	(0.0000234)	(0.0000237)	(0.0000234)
Fintech_1	-0.000566***	0.000504***	0.000894***
	(0.000190)	(0.000194)	(0.000190)

续表

变量	（1）	（2）	（3）
	Interest	Interest	Interest
lnDis_bank	0.00479***	0.00427***	0.00430***
	（0.0000433）	（0.0000417）	（0.0000410）
农户层面变量	未控制	控制	控制
银行层面变量	未控制	未控制	控制
Constant	0.0554***	0.0772***	0.135***
	（0.000352）	（0.000767）	（0.00164）
年份固定效应	控制	控制	控制
Observations	546811	546811	546811
R^2	0.060	0.199	0.240

四、本章小结

　　为研究地理距离、银行数字化水平对农户面临的贷款利率的影响，本章利用F省农信联社2018~2020年的混合截面数据进行分析。研究发现，农户与乡镇行社网点的距离对农户面临的贷款利率存在正向影响，但银行的数字化水平越高，地理距离抬高农户面临的贷款利率的作用会越小，因而农信社数字化转型能缓解农民面临的地缘性信贷配给。

　　异质性分析发现，银行数字化转型在减小地理距离抬高农户面临的贷款利率的作用方面受到农户金融素养、区域内银行竞争程度和农信社商业化程度的影响。这是因为农户金融素养越高，学习使用银行智能机具的成本越低，银行越能发挥出金融科技和数字化转型的作用；区域内银行竞争越激烈，为了维护自身的市场地位，农信社越有激励面向农户痛点进行数字金融创新，从供给侧和需求侧降低农民面临的贷款利率；商业化程度越高，农信社对市场环境的变化越敏感，越能发挥出金融科技和数字化转型的作用，起到缓解地缘性信贷配给的作用。

进一步分析发现，由于信用贷款比其他担保方式贷款面临更大的信息不对称、中长期贷款比短期贷款面临更大的信息不对称、农林牧渔贷款比其他投向贷款面临更大的信息不对称，因此，银行数字化转型对农户信用贷款、中长期贷款和投向为农林牧渔贷款的缓解作用更大。经过一系列稳健性检验后，上述结论依然成立。

第七章　银行数字化转型、地理距离与金融机构的农户贷款风险

一、引言

　　农户信贷违约风险是指农户向信贷机构申请贷款时，信贷机构无法事先甄别农户信息的真实性与农户是否还贷，加之各种事先无法预料的因素的影响，使该贷款的实际收益与预期发生背离，信贷机构有蒙受损失的可能（杨静，2015）。随着我国农村居民人均收入的不断提高，农户投资创业的积极性与消费需求日益增长，农村亟须金融支持来实现转型发展。然而，农户信贷的可得性严重受制于较高的农户信贷违约风险，如孙光林等（2021）针对我国东三省玉米种植区的研究发现，农户正规信贷违约比例约为12.62%。由于贷款利率等于无风险利率加上风险溢价，而风险溢价取决于贷款违约风险，因而农户贷款的高违约风险导致了农户面临较高的贷款利率，从而抬高了农户生产经营的成本，抑制了农户的创业投资行为。另外，随着国家对于乡村振兴和共同富裕问题的重视，近年来国家对于农村投资的力度越来越大，这虽然给予了农村快速发展的机会，但在农户贷款高违约风险的情况下，可能会造成大量银行坏账的产生，造成系统性金融风险。因而，研究农户贷款违约风险的影响因素及其作用机理对于提高农户的信贷可得性和防范系统性金融风险具有重要意义。

　　国内外学者主要从借款人特征、放贷人（机构）的商业特征、贷款特征、

社会网络、市场与宏观因素等方面对农户贷款违约风险的影响因素进行研究，只有少数学者关注到了地理距离对农户贷款违约风险的影响。地理距离主要从以下方面影响到农户贷款违约风险。首先，从有效信息的获取来看，地理距离是借贷双方取得信息优势的关键因素。农户所处的地理位置越偏远，与信贷机构、市场主体的距离相应地也就越远，交通的不便再加上农户居住点的分散使农户有效获取信息以及与信贷机构的交流相对困难，信息不对称程度增强（肖时花等，2019）。信息不对称会导致逆向选择、道德风险的产生，从而增加信用风险和操作风险等，进一步导致信贷机构所提供的金融服务的风险较高，即农户贷款违约的概率较高。由于我国农户信用具有"圈层结构"的特性，即农户信息的获取和交流主要以家庭为核心，逐渐向外辐射延伸到村落、乡镇、县域、地市、省乃至国家等层次，圈层内信息高度共享，圈层外高度不信任，在大范围内由于高度的不信任使得农户和信贷机构之间存在信息不对称，信贷机构无法甄别农户为得到贷款而提供信息的真实性，同时贷款发放后农户是否能够及时还本付息，信贷机构也无法准确判断（杨静，2015）。距离会干扰信息收集，阻碍信息的监测，对贷款违约的概率产生影响（Deyoung 等，2008；Milani，2014）；通过民间借贷纠纷案件的相关数据，可以发现地理距离越远，借款人违约的风险也就越高（林丽琼，2017）。距离信贷机构越远的农户信息可能具有更强的封闭性，使农户贷款的违约概率有所提高。其次，成本是地理距离影响农户借贷活动违约风险的另一重要因素。在信息不透明的信贷市场中，地理距离会对银行获取和使用私人信息产生影响，距离削弱了贷款人收集借款人软信息的能力，而地理距离越远，贷款人在放贷之前收集信息的成本就越高，信息不对称程度也就越高，即为事前的信息不对称。贷款人与借款人之间的地理距离越远，会增加贷后监测的成本，越无法监测借款人的贷后行为，即为事后的信息不对称（张笑等，2020）。以借款人与小额信贷机构之间的实际距离作为代理成本的代理变量，研究其对违约风险的影响，发现小额信贷市场存在道德风险，代理成本随着地理距离的增加而增加（Presbitero 和 Rabellotti，2014），而地理距离产生的交易成本主要分为交通成本和信息成本（Cerqueiro 等，2009）。其中，交通成本与时间、所耗费的精力等因素有关，对借款人的筛选和监督成本产生直接影响；而信息成本则与信息的有效收集与甄别方式有关，对借贷活动的违约监督与惩罚成本产生间接影响。地理距离增加了借贷活动所花费的交通成本、信息收集成本、筛选和监督成本、管理成本以及违约发生时所付出的代价,从而影响农户借贷的偿还风险。

近年来,我国数字经济蓬勃发展,互联网日益成为创新驱动发展的先导力量。对于银行数字化影响的研究主要集中在银行的贷款业务、存款业务、风险控制以及对整个银行业的影响,很少有学者关注到银行数字化转型对农户贷款违约的影响。杨明婉(2021)提出,银行通过互联网金融技术对客户进行精准的数据画像,通过数据分析可以快速判断农户的信贷违约概率,从理论上可以降低信贷违约风险,缓解农户的信贷约束。

银行数字化转型影响农户贷款违约风险的机制如下:大数据对改善银行等金融机构的风险管理效果显著。银行在多年经营中积累了大量的数据,包括客户的人口统计学资料、行为偏好和交易数据,许多银行正在采用大数据分析技术以增强自己的竞争实力(Trelewicz,2017)。同时,在信息共享方面,丰富的贷款信息集可降低筛选和监控成本,约束借款人的行为,降低贷款风险(Sutherland,2018);并且信息共享也有助于解决借贷中道德风险和逆向选择问题的机理。因此,银行通过挖掘自身积累的现金流数据识别小微个体的经营记录将有助于提升普惠金融业务的风控能力,缓解自身的信息劣势地位,减少信贷配给现象的发生。借助现代化信息技术,偏远地区可以通过互联网等手段及时准确地获取外界信息,与外界进行沟通交流,缓解双方的信息不对称现象。此外,由于数字经济信息传播速度快,主体间关联影响更为明显。在金融供给侧结构性改革的大背景下,银行业对大数据的需求愈加清晰和迫切,而政府部门进行数字化转型,提升服务效能的理念与银行业转型不谋而合,通过平台实现数据交互式对接,有助于拓展普惠金融、农村金融领域的银政合作,通过大数据引流解决农户农企信息不对称难题。智慧村务平台的搭建,可以实现透明公开、快速高效的村务管理工作,通过三方合作,切实做到让数据多跑路、群众少跑腿,有助于更好满足农户的信贷需求。因此,随着银行业数字化转型,有助于"整村授信"的深入开展。而农村数字化建设的同向发力则有助于信用宣传工作深入农户,通过加大宣传力度,增强农户征信意识和信用意识,营造"守信光荣,失信可耻"的良好社会氛围,数字化建设打破农户圈层意识,主动融入农村金融大环境,对于从而降低了以往农户因地理距离所产生的违约风险。随着农户履约意识的增强,银行对农户贷款的审查边际成本将下降,有利于缓解银行业的对农业贷款的惜贷现象。

本章在既有研究的基础上，利用独特的信用社数据研究了银行数字化转型、地理距离对农户贷款违约风险的影响。首先利用线性概率模型探讨了地理距离对农户贷款违约风险的影响，研究发现农户距离乡镇行社网点的距离对农户贷款违约的概率存在正向影响。接着，用交互项模型进一步研究了银行数字化转型的作用，研究发现银行数字化转型能够减小地理距离提高农户贷款违约风险的作用，进而有效缓解地缘性信贷配给。异质性分析结果表明，农户金融素养越高，越能发挥金融科技和数字化转型的作用，银行数字化转型对地理距离负向影响的缓解作用越大；农户收入越低，银行数字化转型对地理距离负向影响的缓解作用越大。进一步分析发现，由于信用贷款比其他担保方式贷款面临更大的信息不对称、中长期贷款比短期贷款面临更大的信息不对称、农林牧渔贷款比其他投向贷款面临更大的信息不对称，因此，银行数字化转型对农户信用贷款、中长期贷款和投向为农林牧渔贷款的缓解作用更大。

本章的边际贡献体现在以下两个方面：第一，研究视角创新，既有的研究没有专门从银行数字化转型的角度来考虑地理距离对农户贷款违约风险的影响，本章为通过银行进行数字化转型降低农户贷款违约风险，从而提高农户的信贷可得性、防范系统性金融风险提供了经验证据。第二，本章使用的数据为 F 省农信系统农户贷款的内部数据，数据量充实、时效性强，增强了实证分析结果的可信度。

二、研究设计与数据

（一）识别策略

本章运用 Probit 模型识别银行数字化转型、地理距离对农户贷款违约风险的影响，以证明银行数字化转型对于缓解农户地缘性信贷配给的意义。首先，由于农户与农信社（农商银行）的地理距离几乎不随时间而改变，因而缺乏时间层面的变异，故难以使用面板数据模型进行分析。其次，一般来说，农户的贷款违约风险难以影响到农户和农信社（农商银行）之间的地理距离，因而地理距离与农户贷款违约风险之间的反向因果关系较弱。此外，本书使用的农信社数据拥有较为丰富的银行层面和农户层面的控制变量，可以在很大程度上减少遗漏变量的问题。因而，基于上述原因，没有采用因果识别中常用的准自然实验的方式，而是通过设立交互项的 Probit 模型进行识别，结果直接汇报边际效应。本章采用的识别策略已经得到广泛应用，如程郁等（2009）运用 3 个独立的 Probit 模型，分别识别了农户遭受正规信贷约束、需求型约束和供给型约束的影响因素，朱喜等（2009）、张三峰（2013）、Pang 等（2014）也在分析中采取了类似思路。

（二）回归方程设定

1. 地理距离与金融机构的农户贷款违约风险

回归方程设定如下：

$$Default_{it} = \alpha + \beta Dis_{it} + \delta Hhd_{it} + \eta Bank_{jt} + \lambda_t + \varepsilon_{it} \tag{7-1}$$

式中，i 表示农户；j 表示农信社，由于一个县域只有一家信用社，所以 j 也表示县域；t 表示年份。$Default_{it}$ 为被解释变量，表示农户贷款的违约风险，本书中用第 i 个农户贷款第 t 年是否违约来表示。Dis_{it} 为核心解释变量，表示第 i 个农户第 t 年与农信社之间的地理距离，本书中用农户距离乡镇农信社（农商银行）网点的距离来度量。在回归方程中，Dis_{it} 前的系数 β 表示农户与乡镇农信社（农商银行）网点之间的地理距离对农户贷款违约风险的影响。当 β 显著为正时，表示农户和农信社之间的地理距离越远，农户贷款违约的可能性越高，贷款违约风险越高。Hhd 为农户层面的控制变量，这些变量既与农户与农信社之间的地理距离有关又影响到农户的贷款违约风险。参考程郁等（2009）的研究，这些变量包括农户是否以工商自营为主、是否为低收入户、是否为新型农业经营主体、是否为党员、家庭年收入、年龄、性别、受教育程度、婚姻状况和健康状况。$Bank$ 为信用社层面的控制变量，包括农信社是否改制、资产规模、资本充足率、盈利能力、存贷比和农户贷款占比。λ_t 为时间固定效应，控制不随个体而变但随时间而变的同时影响距离和农户贷款违约风险的不可观测因素。ε_{it} 表示误差项。为控制混合截面数据潜在的自相关和异方差问题，本书将回归系数的标准误聚类（Cluster）到机构层面。

2. 银行数字化转型、地理距离与金融机构的农户贷款违约风险

回归方程设定如下：

$$Default_{it} = \alpha + \beta Dis_{it} \times Fintech_{jt} + \kappa Dis_{it} + \phi Fintech_{jt} + \delta Hhd_{it} + \eta Bank_{jt} + \lambda_t + \varepsilon_{it} \quad (7\text{-}2)$$

式中，Fintech 表示银行数字化转型指数，反映了银行数字化转型的程度，代表银行数字化转型水平。其余变量的定义与式（7-1）中相同。在回归方程中 Dis_{it} 与 $Fintech_{jt}$ 交互项前的系数 β 表示银行数字化转型对由地理距离引起的农户贷款违约风险变化的影响。当 β 显著为负时，表示银行数字化转型能够缓解地理距离对农户贷款违约的正向影响，说明银行的数字化水平越高，地理距离对农户贷款违约的不利作用越小。

3. 异质性检验

（1）农户金融素养。回归方程设定如下：

$$Default_{it} = \alpha + \beta Dis_{it} \times Fintech_{jt} \times Literacy_{it} + \kappa Controls + \delta Hhd_{it} + \eta Bank_{jt} + \lambda_t + \varepsilon_{it} \ (7\text{-}3)$$

式中，$Literacy_{it}$ 表示农户 i 第 t 年的金融素养，本书中用农户受教育水平来度量。该变量是一个分组变量，以农户受教育水平的中位数划分为金融素养高、低两组。Controls 表示三交叉项的主项和两交叉项，即 $Dis_{it} \times Fintech_{jt}$、$Dis_{it} \times Literacy_{it}$、$Fintech_{jt} \times Literacy_{it}$、$Dis_{it}$、$Fintech_{jt}$ 和 $Literacy_{it}$。其余变量的定义与式（7-2）中相同。在回归方程中，Dis_{it}、$Fintech_{jt}$ 和 $Literacy_{it}$ 三交叉项前的系数 β 表示银行数字化转型对拥有不同金融素养的农户由地理距离引起的贷款违约风险变化的异质性影响。当 β 显著为负时，表示农户金融素养越高，银行数字化转型对由地理距离引起的农户贷款违约风险提高的缓解作用越大。

（2）农户收入水平。回归方程设定如下：

$$Default_{it} = \alpha + \beta Dis_{it} \times Fintech_{jt} \times Income_{it} + \kappa Controls + \delta Hhd_{it} + \eta Bank_{jt} + \lambda_t + \varepsilon_{it} \quad (7\text{-}4)$$

式中，$Income_{it}$ 表示农户 i 第 t 年的收入水平，用农户的家庭年收入来度量。该变量是一个分组变量，以农户家庭年收入的中位数划分为收入水平高、低两组。Controls 表示三交叉项的主项和两交叉项，即 $Dis_{it} \times Fintech_{jt}$、$Dis_{it} \times Income_{it}$、$Fintech_{jt} \times Income_{it}$、$Dis_{it}$、$Fintech_{jt}$ 和 $Income_{it}$。其余变量的定义与式（7-2）相同。在回归方程中，Dis_{it}、$Fintech_{jt}$ 和 $Income_{it}$ 三交叉项前的系数 β 表示银行数字化转型对收入水平不同的农户由地理距离引起的贷款违约风险变化的异质性影响。当 β 显著为负时，表示农户的收入水平越高，银行数字化转型对由地理距离引起的农户贷款违约风险提高的缓解作用越大。

（三）数据介绍与描述性统计

本书使用的数据来自 F 省农信联社。样本的时间跨度为 2018～2020 年，样本总数为 850000 个。剔除信息不全的样本，最终保留 808084 个样本。

根据以上的研究设计，变量选取情况如下：被解释变量为农户贷款是否违约；核心解释变量为地理距离与银行数字化水平，其中，地理距离用农户和乡镇行社网点的地理距离表示，银行数字化水平用本书构造的银行数字化转型指数 Fintech 来表示。

由于农户贷款违约风险还受到其他因素的影响，故引入了控制变量。控制变量包括农户层面的控制变量和银行层面的控制变量。其中农户层面控制变量分为农民个人层面和农民家庭层面两个部分。农户个人层面控制变量包括年龄、性别（男性为 1，女性为 0）、受教育水平、政治面貌（有政治身份为 1，否则为 0）、婚姻状况（已婚为 1，否则为 0）和健康状况。农民家庭层面的控制变量包括是否为新型农业经营主体（是为 1，否则为 0）、是否为低收入户（是为 1，否则为 0）、家庭年收入。而银行层面变量包括银行资产规模、银行资本充足率、银行资产收益率（ROA）、银行存贷比、银行成本收入比、农信社是否改制（是为 1，否则为 0）、银行农户贷款比重及区域银行业的竞争程度。其中，区域银行业的竞争程度用赫芬达尔—赫希曼指数（HHI）来测度，该指数是负向指标，数值越大，表明银行业市场集中度越高，即竞争程度越小。为使银行竞争指标方向更符合直觉，本书构造了 HHI_reverse 这一变量，用 1-HHI 来表示。HHI_reverse 数值越大，表示农户所在区县银行业的竞争程度越大。表 7-1 展示了本章涉及的主要变量设置及描述性统计结果。

表 7-1　主要变量设置及描述性统计结果

变量	变量定义	平均值	标准差	最小值	最大值
lnLoan	农户贷款金额取对数（元）	11.56876	1.387819	7.972811	14.64842
Interest	农户贷款年利率	0.09287	0.024062	0.0435	0.130625
Default	农户贷款是否违约（0/1）	0.143001	0.350074	0	1
Default_1	农户贷款本金是否违约（0/1）	0.142738	0.349805	0	1
lnDefault_amt	农户贷款违约金额取对数（元）	1.607828	3.965752	0	12.89922

变量	变量定义	平均值	标准差	最小值	最大值
lnDis_bank	农户距离乡镇行社网点的距离取对数（米）	8.280385	1.265888	4.26268	10.65728
lnDis_town	农户到乡镇政府的距离取对数（米）	8.067497	1.1717	4.26268	11.43281
lnDis_county	农户到区县联社的距离取对数（米）	9.59257	1.219081	5.993961	11.84008
Fintech	银行数字化水平	1.636731	1.087381	0.241	11.51
Business	农户是否为个体经营户（0/1）	0.429853	0.495055	0	1
Poverty	农户是否为低收入户（0/1）	0.219779	0.414097	0	1
Gender	农户是否为男性（0/1）	0.798051	0.401455	0	1
Age	农户年龄（岁）	42.65147	9.562516	20	91
lnIncome	农户家庭年收入取对数（元）	12.25074	0.866792	9.392745	15.03929
Edu	农户受教育水平（序数变量1~6）	3.442855	0.807718	1	6
Party	农户是否党员（0/1）	0.023755	0.152285	0	1
Health	农户健康状况（序数变量1~3）	2.960112	0.213665	1	3
Marriage	农户是否处于婚姻状态（0/1）	0.750218	0.432887	0	1
Newfarmer	农户是否为新型经营主体（0/1）	0.68057	0.466256	0	1
lnAsset	银行资产规模取对数（万元）	13.90573	0.829913	11.96722	15.4377
Car	银行资本充足率	0.188831	0.027485	0.124	0.2717
ROA	银行资产利润率	0.016467	0.00649	0.0001	0.0293
Ldr	银行存贷比	0.637281	0.08519	0.39	0.8699
Cost_rev	银行成本收入比	0.313126	0.031982	0.2427	0.4448
Reform	农信社是否改制（0/1）	0.376123	0.484412	0	1
R_farmLoan	银行农户贷款占总贷款比重	0.771978	0.131165	0.103631	0.952141
HHI_reverse	1-农户所在区县银行业HHI	0.740435	0.063697	0.592593	0.861029

从表7-1中可以看出，农户贷款违约的比重为14.30%，总体样本中有14.27%的农户发生本金违约现象，说明样本农户贷款违约风险较高。农户人均贷款违约金额（取对数，元）占人均贷款总金额（取对数，元）的比重为13.90%。此外，农户到乡镇行社网点的距离（取对数，米）同农户到乡镇政府距离（取对数，米）的平均数大致一致，这侧面说明农商银行网点的设置多距乡镇政府较近。

同时，在农户层面从均值结果还可以初步看出，在所统计的农户贷款样本中，个体经营户的占比接近一半，而新型农业经营主体的比重更高（达到

68%）；其中男性样本共 644892 份，占分析样本总数的近 80%；且贷款金额对数的平均值（11. 56876）与家庭收入对数的平均值（12. 25074）比较接近，这说明，农户贷款金额（或者说银行放贷金额）是与农户收入相匹配的；而选择贷款农户的受教育水平、健康水平和已婚者比重相对较高，但样本农户的受教育水平存在差异性，受教育水平（Edu）最小值为 1，最大值为 6。有趣的是，进行贷款的样本中，有政治身份的人比重只有 2. 3755%，这可能与国家对公务员从事私人经营活动的限制有关。

而在银行层面，在所统计的样本中，进行农信社改制的银行占比已经超过 1/3；银行资本充足率平均值较高，表明样本银行承受违约资产风险的能力比较好；银行存贷比接近 64%，表明银行还存在一定的放贷空间；且农户所在区县银行业的市场竞争程度相对较大（最小值大于 0. 5）。

三、实证结果

（一）基准回归：地理距离与农户贷款风险

表 7-2 报告了农户与农信社地理距离对农户贷款违约风险影响的回归结果。为了增强回归结果的稳健性，采取了逐步回归法，其中表 7-2 中的第（1）列仅控制了年份固定效应；第（2）列进一步控制了农户层面的控制变量，其中农民个体层面的变量有年龄、性别、受教育年限、是否有政治身份、婚姻状况和健康状况，农户家庭层面的变量有是否为个体经营户、是否为低收入户和家庭年收入；第（3）列进一步控制了银行层面的控制变量，包括农信社资产规模、资本充足率、资产利润率、存贷比、成本收入比、是否改制、农户贷款占总贷款之比和区域内银行业竞争程度。表 7-2 的回归结果显示（以第（3）列为例），核心解释变量农户与农信社（农商银行）地理距离的对数与农户贷款违约风险之间存在正向关系，且在 1% 的水平显著。从经济显著性来说，在其他变量不变的情况下，农户与农信社的地理距离每增加 1%，则农户贷款违约的概率会提高 0. 903%。表 7-2 的回归结果证明了农户与农信社之间的地理距离是农户贷款违

约风险高企的重要原因。这一结果可能与以下原因有关，地理距离会抬高银行信息收集和传递的成本，这一方面使得银行放贷前对借贷农户质量和风险状况的甄别能力下降；另一方面又使得银行放贷后对农户资金使用的监督成本增大，进而放大了借贷农户和银行之间事前和事后的信息不对称，最终使得贷款农户的违约概率增加（林丽琼，2017；张笑和胡金焱，2020）。

表 7-2 地理距离对农户贷款违约风险的影响

变量	（1）	（2）	（3）
	Default	Default	Default
lnDis_bank	0.0446***	0.00805***	0.00903***
	（0.00257）	（0.00254）	（0.00265）
Business		−0.362***	−0.434***
		（0.00691）	（0.00702）
Poverty		0.172***	0.210***
		（0.00752）	（0.00761）
Gender		0.558***	0.572***
		（0.00964）	（0.00969）
Age		−0.00430***	−0.00526***
		（0.000400）	（0.000405）
lnIncome		−0.312***	−0.337***
		（0.00405）	（0.00411）
Edu		−0.192***	−0.219***
		（0.00450）	（0.00458）
Party		−0.185***	−0.153***
		（0.0242）	（0.0243）
Health		−0.0309**	−0.0388***
		（0.0148）	（0.0150）
Marriage		−0.176***	−0.143***
		（0.00878）	（0.00887）
Newfarmer		−0.0408***	−0.0100
		（0.00698）	（0.00711）
lnAsset			0.0754***
			（0.00765）

续表

变量	（1）	（2）	（3）
	Default	Default	Default
Car			−0.0861
			（0.146）
ROA			−29.74***
			（0.821）
Ldr			−0.118***
			（0.0397）
Cost_rev			−1.671***
			（0.140）
Reform			−0.0979***
			（0.0104）
R_farmLoan			−0.380***
			（0.0331）
HHI_reverse			0.151*
			（0.0822）
Constant	−2.161***	2.664***	3.380***
	（0.0216）	（0.0723）	（0.157）
年份固定效应	控制	控制	控制
Observations	808084	808084	808084

注：括号内为稳健标准误；*、**和***分别表示10%、5%和1%的显著性水平。结果直接汇报边际效应。无特殊说明，下同。

接下来，对控制变量进行分析。首先是农户个体层面的控制变量，包括年龄、性别、受教育年限、是否有政治身份、婚姻状况和健康状况。表7-2中第（3）列的回归结果显示：年龄对农户贷款的违约风险有负向影响，具体地，农户的年龄增加1岁，其贷款违约的概率会降低0.526%，且这种影响在1%的水平显著，这可能是因为年龄越大，农户的社会资源越丰富，承担风险的能力增加，降低了信贷违约的概率；相比于男性，女性农民贷款违约的概率可能性更低，这可能与女性在投资决策中风险厌恶程度更高（Jianakopolos 和 Bernasek，1998；Nelson，2015）有关；受教育年限对农户信贷的违约风险有显著的负向影响，这可能是因为相比于受教育程度较低的农户，受教育程度较高的农户拥有更强的人力资本及更稳定的收入来源，抗风险能力更强；相比于无政治身份的人，拥有政治身份的农户贷款违约的概率会低 15.3%，且这种影响在 1% 的水平显著，这可能是因为拥有政治身份的农户一方面拥有越强的社会资本，应对风险的能力越强，另一方面拥有政治身份的以身作则的要求使得农户有更强的动机遵守约定；相比于未婚农户，已婚农户贷款违约的概率平均低 14.3%，且这种影响在 1% 的水平显著，这可能是因为婚姻会带给农户更多的社会关系，增强了农户抗风险能力；和受教育程度一样，健康也是农户人力资本的组成部分，健康状况对农户的贷款违约风险有显著的负向影响。

其次是农户家庭层面的控制变量，包括是否为个体经营户、是否为低收入户和家庭年收入。表 7-2 中第（3）列的回归结果显示，相比于非个体经营户，个体经营的农户贷款违约风险更低，这可能是因为从事个体经营的农户拥有更强的人力资本和社会资本，抗风险能力更强；相比于其他农户，低收入农户贷款违约的概率更高，这是因为低收入农户往往缺乏资本和稳定的收入流，金融脆弱性更强；家庭收入对农户贷款违约风险有显著的负向影响，这是因为家庭收入越高，农户拥有稳定的现金流，有越强的还款能力来应对风险。

最后是银行层面的控制变量，包括农信社资产规模、资本充足率（Car）、资产利润率、存贷比、成本收入比、是否改制、农户贷款占总贷款之比和区域内银行业竞争程度。资产利润率是衡量银行盈利能力的重要指标，表 7-2 中第（3）列的回归结果显示，农信社的资产利润率越高则农户贷款违约的可能性越低，且在 1% 的水平显著，这可能是因为盈利能力越强的银行风险控制水平越高，因而贷款人违约风险越低，同时贷款人违约风险低也会增加银行的效益；而同样作为衡量银行盈利能力的指标，成本收入比对农户贷款违约风险有显著的负向影响，与直觉相悖，这可能是因为成本收入较低的农信社减少了贷款违约风险识别的成本；与贷款利率相似，农户贷款违约风险也与银行存贷成反比，且在 1% 的水平显著；资本充足率是衡量银行抗风险能力的重要指标，其对农户贷款违约风险的影响不显著，这可能是因为银行抗风险能力越强，越有可能发放风险更高的贷款，从而增加贷款违约的可能性，同时贷款违约率越低却意味着银行有更强的抗风险能力；农信社资产规模对农户贷款违约的可能性有显著的正向影响，这可能是因为资产规模越大的银行越可能存在大企业病，削弱了贷款违约风险甄别能力，相比于未完成改制，农信社完成改制使得农户贷款违约的可能性降低

9.79%，且这种影响在1%的水平显著，这可能是因为改制增加了农信社对市场的敏感度，提高了农信社资金投放的效率，也从侧面说明了农信社改制取得了良好的效果；区域内银行业的竞争程度与农户贷款违约风险成正比，且在10%的水平显著，这是因为区域内银行业的竞争越发激烈，银行为争取客户降低了贷款的申请门槛，导致贷款违约的可能性增加，这从侧面说明了县域内银行恶性竞争的存在。

（二）基准回归：数字化转型、地理距离与农户贷款风险

表7-3展示了引入银行数字化水平变量后，地理距离对农户贷款违约风险的回归结果。同表7-2、表7-3中第（1）列仅控制年份固定效应；第（2）列控制了年份固定效应和农户层面的控制变量；第（3）列则在第（2）列的基础上进一步控制了银行层面的控制变量。表7-3的回归结果显示，地理距离和银行数字化水平的交互项对农户贷款违约的可能性有负向影响，且这种影响在10%的水平显著。以第（3）列的结果为例，当地理距离不变时，在其他变量取值不变的条件下，相较于没有数字化转型（即Fintech＝0）时，农信社数字化转型水平每增加一个标准差（即1.087），将会导致地理距离抬高农户贷款违约可能性的影响下降0.49%（即1.087×0.451%）。这意味着，银行数字化转型在一定程度上抵消了地理距离抬高农户贷款违约风险的作用，降低了农信社的放贷成本，从供给侧缓解了地缘性信贷配给。这是因为数字化转型提高了银行信息收集和传递的效率，减小了地理距离对银行发放贷款的不利影响。借助于数字金融技术，银行对农户风险状况的甄别能力和资金使用的监测能力得以增强，减少了银行发放贷款事前和事后的信息不对称，降低了农户贷款违约风险。

表7-3　数字化转型、地理距离与农户贷款违约

变量	（1） Default	（2） Default	（3） Default
Dis×Fintech	−0.00941***	−0.00594**	−0.00451*
	（0.00241）	（0.00236）	（0.00250）
Fintech	0.117***	0.138***	0.0119
	（0.0199）	（0.0195）	（0.0206）

续表

变量	(1)	(2)	(3)
	Default	Default	Default
lnDis_bank	0.0611***	0.0212***	0.0161***
	(0.00453)	(0.00444)	(0.00462)
农户层面变量	未控制	控制	控制
银行层面变量	未控制	未控制	控制
Constant	-2.364***	2.566***	3.174***
	(0.0381)	(0.0788)	(0.164)
年份固定效应	控制	控制	控制
Observations	808084	808084	808084

表 7-3 的回归结果表明，银行数字化转型能够显著缓解地理距离对农户贷款违约风险的正向影响，即银行的数字化水平越高，地理距离抬高农户贷款违约风险的不利作用越小。

（三）异质性分析

1. 农户金融素养（用受教育水平来衡量）

银行数字化转型在降低地理距离抬高农户贷款违约风险作用方面，对于金融素养不同的农户来说可能存在异质性。一方面，数字化转型意味着银行用更多的智能机具替代传统的银行高柜，在降低银行放贷成本的同时会增加农户学习智能机具的成本。对于金融素养较高的农户来说，银行对其发放贷款的成本下降，使其面临的贷款价格下降，贷款违约的可能性下降。而对于金融素养较低的农户来说，由于其学习使用智能机具的成本相对较高，银行对其的放贷成本不一定会降低，进而其面临的贷款价格不一定下降，贷款违约的可能性不一定会降低。另一方面，金融素养较高的农户能够享受到数字普惠金融快速发展的红利，能够在有合适的创业和投资机会时更便捷地获得普惠金融服务，因而贷款违约的可能性小。而金融素养较低的农户对于基本储蓄以外的金融服务缺乏了解，对数字普惠金融等银行的新业务存在畏难和自我排斥的情绪，难以享受到数字普惠金融发展的红利。因而银行数字化转型可能存在极化效应，一方面会使得数字素养较高的农户享受到数字化转型的红利，降低农户面临的贷款价格，减小地理距离抬高农户贷款违约风险的作用；另一方面又把金融素养较低的农户排斥在外。

表7-4汇报了银行数字化转型对由农户和农信社地理距离带来的农户贷款违约风险的变化在农户金融素养维度上的异质性影响。用农户受教育水平来衡量农户金融素养，并根据受教育水平的高低将样本农户划分为高金融素养组和低金融素养组，进行分组回归，以考察农户金融素养的异质性影响。表7-4的第（1）列展示了银行数字化转型对低金融素的农户由地理距离带来的贷款违约风险变化的影响，第（2）列展示了对高金融素养农户的影响。表7-4的回归结果显示，对于高金融素养的农户来说，地理距离和银行数字化水平的交互项对农户贷款违约的可能性有负向影响，且这种影响在1%的水平显著，对于低金融素养的农户则为不显著的正向影响。具体地，对于高金融素养的农户来说，当地理距离不变时，相较于没有数字化转型（即 Fintech＝0）时，农信社数字化转型水平每增加一个标准差（即1.087），将会导致地理距离抬高农户贷款违约可能性的影响下降1.5%（即1.087×1.38%）。

表7-4　地理距离、农户金融素养和农户贷款违约

变量	(1)	(2)
	较低组	较高组
	Default	Default
Dis×Fintech	0.000540	−0.0138***
	(0.00359)	(0.00341)
Fintech	−0.0328	0.219***
	(0.0297)	(0.0283)
lnDis_bank	0.0232***	0.0363***
	(0.00720)	(0.00603)
农户层面变量	控制	控制
银行层面变量	控制	控制
Constant	3.524***	4.407***
	(0.256)	(0.223)
年份固定效应	控制	控制
Observations	327792	480292

表7-4的分析结果表明，对于金融素养更高的农户，数字化转型在距离对贷

款违约的负向关系中所发挥的调节作用更加显著，这说明即使加强数字化转型，对农户层面的风险管控，也仍需提高农户的金融素质。

2. 农户收入水平

银行数字化转型在降低地理距离抬高农户贷款违约风险作用方面，对于收入水平不同的农户来说可能存在异质性。银行数字化转型带来了数字普惠金融的快速发展。数字普惠金融的发展使得金融产品和服务更加广泛、快速地触达有贷款需求的农户，为低收入农户特别是金融素养较高的低收入农户参与金融活动提供了更多的经济机会，促进了低收入农户创业（张勋等，2016；黄倩等，2019）。因而银行数字化转型使得低收入农户更多地享受到数字普惠金融发展的红利，更可能减小低收入农户的金融脆弱性，降低了其贷款违约的可能性。

表7-5汇报了银行数字化转型对由农户和农信社地理距离带来的农户贷款违约风险的变化在农户收入水平维度上的异质性影响。用农户家庭年收入衡量农户收入水平，并根据农户家庭年收入的中位数将样本农户划分为高收入组和低收入组，进行分组回归，以考察农户收入水平的异质性影响。表7-5的第（1）列展示了银行数字化转型对高收入农户由地理距离带来的贷款违约风险变化的影响，第（2）列展示了对低收入农户的影响。表7-5的回归结果显示，对于低收入农户来说，地理距离和银行数字化水平的交互项对农户贷款违约的可能性有负向影响，且这种影响在10%的水平显著，而高收入农户则为不显著的负向影响。具体地，对于低收入农户来说，当地理距离不变时，相较于没有数字化转型（即Fintech=0）时，农信社数字化转型水平每增加一个标准差（即1.087），将会导致地理距离抬高农户贷款违约可能性的影响下降0.822%（即1.087×0.756%）。

表7-5　地理距离、收入水平和农户贷款违约

变量	(1)	(2)
	较高组	较低组
	Default	Default
Dis×Fintech	−0.00284	−0.00756*
	(0.00440)	(0.00428)
Fintech	0.0208	0.0957***
	(0.0360)	(0.0351)

续表

变量	（1）	（2）
	较高组	较低组
	Default	Default
lnDis_bank	0.0163 *	0.0336 ***
	（0.00912）	（0.00904）
农户层面变量	控制	控制
银行层面变量	控制	控制
year_2018	0.0624 ***	−0.134 ***
	（0.0184）	（0.0120）
year_2019	0.0542 ***	−0.0619 ***
	（0.0157）	（0.0104）
o. year_2020	—	—
Constant	2.946 ***	1.183 ***
	（0.321）	（0.209）
Observations	316357	491727

表7-5 的分析结果表明，对于收入水平更低的农户，数字化转型在距离对贷款违约的负向关系中所发挥的调节作用更加显著，这说明数字化转型能很好地缓解信息不对称，尤其是加强对低收入水平农户的信息收集，从而缓解距离对农户贷款违约风险的不良影响。

（四）进一步分析

1. 担保方式

表7-6 考察了不同担保方式下银行数字化转型对减小地理距离抬高农户贷款违约风险作用的影响，其中第（1）列展示了保证、抵押和质押贷款样本组中数字化转型作用的实证结果；第（2）列展示了在信用贷款样本组中数字化转型作用的实证结果。表7-6 的回归结果显示，对于保证、抵押和质押贷款组来说，银行数字化转型在缓解地理距离对农户贷款违约风险的不利影响中不明显；而对于信用贷款组来说，银行数字化转型能显著缓解地理距离对农户贷款违约风险的不利影响，且在 1% 的水平显著。从经济显著性来说，在信用贷款组中，当地理距

离不变时，相较于没有数字化转型（即 Fintech＝0）时，农信社数字化水平每增加一个标准差（即1.087），将会导致地理距离抬高农户贷款违约风险的影响降低2.75%（即1.087×2.53%）。

表7-6　地理距离、担保方式和农户贷款违约

变量	(1)	(2)
	信用贷款	保证、抵押、质押贷款
	Default	Default
Dis×Fintech	−0.0253***	0.00109
	(0.00683)	(0.00298)
Fintech	0.334***	−0.0710***
	(0.0581)	(0.0246)
lnDis_bank	0.0620***	0.0200***
	(0.0128)	(0.00530)
农户层面变量	控制	控制
银行层面变量	控制	控制
Constant	0.681	5.079***
	(0.436)	(0.188)
年份固定效应	控制	控制
Observations	127423	680661

　　表7-6的分析结果进一步验证了相比于抵押、质押和保证贷款，信用贷款面临更大的信息不对称。因此，银行数字化转型对农户信用贷款的缓解作用会更大。

　　2. 贷款期限

　　表7-7考察了不同贷款期限下银行数字化转型对减小地理距离抬高农户贷款违约风险作用的影响，其中第（1）列展示了贷款期限为3年以上的样本组中数字化转型作用的实证结果；第（2）列展示了贷款期限为3年以下的样本组中数字化转型作用的实证结果。表7-7的回归结果显示，对于3年以下的短期贷款组来说，银行数字化转型在缓解地理距离对农户贷款违约风险的不利影响中不明显；而对于3年以上的长期贷款组来说，银行数字化转型能显著缓解地理距离对农户贷款违约风险的不利影响，且在10%的水平显著。从经济显著性来说，对于

3年以上的长期贷款组，当地理距离不变时，相较于没有数字化转型（即 Fintech=0）时，农信社数字化水平每增加一个标准差（即 1.087），将会导致地理距离抬高农户贷款违约风险的影响降低 0.792%（即 1.087×0.729%）。

表 7-7　地理距离、贷款期限和农户贷款违约

变量	(1)	(2)
	3 年以上贷款	3 年以下贷款
	Default	Default
Dis×Fintech	−0.00729*	−0.00317
	(0.00419)	(0.00314)
Fintech	−0.112***	−0.00239
	(0.0348)	(0.0260)
lnDis_bank	0.00725	0.0288***
	(0.00771)	(0.00561)
农户层面变量	控制	控制
银行层面变量	控制	控制
Constant	−2.264***	6.355***
	(0.293)	(0.197)
年份固定效应	控制	控制
Observations	191183	616901

表 7-7 的回归结果进一步验证了相比于短期贷款，中长期贷款面临的信息不对称更大。因此，银行数字化转型对农户 3 年以上的中长期贷款的缓解作用更大。

3. 贷款投向

表 7-8 考察了不同贷款投向下银行数字化转型对减小地理距离抬高农户贷款违约风险作用的影响，其中第（1）列展示了贷款投向为农林牧渔的样本组中数字化转型作用的实证结果；第（2）列展示了其他投向的样本组中数字化转型作用的实证结果。表 7-8 的回归结果显示，不同贷款投向下，银行数字化转型都能显著地缓解地理距离对农户贷款违约风险的不利影响中，但是显著性水平和系数不同。具体地，银行数字化转型对农林牧渔贷款不利影响的缓解作用在 5% 的水平显著，而对其他贷款在 10% 的水平显著。从系数的含义来说，对于农林牧渔贷

款，当地理距离不变时，相较于没有数字化转型（即 Fintech = 0）时，农信社数字化水平每增加一个标准差（即 1.087），将会导致地理距离抬高农户贷款违约风险的影响降低 1.337%（即 1.087×1.23%），而对于其他贷款投向，仅降低 0.525%（即 1.087×0.483%）。相比于其他贷款投向，数字化转型对农林牧渔贷款的作用更大且更显著。

表 7-8　地理距离、贷款投向和农户贷款违约

变量	(1)	(2)
	农林牧渔贷款	其他贷款
	Default_agri	Default_notagri
Dis×Fintech	−0.0123**	−0.00483*
	(0.00529)	(0.00289)
Fintech	0.140***	0.0245
	(0.0441)	(0.0238)
lnDis_bank	0.0215***	0.0195***
	(0.00780)	(0.00604)
农户层面变量	控制	控制
银行层面变量	控制	控制
Constant	3.487***	3.115***
	(0.288)	(0.208)
年份固定效应	控制	控制
Observations	314338	493746

表 7-8 的回归结果进一步验证了相比于其他投向，农林牧渔贷款的信息不对称程度更大。因此，银行数字化转型对投向为农林牧渔的农户贷款的缓解作用更大。

（五）稳健性检验

1. 将农户贷款是否违约替换为贷款本金是否违约

为进一步检验结果的准确性，避免度量误差的影响，本节进行了指标替换。由于农户贷款违约的情形可以进一步细分为贷款本金违约和贷款利息违约。相比于利息违约，本金违约更严重。本节将被解释变量由农户贷款是否违约替换为农

户贷款本金是否违约进行稳健性检验。

表 7-9 展示了替换被解释变量后的实证结果，其中第（1）列仅控制了年份固定效应；第（2）列进一步控制了农户层面的控制变量；第（3）列则在第（2）列的基础上进一步控制了银行层面的控制变量。表 7-9 的回归结果显示（以第（3）列为例），核心解释变量农户与农信社（农商银行）地理距离的对数与农户贷款违约风险之间存在正向关系，且在 1% 的水平显著。从经济显著性来说，农户与农信社的地理距离每增加 1%，则农户贷款违约的概率会提高 0.886%。表 7-9 的核心解释变量系数的方向和显著性与表 7-2 的回归结果保持一致且系数大小相似，增强了本章结论的稳健性。

表 7-9　将农户贷款是否违约替换为本金是否违约

变量	(1)	(2)	(3)
	Default_1	Default_1	Default_1
lnDis_bank	0.0444***	0.00785***	0.00886***
	(0.00257)	(0.00254)	(0.00265)
农户层面变量	未控制	控制	控制
银行层面变量	未控制	未控制	控制
Constant	-2.162***	2.673***	3.384***
	(0.0216)	(0.0724)	(0.157)
年份固定效应	控制	控制	控制
Observations	808084	808084	808084

2. 将农户贷款是否违约替换为贷款违约金额

由于连续变量相比于分类变量包含更多的异质性，因而为了保证回归结果的稳健性，避免度量误差的影响，进一步用农户贷款违约金额来衡量农户贷款违约风险。

表 7-10 展示了进一步替换被解释变量后的实证结果，其中第（1）列仅控制了年份固定效应；第（2）列进一步控制了农户层面的控制变量；第（3）列则在第（2）列的基础上进一步控制了银行层面的控制变量。表 7-10 的回归结果显示（以第（3）列为例），核心解释变量农户与农信社（农商银行）地理距离的对数与农户贷款违约风险之间存在正向关系，且在 1% 的水平显著。从经济

显著性来说，由双对数模型的含义可知，农户与农信社的地理距离每增加 1%，则农户贷款违约金额会增大 0.72%。表 7-10 的核心解释变量系数的方向和显著性与表 7-2 的回归结果保持一致，进一步增强了本章结论的稳健性。

表 7-10　将农户贷款是否违约替换为贷款违约金额

变量	（1）	（2）	（3）
	Default_amt	Default_amt	Default_amt
lnDis_bank	0. 0546 ***	0. 00893 ***	0. 00720 **
	（0. 00345）	（0. 00345）	（0. 00348）
农户层面变量	未控制	控制	控制
银行层面变量	未控制	控制	控制
Constant	1. 156 ***	6. 678 ***	7. 668 ***
	（0. 0288）	（0. 0959）	（0. 206）
年份固定效应	控制	控制	控制
Observations	808084	808084	808084
R^2	0. 001	0. 019	0. 025

3. 将 Fintech 滞后一期

为了缓解农信社（农商银行）农户贷款发放对本行数字化转型的反向影响，将 Fintech 滞后一期进行稳健性检验。

表 7-11 汇报了 Fintech 滞后一期后的回归结果，其中第（1）列仅控制年份固定效应；第（2）列控制了年份固定效应和农户层面的控制变量；第（3）列则在第（2）列的基础上进一步控制了银行层面的控制变量。表 7-11 的回归结果显示，地理距离和银行数字化水平的交互项对农户贷款违约的可能性有负向影响，且这种影响在 1% 的水平显著。以第（3）列的结果为例，当地理距离不变时，在其他变量取值不变的条件下，相较于没有数字化转型（即 Fintech = 0）时，农信社数字化转型水平每增加一个标准差（即 1.087），将会导致地理距离抬高农户贷款违约可能性的影响下降 0.887%（即 1.087×0.816%）。表 7-11 的核心解释变量系数的方向和显著性与表 7-3 的回归结果保持一致，进一步增强了本章结论的稳健性。

表 7-11　Fintech 滞后一期

变量	（1）	（2）	（3）
	Default	Default	Default
Dis×Fintech_1	−0.00809***	−0.00641**	−0.00816***
	（0.00287）	（0.00255）	（0.00253）
Fintech_1	0.112***	0.0511**	−0.0403*
	（0.0237）	（0.0211）	（0.0210）
lnDis_bank	0.0638***	−0.00226	0.00408
	（0.00541）	（0.00456）	（0.00457）
农户层面变量	未控制	控制	控制
银行层面变量	未控制	未控制	控制
Constant	−2.359***	3.244***	1.067***
	（0.0455）	（0.0944）	（0.173）
年份固定效应	控制	控制	控制
Observations	546811	546811	546811

四、本章小结

　　为研究地理距离、银行数字化水平对农户贷款违约风险的影响，本章利用 F 省农信联社 2018~2020 年的混合截面数据进行分析。研究发现，农户到乡镇行社网点的距离对农户贷款违约风险存在正向影响，但银行的数字化水平越高，地理距离抬高农户贷款违约风险的作用会越小，因而数字化转型降低农信社的放贷成本，从而缓解农户面临的地缘性信贷配给。

　　异质性分析发现，银行数字化转型在减小地理距离抬高农户贷款违约风险的作用方面受到农户金融素养和收入水平的影响。农户的金融素养越高，银行数字化转型的缓解地缘性信贷配给的能力越强。这是因为金融素养越高，农户学习使用智能机具的成本越低，其面临的贷款价格越低，违约风险越低。此外，金融素养能够使得农户更好地享受到数字普惠金融的红利。农户的收入水平越低，银行数字化转型减小地理距离抬高其违约风险的作用越大，这是因为数字普惠金融的发展对低收入农户参与金融活动提供了更多的经济机会，促进了其创业，从而更可能减小低收入农户的金融脆弱性，降低了其贷款违约的可能性。

进一步分析发现，由于信用贷款比其他担保方式贷款面临更大的信息不对称、中长期贷款比短期贷款面临更大的信息不对称、农林牧渔贷款比其他投向贷款面临更大的信息不对称，因此，银行数字化转型对农户信用贷款、中长期贷款和投向为农林牧渔贷款的缓解作用更大。经过一系列稳健性检验后，上述结论依然成立。

第八章 研究结论与政策建议

一、研究结论

地理距离的存在使得借贷双方不可避免地面临一定的交易成本和信息不对称风险等，这也是导致农村金融难以真正达到惠农目的的主要原因之一，在一定程度上阻碍了乡村振兴战略的推进和共同富裕的实现。而随着数字技术的发展和普及，银行数字化转型为打破农村地区借贷双方的时空界限提供了可能的"解题方法"。本书利用F省农信系统67家农信社（农商银行）2018~2020年的混合截面数据进行分析，探讨了地理距离对农户贷款金额、贷款利率和违约率的影响，并考察了银行数字化转型对地理距离的影响的缓解效果。研究结果包含三点结论。

（一）银行数字化转型有利于缓解地理距离对农户贷款供给额度的抑制作用

农户与农信社（农商银行）网点的地理距离对农户贷款金额存在负向影响，但银行的数字化水平越高，地理距离对农户贷款额度的抑制作用会越小。异质性分析发现，银行数字化转型在缓解地理距离对农户贷款额度的抑制作用方面受到农户金融素养、区域内银行竞争程度和农信社商业化程度的影响。这是因为农户金融素养越高，越能发挥金融科技和数字化转型的作用，银行数字化转型对地理距离负向影响的缓解作用越大；区域内银行竞争越激烈，为了获得农村客户、扩展市场，银行就越愿意进行数字化转型，实现金融数字科技的创新，扩大涉农贷款的投放规模来抢占市场，以更好地对接和服务农村客户，进而促进农信社利用金融科技缓解地理距离的负向作用；银行商业化程度越高，相对于没有进行商业化改制的银行来说，就会越有动力去进行数字化转型，以缓解地理距离造成的金融排斥，为农户提供贷款服务。进一步分析发现，银行数字化转型在缓解地理距离对农户贷款金额的抑制作用方面，对农户信用贷款、中长期贷款和投向为农林牧渔贷款的缓解作用更大。

（二）银行数字化转型有利于缓解地理距离对农户贷款违约风险的抬高作用

农户与农信社（农商银行）网点的地理距离对农户面临的贷款利率存在正向影响，但银行的数字化水平越高，地理距离抬高农户面临的贷款利率的作用会越小。异质性分析发现，银行数字化转型在减小地理距离抬高农户面临的贷款利率的作用方面受到农户金融素养、区域内银行竞争程度和农信社商业化程度的影响。这是因为农户金融素养越高，学习使用银行智能机具的成本越低，银行越能发挥出金融科技和数字化转型的作用；区域内银行竞争越激烈，为了维护自身的市场地位，农信社越有动力面向农户痛点进行数字金融创新，进而从供给侧和需求侧降低农民面临的贷款利率；商业化程度越高，农信社对市场环境的变化越敏感，越能发挥出金融科技和数字化转型的作用，从而起到缓解地缘性信贷配给的作用。进一步分析发现，银行数字化转型在缓解地理距离对农户贷款利率的抬高作用方面，对农户信用贷款、中长期贷款和投向为农林牧渔贷款的缓解作用更大。

（三）银行数字化转型有利于缓解地理距离对农户贷款违约风险的正向影响

农户与农信社（农商银行）网点的地理距离对农户贷款违约率存在正向影响，但银行的数字化水平越高，地理距离抬高农户贷款违约风险的作用会越小。异质性分析发现银行数字化转型在减小地理距离抬高农户贷款违约风险的作用方面受到农户金融素养和收入水平的影响。农户的金融素养越高，银行数字化转型的缓解地缘性信贷配给的能力越强。这是因为金融素养越高，农户学习使用智能机具的成本越低，其面临的贷款价格越低，违约风险越低。此外，金融素养能够使得农户更好地享受到数字普惠金融的红利。农户的收入水平越低，银行数字化转型减小地理距离抬高其违约风险的作用越大，这是因为数字普惠金融的发展对低收入农户参与金融活动提供了更多的经济机会，促进了其创业，更可能减小低收入农户的金融脆弱性，降低了其贷款违约的可能性。进一步分析发现，银行数字化转型在缓解地理距离对农户贷款违约风险的正向影响，对农户信用贷款、中长期贷款和投向为农林牧渔贷款的缓解作用更大。

二、政策建议

（一）合理优化金融机构营业网点的布局

1. 维持农村地区金融机构营业网点的稳定性

数字化转型带来了银行整体发展战略的转变，直观地反映在银行对于网点的撤并现象。根据原银保监会对近 3 年来全国银行网点数量变化趋势的分析可以看出，截至 2021 年上半年，全国共有 223881 个银行网点，相较于 2018 年的225671 个银行网点有减少趋势，且每年呈现出净减少的趋势。地理距离较远的农村更是因为成本原因成为网点撤并的首要目标。但是根据研究结果，地理距离仍然会影响农户的信贷服务，所以农村金融网点作为"前沿阵地"，对于金融机构更好满足农村地区金融需求意义重大，因此政府部门和金融机构需要通过税收优惠等政策措施以及监管措施引导金融机构在数字化转型的同时适当保持农村地区营业网点数量的稳定性。

2. 进一步优化网点物理布局

结合辖区人口结构、产业结构、业务开展中的长板和短板，通过搬迁、增设和撤并等方式对现有物理网点进行重新优化。根据功能定位、业务范围、服务场景、人员配置等的不同，划分营业机构类型，可划分为旗舰型、专营型、主题型、基础型、便民型等类型，制定不同类型网点高柜、人员、自助机具数量和标准并动态调整，满足不同客户的金融服务需求。旗舰型网点主要设立在县城城区中心位置、核心路段或经济发达镇区，以智能服务区为主要组成部分，布设VTM、CRS 等先进的智能设备，提高网点的智能化水平，弱化传统业务的人工办理功能，将其打造成为联社金融产品展示、客户体验与互动、交流与咨询的平台。专营型网点主要面向特定客群，围绕某一特定领域或行业（产业）相关业务所设立，由具备专业知识、技能或资质的服务人员为客户提供一站式综合金融服务。主题型网点主要是通过细分市场和客户，针对性地设计专属产品、业务场景、增值服务等，设置特色区域，配备主题相关设备，采取与商户和社会群体建立异业联盟、举办主题活动、打造便民化场景等措施，增加客户黏性，开展特色化经营的网点。基础型网点设立在经济规模较小、金融需求较简单的乡镇、行政村或城市居民社区，建筑及营业面积精简，是满足周边客户基础金融服务需求的小型综合性网点。在行政村布局农村普惠金融服务点等便民型网点，主要满足周边客户基础金融服务需求。

3. 全方位提升营业网点的运营效率及能力

推动银行的物理网点朝着更加数字化、网络化、智能化和综合化的方向转型。以线上平台为主、以线下网点为辅，线上与线下相融通，缓解地理距离对农户金融需求的负面影响。充分依靠智能机具的推广，将压缩物理柜台数量与释放柜面人员作为核心，加快布设 VTM、CRS 等智能机具，推动业务办理自主化，压缩网点建设面积和硬装成本，加快对金融服务流程的重构梳理，推动制度修订、系统升级、服务水平提升，充分实现线上与线下业务的全流程顺畅衔接，力争改善客户通过各种渠道获得金融服务的一致性以及各层级服务接力的流畅性；打破全渠道数据采集、归类以及分析通道的壁垒，提高机构内部综合服务的能力，减缓基层的实际压力。充分实现运营管理发展趋势标准化和集约化，增强运营重要性意识以及科技系统支撑力度、推进支付数字化运用发展、实施网点转型标准化策略。

4. 升级代理网点，打造综合化网点

打造集金融、电商、物流、民生、政务"五位一体"的综合金融场景服务站，探索"党建+金融助理"服务模式，让客户经理走出网点，深入农户，了解农户金融需求，主动作为积极融入乡村振兴大局。

5. 探索打造主题银行

结合当地鲜明的区域经济特色、产业特色、业务特色等，打造差异化、特色化、场景化的主题银行，使网点融入当地环境，深度参与当地的生产生活场景，针对性地设计专属产品、业务场景、增值服务等，设置特色区域，配备主题相关设备，与商户和社会群体建立异业联盟，举办主题活动，打造便民化场景，提供专业化、专营化、专属化的一站式金融服务，为客户提供全新服务体验。

6. 试点社区银行模式

结合区域特色，因地制宜，建立社区银行，发挥农村金融机构地缘优势和人缘优势，通过和所在社区的互动，采用社区服务、社区捐助、社区活动赞助等方式，与当地社区形成利益共同体，延伸服务触角，提升获客能力，扩大市场影响，树立品牌形象。充分考虑社区银行和网点的协同。社区银行的装修要充分考虑不同区域经济社会特点，在装修风格、内部布局上有便于提供各种场景体验的社区服务。

（二）加快数字化转型步伐

对于金融机构而言，数字技术的加持有助于金融机构精准识别用户画像，准确匹配农户贷款需求，将贷款发放给有需要的农户。此外，数字化转型可以减少一线服务人员的数量，在节约运营成本的同时降低经营风险，减轻风险管理的成本。金融机构应该顺应数字技术发展趋势，融入数字乡村建设战略，加大科技投入，加快数字化转型步伐，促进数字技术与金融业务深度融合，赋能客户、赋能员工，对内实现数据共享、流程重塑、效率提升，对外改变客户体验、构建服务场景、创新数字产品、为客户和各类合作伙伴提供更便捷、更高效的金融服务，缓解地理距离对农户贷款金额的抑制作用和对农户贷款利率及对农户贷款违约风险的抬高作用。

1. 加大科技研发投入

针对数字化转型加速之势，主动作为，加大软硬件研发力度，强化金融机构科技实力。持续推进云计算、大数据、人工智能等新兴技术创新应用。集中资源搭建线上平台，对接现有金融科技平台或借力第三方机构搭建线上平台，实现农户需求个性化定制，寻求业务新增长点，挖掘客户潜在需求，实施精准营销。构建集需求挖掘、追踪服务、数据整合、绩效考核于一体的数字化金融平台，为农户提供更加优质的金融服务。加大对数据分析系统的研发投入，持续完善数据汇集能力、信息实时处理能力和分析决策能力，用以满足客户营销，更加精准分析客户需求。对于小型的金融机构来说，自身研发投入资金可能不足，因此可以在权利和责任厘清区分的情况下，加强与金融科技公司之间的合作关系，从而提高机构的金融科技应用能力。

2. 完善大数据收集、治理、分析体系

加快县域内客户信息的采集和电子化速度。构建基础数据平台和大数据计算平台；会聚线上、线下内部数据，同时融合工商、司法、税务等外部优质数据，有效开展数据治理，挖掘数据价值，加强数据安全风险的识别与应对。

3. 加快产品体系的数字化

逐步布局线上贷款产品，从易到难，研发和创新线上标准化信贷产品，用数字化方式让金融产品和服务触达更多客户。针对不同用户使用需求，整合升级互联网前段渠道技术架构，尤其针对老年人或操作不便者进行系统优化，优化用户使用界面，简化业务提升，提升操作体验。

4. 打造数字化风控体系

风控是银行的核心能力。整合金融机构内部跨条线、跨系统的业务数据，借助金融机构外部多渠道、多维度的数据，将传统的风控经验和量化模型相结合，打造客户风险画像系统，立体式、全景式展示客户的风险特征，形成客户风险画像报告和风险评分，实现数据获取更多元、信息挖掘更深入、功能设计更全面、预警监测更精准。

5. 加强场景金融生态建设

通过"金融+生活"，搭建"衣、食、住、行、娱、医"综合化的场景化生活服务智慧金融服务平台，跨界拓展"智慧+公交+医疗+学校"等关乎民生的行业应用场景合作项目，打造以金融机构为主导，辖内政府、企事业单位、商家、消费者共同参与的金融生态系统，实现用户需求的无缝触达，并扩展金融领域的服务边界。

6. 提高内部管理水平的数字化

加大科技成果的转化运用，研发或升级"贷前管理系统""贷后风控系统""绩效系统""数据决策分析系统""线上贷款系统""客户信息管理系统"等，推动流程自动化，进一步提高金融机构内部协同和办公效率，为精准营销、精细考核、科学管理提供有力支撑，实现内部管理的"提质增效"。

7. 升级电子渠道

通过科技赋能，加大配置 STM、VTM（远程柜员机）、CRS、高速存款机、自助回单机、移动 PAD 等，推动营业网点向"特色化、智能化、轻型化"以及

"场景化、平台化、生态化"转型升级。实现"远程互动+自助设备+移动办公"的服务模式。

8. 引培并举，加强金融科技队伍建设

数字化人才队伍建设是数字化转型战略落地的关键保障，金融机构应该建立完善的金融科技人才外部引进与内部培育机制，优化金融科技人才绩效管理制度，通过实施和完善科技人才计划、重要科研项目奖励等政策，给予具有科研潜力的人才更强大的资金支持，对金融科技条线的薪酬制度和福利保障制度进行完善，做好金融科技人才生活等各方面的保障工作。加强对科技专业人才的金融业务培训和对业务人员的科技专业知识指导，实现业务部门和科技部门交叉任职，确保科技部门充分了解业务需求。在控制风险的基础上，充分利用金融科技公司、咨询公司的外脑资源和人力服务资源，形成补充，加速转型进程。

（三）推动农村数字金融基础设施建设

1. 强化金融资源向农村倾斜，推进构建农村数字普惠金融发展基础框架，完善农村金融发展

由金融监管机构牵头，通过合理构建法律和监管框架，为农村数字普惠金融服务供应方提供公平、公正、公开的竞争环境。

2. 加强农村数字基础设施建设，充分发挥制度优势和资源配置优势

推动数字化基础设施在农村地区的布局发展，通过新技术应用推广，提升农村金融的数字化、网络化和便利化水平，缩小地区数字化建设不平衡现象，重点关注农村信息基础设施升级改造、农村金融数据库建设、金融服务网络构建等工程，以提高农户金融智能终端设备的使用率，为金融机构更好开展线上营销，做线上金融知识普及提供硬件支持。

3. 推动农户电子信用档案建设

以当地农村的经济、社会特点为基础，因地制宜，科学合理地设计覆盖生产生活领域的农户信用信息指标。按照先易后难、稳健推进的原则，以金融机构现有客户管理系统为基础，对财政、农业等相关主管部门所拥有的农户信息进行充分利用，推动信用档案电子化建设，从而进一步推进农村信用信息共享机制的建设和完善；同时对信用乡（镇）、信用村、信用户给予切实的政策优惠。在充分加强个人信息数据保护的基础上，更有效地打破"信息孤岛"困境，以达到信

息数据要素充分应用于金融效率提升的积极目的。利用现代化的金融科技手段，使农村金融消费者的个人信息等数据有效与外界交流，从而使得数字金融消费者突破各种"算法陷阱"和"信息茧房"。

（四）提升农村居民数字金融素养

在银行数字化转型与农村数字化转型同步进行的过程中，要重视培养和提升农户的金融素养，不仅要让农户知道数字金融"是什么"，更要了解"怎么用"。这是因为数字化依托智能手机、大数据等技术水平要求较高的工具发展，对工具的使用者设置了一定门槛，农户不仅需要知道贷款政策，也要会使用智能手机、了解并下载相关 App，这样，农户才能与数字化转型后的银行进行需求对接。因此，要重视培养和提升农户的金融素养，让农户不仅学习了解金融机构贷款政策和相关条件，更会使用智能手机等通过数字化技术来获得相应的金融服务。一是推进金融教育工具的构建更加精准化与数字化，并充分结合数字金融服务模式多、覆盖面广、服务频次高等特点，探索多元化触达公众的形式，有效提升数字用户的金融素养水平以及金融用户的数字素养水平，在客户购买产品进行理财的咨询阶段，针对不同类型、不同需求的客户进行更加准确有效的数字金融教育；此外，重视线上课程与线下活动的结合，通过基础教育与专业培训相结合的手段，探索开发知识网站、计算工具、比价软件、财商在线测试等数字化工具，采用区别于城市居民、适合农村居民的教学方式普及数字化工具用法，让农村居民在日常生活的潜移默化中接受新知识，从而不断提升金融教育的创新性、适用性以及普及性。二是充分发挥正式教育与非正式教育相结合的作用。正式教育主要包括为中小学以及高校开展的与阶段性认知相适应的正式课堂教育，而非正式教育则包括针对不同年龄层次、不同文化水平各群体的定制化课程、网络专栏、风险警示以及数字金融服务提供机构通过数据平台和现代化技术优势的运用开展的线上教育，二者可以互相补充，使农村居民能够了解金融领域的基础知识，较准确地识别基本的金融风险，提升农村居民的金融素养以及对风险的预防应对能力。三是采用金融知识竞赛、金融集市等形式，定期通过露天电影、派发礼品、储蓄游戏等多样化形式，吸引农村居民和半城市化居民积极参与竞赛，使农村居民能够以其所能理解的程度接受金融知识的普及，从而达到快速提升农村居民金融素养的目的。

（五）进一步推进农村地区金融机构商业化改制

风险定价是金融服务的本质，在竞争市场中，银行等金融机构主体针对金融服务以及金融产品进行有效供给的前提是金融服务相关产品的价格（即利率）能够进行灵活调整并且能够全面覆盖其风险和成本（黄益平等，2018）。而商业化程度较高的银行相对于没有进行商业化改制的银行来说，拥有了更多的自主权，如合理范围内可浮动的信贷价格使得涉农贷款利率可以覆盖银行经营的风险和成本，金融机构有激励进行涉农贷款放贷。在这样的背景下，商业化程度较高的银行也更有激励去进行数字化转型，以缓解地理距离造成的金融排斥，为农户提供贷款服务。因此，要进一步推进农村地区中小金融机构的商业化改制，同时注意防范当地银行服务的垄断行为，为银行进行数字化转型提供激励和契机。

参考文献

［1］安宝洋. 互联网金融下科技型小微企业的融资创新［J］. 财经科学，2014（10）：1-8.

［2］白永秀，马小勇. 农户个体特征对信贷约束的影响：来自陕西的经验证据［J］. 中国软科学，2010（09）：148-155.

［3］蔡国华. 用金融科技重塑商业银行［J］. 清华金融评论，2017（07）：78-80.

［4］蔡海龙，关佳晨. 不同经营规模农户借贷需求分析［J］. 农业技术经济，2018（04）：90-97.

［5］蔡普华，汪伟，郑颖，阮超. 金融科技发展与商业银行数字化转型：影响与建议［J］. 新金融，2021（11）：39-44.

［6］曹彬，邱勇攀. "互联网+"时代数字化银行的新机遇［J］. 金融电子化，2015（06）：34-37.

［7］曹凤岐. 互联网金融对传统金融的挑战［J］. 金融论坛，2015（01）：3-6.

［8］曹凤岐. 我国金融监管体系的改革与完善［J］. 中国市场，2010，592（33）：31-36.

［9］陈东平，丁力人，张雷. 区域法治水平、农户信贷可得性与福利变化［J］. 北京理工大学学报（社会科学版），2022，24（02）：153-162.

［10］陈红军，谢富纪. 京津冀产学协同创新绩效影响因素分析——基于多维邻近性视角［J］. 技术经济，2021，40（10）：108-118.

［11］陈霄，叶德珠. 中国 P2P 网络借贷利率波动研究［J］. 国际金融研

究, 2016 (01): 83-96.

［12］陈霄. 民间借贷成本——基于 P2P 网络借贷的实证分析［J］. 金融经济学研究, 2014, 29 (01): 37-48.

［13］陈小知, 米运生, 张轶之. 农户分化、信息联结与借贷渠道"正规化"悖论［J］. 金融经济学研究, 2021, 36 (04): 126-140.

［14］陈轶丽. 乡村振兴金融需求多元化与农村金融供给侧改革［J］. 农村金融研究, 2019 (11): 41-47.

［15］陈治国. 新疆农村民间借贷效应、风险与治理研究［D］. 新疆农业大学, 2017.

［16］程名望, 张家平. 互联网普及与城乡收入差距: 理论与实证［J］. 中国农村经济, 2019 (02): 19-41.

［17］程鑫. 基于农户信用评价的涉农贷款定价研究［J］. 农村金融研究, 2016 (06): 60-65.

［18］程郁, 韩俊, 罗丹. 供给配给与需求压抑交互影响下的正规信贷约束: 来自 1874 户农户金融需求行为考察［J］. 世界经济, 2009 (05): 73-82.

［19］程郁, 罗丹. 信贷约束下农户的创业选择——基于中国农户调查的实证分析［J］. 中国农村经济, 2009 (11): 25-38.

［20］仇娟东, 何风隽. 中国城乡二元经济与二元金融相互关系的实证分析［J］. 财贸研究, 2012, 23 (04): 25-33.

［21］褚保金, 卢亚娟, 张龙耀. 信贷配给下农户借贷的福利效果分析［J］. 中国农村经济, 2009 (06): 51-61.

［22］邓锴, 孔荣. 中西部农民工务工成本与农户信贷需求［J］. 经济与管理研究, 2014 (04): 59-66.

［23］邱玉玺, 郑少锋. 社会网络和交易成本对农户生产性正规信贷的影响［J］. 西北农林科技大学学报 (社会科学版), 2022, 22 (01): 151-160.

［24］丁淑娟, 陈宗义, 陈祖胜, Ye Bai. 期限匹配、交易成本与农户意愿融资期限——来自山东省近万农户调研的证据［J］. 中国农村经济, 2017 (11): 62-74.

［25］丁志国, 覃朝晖, 苏治. 农户正规金融机构信贷违约形成机理分析［J］. 农业经济问题, 2014 (08): 88-94.

［26］丁志国，赵晶，赵宣凯，吕长征．我国城乡收入差距的库兹涅茨效应识别与农村金融政策应对路径选择［J］．金融研究，2011（07）：142-151.

［27］丁志国，朱欣乐，赵晶．农户融资路径偏好及影响因素分析——基于吉林省样本［J］．中国农村经济，2011（08）：54-62+71.

［28］董晓林，陶月琴，程超．信用评分技术在县域小微企业信贷融资中的应用——基于江苏县域地区的调查数据［J］．农业技术经济，2015，246（10）：107-116.

［29］董晓林，杨小丽．农村金融市场结构与中小企业信贷可获性——基于江苏县域的经济数据［J］．中国农村经济，2011（05）：82-92+96.

［30］董晓林，朱晨露，张晔．金融普惠、数字化转型与农村商业银行的盈利能力［J］．河海大学学报（哲学社会科学版），2021，23（05）：67-75+111.

［31］董晓林，朱敏杰，张晓艳．农民资金互助社对农户正规信贷配给的影响机制分析——基于合作金融"共跻监督"的视角［J］．中国农村观察，2016（01）：63-74.

［32］董志勇，黄迈．信贷约束与农户消费结构［J］．经济科学，2010（05）：72-79.

［33］段永琴，何伦志．数字金融与银行贷款利率定价市场化［J］．金融经济学研究，2021，36（02）：18-33.

［34］樊鹏英，李楠，陈暮紫，陈敏．农村信用社信贷违约识别模型及其应用［J］．数学的实践与认识，2014，44（20）：47-56.

［35］樊文翔．数字普惠金融提高了农户信贷获得吗？［J］．华中农业大学学报（社会科学版），2021（01）：109-119+179.

［36］范剑勇，刘念，刘莹莹．地理距离、投入产出关系与产业集聚［J］．经济研究，2021，56（10）：138-154.

［37］付兆法，周立．农信社改制后的老问题和新矛盾［J］．银行家，2015，169（11）：100-103.

［38］甘涛．社会网络与农户二元信贷可得性分析——基于河南和安徽两省的经验研究［J］．社会科学家，2016（04）：66-71.

［39］甘宇，徐芳．信贷排斥的城乡差异——来自2629个家庭的经验证据［J］．财经科学，2018（02）：43-51.

［40］宫建强，张兵．影响农户借贷需求的因素分析——基于江苏农户调查的经验数据［J］．中国农学通报，2008（05）：501—507.

［41］龚明华，马九杰等．当前我国农村金融需求和供给问题研究［J］．银行业监管研究，2009（02）：2-8.

［42］龚巧慧．数字经济发展对城乡收入差距的影响［D］．山东大学，2021.

［43］顾宁，范振宇．农户信贷需求结构分析［J］．农业经济问题，2012，33（08）：73-78.

［44］郭峰，孔涛，王靖一．互联网金融空间集聚效应分析——来自互联网金融发展指数的证据［J］．国际金融研究，2017，364（08）：75-85.

［45］郭峰，王瑶佩．传统金融基础、知识门槛与数字金融下乡［J］．财经研究，2020，46（01）：19-33.

［46］郭红东，陈敏，韩树春．农民专业合作社正规信贷可得性及其影响因素分析——基于浙江省农民专业合作社的调查［J］．中国农村经济，2011，319（07）：25-33.

［47］郭熙保，周强．长期多维贫困、不平等与致贫因素［J］．经济研究，2016，51（06）：143-156.

［48］杭斌，修磊．收入不平等、信贷约束与家庭消费［J］．统计研究，2016，33（08）：73-79.

［49］何大勇，陈本强，刘冰冰．银行数字化转型：领导力、组织与人才嬗变［J］．银行家，2016（03）：120-122.

［50］何大勇，陈本强，徐勤，谭彦，金慧良，刘月．中国公司银行主动转型八大关键能力［J］．科技中国，2017（01）：55-64.

［51］何大勇，张越，谭彦．银行数字化转型中的文化重塑与工作方式转变［J］．中国银行业，2016（1）：66-68.

［52］何广文，何婧，郭沛．再议农户信贷需求及其信贷可得性［J］．农业经济问题，2018（02）：38-49.

［53］何广文．中国农村金融供求特征及均衡供求的路径选择［J］．中国农村经济，2001（10）：40-45.

［54］何婧，田雅群，刘甜，李庆海．互联网金融离农户有多远——欠发达

地区农户互联网金融排斥及影响因素分析［J］. 财贸经济, 2017, 38（11）:70-84.

［55］何婧, 岳靓. "不能" 还是 "不愿"? 非认知能力对农户信贷排斥的影响研究［J］. 上海财经大学学报, 2021, 23（03）: 95-106.

［56］何军, 宁满秀, 史清华. 农户民间借贷需求及影响因素实证研究——基于江苏省 390 户农户调查数据分析［J］. 南京农业大学学报（社会科学版）, 2005（4）: 20-24.

［57］何问陶, 王松华. 国有商业银行机构撤并、信息不对称、地理距离与地缘信贷配给［J］. 贵州财经学院学报, 2008（03）: 62-66.

［58］何志雄, 曲如晓. 农业政策性金融供给与农村金融抑制——来自 147 个县的经验证据［J］. 金融研究, 2015（02）: 148-159.

［59］贺群, 周宏, 马媛媛. 供应链内部融资与农户信贷可获性实证分析——基于江苏省阜宁县调查数据［J］. 农业技术经济, 2013（10）: 39-45.

［60］侯成晓, 邱永辉. 互联网金融创新、发展模式与金融改革［J］. 国际金融, 2017（03）: 53-62.

［61］胡历芳, 唐博文, 曾寅初. 基于 Heckman 模型的农产品购销商借贷需求行为分析［J］. 农业经济问题, 2017, 38（04）: 75-84+111-112.

［62］胡双钰, 吴和成. 邻近视角下跨区域产学协同创新的影响因素研究［J］. 科技管理研究, 2021, 41（11）: 139-147.

［63］胡新杰, 赵波. 我国正规信贷市场农户借贷约束研究——基于双变量 Probit 模型的实证分析［J］. 金融理论与实践, 2013（02）: 12-17.

［64］胡璇, 陆铭俊. 银企地理邻近与企业创新——基于中国工业企业数据库的研究［J］. 中南财经政法大学学报, 2021（06）: 142-153.

［65］黄惠春, 祁艳, 程兰. 农村土地承包经营权抵押贷款与农户信贷可得性——基于组群配对的实证分析［J］. 经济评论, 2015（03）: 72-83+96.

［66］黄惠春, 杨军. 县域农村金融市场结构与农村信用社绩效关系检验——基于 GMM 动态面板模型［J］. 中国农村经济, 2011（08）: 63-71.

［67］黄凌云, 戴永务. 农民专业合作社正规信贷可得性及其影响因素——基于福建林业专业合作社的实证分析［J］. 福建论坛（人文社会科学版）, 2019（08）: 176-186.

［68］黄倩，李政，熊德平．数字普惠金融的减贫效应及其传导机制［J］．改革，2019，309（11）：90-101.

［69］黄倩，尹志超．信贷约束对家庭消费的影响——基于中国家庭金融调查数据的实证分析［J］．云南财经大学学报，2015，31（02）：126-134.

［70］黄秋波，周政，董自光．农户社会资本对信贷可得性的影响机制：浙江实证［J］．浙江树人大学学报（人文社会科学版），2019，19（02）：50-58.

［71］黄益平，陶坤玉．中国的数字金融革命：发展、影响与监管启示［J］．国际经济评论，2019，144（06）：24-35+5.

［72］黄益平，王敏，傅秋子，张皓星．以市场化、产业化和数字化策略重构中国的农村金融［J］．国际经济评论，2018（03）：106-124+7.

［73］黄祖辉，刘西川，程恩江．贫困地区农户正规信贷市场低参与程度的经验解释［J］．经济研究，2009，44（04）：116-128.

［74］黄祖辉，刘西川，程恩江．中国农户的信贷需求：生产性抑或消费性——方法比较与实证分析［J］．管理世界，2007，162（03）：73-80.

［75］霍学喜，屈小博．西部传统农业区域农户资金借贷需求与供给分析——对陕西渭北地区农户资金借贷的调查与思考［J］．中国农村经济，2005（08）：58-67.

［76］姜美善，米运生．农地确权对小农户信贷可得性的影响——基于双稳健估计方法的平均处理效应分析［J］．中国农业大学学报，2020，25（04）：192-204.

［77］姜世超，刘畅，胡永宏，马敬元．空间外溢性和区域差异化视角下银行金融科技的影响因素——基于某大型国有商业银行县域数据的研究［J］．中央财经大学学报，2020（03）：19-32.

［78］金烨，李宏彬．非正规金融与农户借贷行为［J］．金融研究，2009（04）：63-79.

［79］金友森，许和连．银企距离对企业出口行为的影响研究［J］．经济科学，2021（05）：84-98.

［80］靳淑平，王济民．规模农户信贷资金需求现状及影响因素分析［J］．农业经济问题，2017，38（08）：52-58+111.

［81］鞠荣华，许云霄，朱雯．农户的信贷供给改善了吗［J］．农业经济问

题，2014，35（01）：49-54+110.

［82］柯永红，陈卫军，王静，宋继华．职业培训数字化资源共享模式研究——以世界银行贷款"数字化培训教学资源共享平台"项目为标本［J］．中国远程教育，2016（09）：65-70.

［83］黎立博．数字化转型对中国农业银行人力资源需求影响及预测研究［D］．北京交通大学，2021.

［84］黎毅，罗剑朝，曹瓅，房启明．供给抑制下的不同类型农户信贷需求及其约束研究［J］．农村经济，2014（10）：60-65.

［85］李博，李启航，孙威．地理学视角的京津冀地区工业企业融资成本分析［J］．地理学报，2019，74（06）：1149-1162.

［86］李朝阳，潘孟阳，李建标．数字金融、信贷可得性与企业创新——基于金融资源水平的调节效应［J］．预测，2021，40（06）：39-46.

［87］李成友，孙涛．渠道信贷约束、非正规金融与农户福利水平［J］．改革，2018（10）：90-101.

［88］李丹，张兵．社会资本能持续缓解农户信贷约束吗［J］．上海金融，2013（10）：9-13+116.

［89］李凤至，杨明东，肖诗顺．金融素养对地震灾后农房重建信贷违约的影响——基于雅安4.20地震的实证研究［J］．农村金融研究，2020（11）：38-48.

［90］李广新．国有商业银行核心竞争力研究［D］．西南财经大学，2013.

［91］李海涛，李洲天．网贷新规对中小银行的影响及数字化应对探讨［J］．金融科技时代，2021，29（08）：18-21+26.

［92］李华民，吴非．银行规模、贷款技术与小企业融资［J］．财贸经济，2019，40（09）：84-101.

［93］李建军，韩珣．普惠金融、收入分配和贫困减缓——推进效率和公平的政策框架选择［J］．金融研究，2019（03）：129-148.

［94］李建军，姜世超，黄天颐．重大突发公共卫生事件下银行金融科技绩效与金融服务数字化转型［J］．兰州大学学报（社会科学版），2020，48（03）：84-95.

［95］李建军，姜世超．银行金融科技与普惠金融的商业可持续性——财务

增进效应的微观证据［J］. 经济学（季刊），2021，21（03）：889-908.

［96］李金阳，朱钧. 影响 P2P 网络借贷市场借贷利率的因素分析［J］. 广东商学院学报，2013，28（05）：34-40.

［97］李乐，刘涛，王蕾. 农村金融需求的现状及影响因素——基于对成都市农户的调查［J］. 金融论坛，2011，16（06）：74-79.

［98］李林，丁艺，刘志华. 金融集聚对区域经济增长溢出作用的空间计量分析［J］. 金融研究，2011（05）：113-123.

［99］李庆海，陈金鹏，郁杨成. 抵押与农户信贷违约风险：逆向选择还是道德风险？［J］. 世界农业，2020（01）：30-40+130.

［100］李庆海，李锐，汪三贵. 农户信贷配给及其福利损失——基于面板数据的分析［J］. 数量经济技术经济研究，2012，29（08）：35-48+78.

［101］李庆海，吕小锋，李成友，何婧. 社会资本对农户信贷违约影响的机制分析［J］. 农业技术经济，2018（02）：104-118.

［102］李庆海，吕小锋，李锐，孙光林. 社会资本能够缓解农户的正规和非正规信贷约束吗？基于四元 Probit 模型的实证分析［J］. 南开经济研究，2017（05）：77-98.

［103］李庆海，吕小锋，孙光林. 农户信贷配给：需求型还是供给型？——基于双重样本选择模型的分析［J］. 中国农村经济，2016（01）：17-29.

［104］李庆海，孙光林，何婧. 社会网络对贫困地区农户信贷违约风险的影响：抑制还是激励？［J］. 中国农村观察，2018（05）：45-66.

［105］李锐，李宁辉. 农户借贷行为及其福利效果分析［J］. 经济研究，2004（12）：96-104.

［106］李锐，朱喜. 农户金融抑制及其福利损失的计量分析［J］. 经济研究，2007（02）：146-155.

［107］李韬，罗剑朝. 金融机构对农户的信贷配给程度——基于 Tobit 模型的微观实证研究［J］. 会计之友，2014（07）：53-56.

［108］李岩，赵翠霞，兰庆高. 农户正规供给型信贷约束现状及影响因素——基于农村信用社实证数据分析［J］. 农业经济问题，2013，34（10）：41-48.

［109］李岩玉. 金融科技对商业银行影响［J］. 中国金融，2017（17）：

33-34.

[110] 李莹. 互联网金融与传统金融相互融合后的未来银行 [J]. 中央财经大学学报, 2015 (1): 34-39.

[111] 李运达, 陈伟, 周华东. 金融科技、生产率悖论与银行盈利能力 [J]. 财经科学, 2020 (11): 1-16.

[112] 梁杰, 高强, 汪艳涛. 农地抵押与信誉监管能否缓解农户信贷高利率困境? ——基于人为田野实验的检验 [J]. 河北经贸大学学报, 2020, 41 (02): 91-99.

[113] 梁伟森, 方伟. 农户贷款信用风险评估——基于 CFPS2018 数据的分析 [J]. 中国农学通报, 2021, 37 (25): 157-164.

[114] 廖理, 李梦然, 王正位. 聪明的投资者: 非完全市场化利率与风险识别——来自 P2P 网络借贷的证据 [J]. 经济研究, 2014, 49 (07): 125-137.

[115] 林芳, 陈文相. 金融排斥的理论逻辑与精准扶贫的机制创新——基于 F 省农村地区研究 [J]. 山西经济管理干部学院学报, 2019, 27 (04): 47-51.

[116] 林乐芬, 王步天. 农户农地经营权抵押贷款可获性及其影响因素——基于农村金融改革试验区 2518 个农户样本 [J]. 中国土地科学, 2016, 30 (05): 36-45.

[117] 林乐芬, 俞泞曦. 家庭农场对农地经营权抵押贷款潜在需求及影响因素研究——基于江苏 191 个非试点村的调查 [J]. 南京农业大学学报 (社会科学版), 2016, 16 (01): 71-81+164.

[118] 林丽琼, 吴敬伟, 赵一萌, 罗炜琳, 刘松涛. 地理距离影响民间借贷违约风险的实证研究 [J]. 福建农林大学学报 (哲学社会科学版), 2017, 20 (04): 24-31.

[119] 林丽琼. 地理距离、关系与民间借贷违约风险——基于 240 个法院纠纷案件调查数据的分析 [J]. 亚太经济, 2017, 201 (02): 128-134.

[120] 林文渊. 金融科技背景下中国银行业相关发展与未来建议 [J]. 国际金融, 2017, 434 (08): 38-45.

[121] 刘长庚, 罗午阳. 互联网使用与农户金融排斥——基于 CHFS2013 的实证研究 [J]. 经济经纬, 2019, 36 (02): 141-148.

[122] 刘娟, 张乐柱. 农户借贷需求意愿及其影响因素实证研究 [J]. 中

南财经政法大学学报，2014，202（01）：16-21.

［123］刘凌瑜，肖生鹏，柳志．文化距离和地理距离对中国引进 FDI 的影响——基于 31 个国家（或地区）投资数据的引力模型分析［J］．湖南行政学院学报，2015，94（04）：84-88.

［124］刘孟飞，蒋维．金融科技加重还是减轻了商业银行风险承担——来自中国银行业的经验证据［J］．商业研究，2021，529（05）：63-74.

［125］刘荣茂，陈丹临．江苏省农户贷款可获得性影响因素分析——基于正规金融与非正规金融对比分析的视角［J］．东南大学学报（哲学社会科学版），2014，16（01）：61-67+132.

［126］刘伟，林培思，蒲昆．地理距离阻碍产学合作探索式创新吗？——基于多维邻近的视角［J］．技术经济，2021，40（10）：98-107.

［127］刘西川，陈立辉，杨奇明．农户正规信贷需求与利率：基于 Tobit Ⅲ模型的经验考察［J］．管理世界，2014，246（03）：75-91.

［128］刘西川，程恩江．贫困地区农户的正规信贷约束：基于配给机制的经验考察［J］．中国农村经济，2009（06）：37-50.

［129］刘小元，赵嘉晨，贾佳．母公司持股比例对子公司财务绩效影响机理研究——地理距离和制度距离的调节作用［J］．中央财经大学学报，2021，407（07）：103-115.

［130］刘艳华，王家传．中国农村信贷配给效率的实证分析［J］．农业经济问题，2009，30（05）：23-28+110.

［131］刘自强，樊俊颖．金融素养影响农户正规信贷获得的内在机制研究——基于需求角度的分析［J］．农业现代化研究，2019，40（04）：664-673.

［132］柳松，魏滨辉，苏柯雨．互联网使用能否提升农户信贷获得水平——基于 CFPS 面板数据的经验研究［J］．经济理论与经济管理，2020（07）：58-72.

［133］卢勇．金融科技支持农村信用体系建设的实践［J］．金融科技时代，2021，29（11）：98-100.

［134］路晓蒙，吴雨．转入土地、农户农业信贷需求与信贷约束——基于中国家庭金融调查（CHFS）数据的分析［J］．金融研究，2021，491（05）：40-58.

［135］吕德宏，朱莹．农户小额信贷风险影响因素层次差异性研究［J］.

管理评论, 2017, 29 (01): 33-41.

[136] 吕京娣, 吕德宏. 农户兼业对小额信贷还贷因素影响差异及次序性研究——基于陕西眉县的实证分析 [J]. 金融理论与实践, 2011, 380 (03): 19-24.

[137] 罗娟, 胡世麟, 李澄川. 金融知识与家庭投资型金融排斥——基于CHFS 数据的实证研究 [J]. 金融与经济, 2020, 519 (10): 16-24.

[138] 罗坤燕, 熊德平. 地理距离对云南农村金融排斥的影响分析 [J]. 时代金融, 2020, 785 (31): 51-53.

[139] 罗锐明. 简论金融科技是传统金融转型升级的必由之路——以工商银行为例 [J]. 中国集体经济, 2021, 691 (35): 90-91.

[140] 罗振军, 兰庆高. 种粮大户融资路径偏好与现实因应: 黑省例证 [J]. 改革, 2016, 268 (06): 100-110.

[141] 马九杰, 崔恒瑜, 王雪, 董翀. 设立村镇银行能否在农村金融市场产生 "鲶鱼效应"? ——基于农信机构贷款数据的检验 [J]. 中国农村经济, 2021, 441 (09): 57-79.

[142] 马九杰, 毛旻昕. 县域中小企业信贷融资能力影响因素实证研究 [J]. 开发研究, 2005 (03): 116-119.

[143] 马九杰, 吴本健. 互联网金融创新对农村金融普惠的作用: 经验、前景与挑战 [J]. 农村金融研究, 2014, 413 (08): 5-11.

[144] 马九杰, 吴本健. 利率浮动政策、差别定价策略与金融机构对农户的信贷配给 [J]. 金融研究, 2012, 382 (04): 155-168.

[145] 马九杰. 民间资本进入银行业门槛更低了 [J]. 中国农村金融, 2012, 301 (15): 17-18.

[146] 马晓青, 黄祖辉. 农户信贷需求与融资偏好差异化比较研究——基于江苏省 588 户农户调查问卷 [J]. 南京农业大学学报 (社会科学版), 2010, 10 (01): 57-63.

[147] 马晓青, 刘莉亚, 胡乃红, 王照飞. 信贷需求与融资渠道偏好影响因素的实证分析 [J]. 中国农村经济, 2012, 329 (05): 65-76+84.

[148] 马晓青, 朱喜, 史清华. 农户融资偏好顺序及其决定因素——来自五省农户调查的微观证据 [J]. 社会科学战线, 2010, 178 (04): 72-80.

［149］马燕妮，霍学喜．中国专业化农户的正规信贷需求分析［J］．上海经济研究，2017，342（03）：87-93．

［150］毛其淋，陈乐远．金融地理结构与企业进口：来自中国制造业的微观证据［J］．世界经济研究，2022，335（01）：30-46+134-135．

［151］米传民，徐润捷，陶静．互联网金融空间聚集分析及系统性风险防范——基于t-SNE机器学习模型［J］．财经论丛，2019，249（08）：53-62．

［152］米运生，钱颖，杨天健，谢祎．农地确权是否扩大了信贷可得性的贫富差距［J］．农业经济问题，2020（05）：54-65．

［153］米运生，石晓敏，廖祥乐．农地确权、信贷配给释缓与农村金融的深度发展［J］．经济理论与经济管理，2018，331（07）：63-73．

［154］莫媛，钱颖．银农关系与创业农户的信贷可得性［J］．华南农业大学学报（社会科学版），2017，16（06）：96-106．

［155］莫媛，周月书．农户正规信贷需求的利率弹性及其异质性分析［J］．华南农业大学学报（社会科学版），2019，18（02）：109-121．

［156］倪武帆，周泯均，乐冉，许康，严猛．基于区块链金融的商业银行数字化转型对策探讨［J］．科技与金融，2021，37（Z1）：67-73．

［157］宁国强，兰庆高，武翔宇．种粮大户正规信贷供需规模影响因素及贡献率测度——基于辽宁省582户种粮大户调研数据的实证分析［J］．农业技术经济，2017，266（06）：88-96．

［158］宁国强，兰庆高，武翔宇．种粮大户正规信贷约束程度的测度与分析［J］．华南农业大学学报（社会科学版），2016，15（04）：31-41．

［159］牛荣，罗剑朝，张珩．不同收入层次下的农户借贷需求意愿［J］．华南农业大学学报（社会科学版），2016，15（03）：38-46．

［160］牛荣，张珩，罗剑朝．产权抵押贷款下的农户信贷约束分析［J］．农业经济问题，2016，37（01）：76-83+111-112．

［161］潘海英，翟方正，刘丹丹．经济发达地区农户借贷需求特征及影响因素研究——基于浙江温岭市的调查［J］．财贸研究，2011，22（5）：48-56．

［162］彭红枫，杨柳明，谭小玉．基于演化博弈的金融创新与激励型监管关系研究［J］．中央财经大学学报，2016，349（09）：92-100．

［163］彭积春，谭燕芝，张子豪．外出务工经历对农户正规与非正规信贷的

影响——基于中国家庭追踪调查 2014 农户微观数据的实证分析［J］. 经济经纬, 2018, 35（02）: 27-34.

［164］彭克强, 刘锡良. 农民增收、正规信贷可得性与非农创业［J］. 管理世界, 2016, 274（07）: 88-97.

［165］彭澎, 吴承尧, 肖斌卿. 银保互联对中国农村正规信贷配给的影响——基于 4 省 1014 户农户调查数据的分析［J］. 中国农村经济, 2018, 404（08）: 32-45.

［166］彭向升, 祝健. 农村民间金融对正规金融的替代效应分析——基于农户借贷成本的视角［J］. 福建论坛（人文社会科学版）, 2014, 262（03）: 22-27.

［167］钱水土, 陆会. 农村非正规金融的发展与农户融资行为研究——基于温州农村地区的调查分析［J］. 金融研究, 2008, 340（10）: 174-186.

［168］钱雪松, 金芳吉, 杜立. 地理距离影响企业内部资本市场的贷款价格吗？——来自企业集团内部借贷交易的证据［J］. 经济学动态, 2017, 676（06）: 73-86.

［169］秦建国, 吕忠伟, 秦建群. 我国西部地区农户借贷行为影响因素的实证研究——基于 804 户农户调查数据分析［J］. 财经论丛, 2011, 158（3）: 78-84.

［170］秦建群, 吕忠伟, 秦建国. 中国农户信贷需求及其影响因素分析——基于 Logistic 模型的实证研究［J］. 当代经济科学, 2011, 33（05）: 27-33+125.

［171］秦玉芳. 区块链驱动银行数字化产业布局［N］. 中国经营报, 2021-12-27（C08）.

［172］曲小刚, 池建宇, 罗剑朝. 正规借贷与民间借贷对农户生产的影响［J］. 农业技术经济, 2013, 221（09）: 86-91.

［173］任碧云, 郭猛. 基于文本挖掘的数字化水平与运营绩效研究［J］. 统计与信息论坛, 2021, 36（06）: 51-61.

［174］任劼, 孔荣, Calum Turvey. 农户信贷风险配给识别及其影响因素——来自陕西 730 户农户调查数据分析［J］. 中国农村经济, 2015, 363（03）: 56-67.

［175］任乐，王性玉，赵辉．农户信贷可得性和最优贷款额度的理论分析与实证检验——基于农业保险抵押品替代视角［J］．管理评论，2017，29（06）：32-42．

［176］任燕燕，徐美娟，王越．P2P网络借贷市场利率主导权偏离程度的研究——基于双边随机前沿模型［J］．数理统计与管理，2017，36（04）：703-714．

［177］施继元．国外关系式贷款研究对我国的启示［J］．生产力研究，2008，162（01）：99-102．

［178］史烽，高阳，陈石斌，蔡翔．技术距离、地理距离对大学—企业协同创新的影响研究［J］．管理学报，2016，13（11）：1665-1673．

［179］宋昌耀，李涛，李国平．地理距离对中国民营企业银行贷款的影响［J］．地理学报，2021，76（08）：1835-1847．

［180］苏岚岚，何学松，孔荣．金融知识对农民农地抵押贷款需求的影响——基于农民分化、农地确权颁证的调节效应分析［J］．中国农村经济，2017，395（11）：75-89．

［181］苏治，胡迪．农户信贷违约都是主动违约吗？——非对称信息状态下的农户信贷违约激励［J］．中国农村经济，2014，252（09）：77-89．

［182］粟芳，方蕾．中国农村金融排斥的区域差异：供给不足还是需求不足？——银行、保险和互联网金融的比较分析［J］．管理世界，2016，276（09）：70-83．

［183］孙光林，李金宁，冯利臣．数字信用与正规金融机构农户信贷违约——基于三阶段Probit模型的实证研究［J］．农业技术经济，2021，320（12）：109-126．

［184］孙光林，李庆海，李成友．欠发达地区农户金融知识对信贷违约的影响——以新疆为例［J］．中国农村观察，2017，136（04）：87-101．

［185］孙杰，贺晨．大数据时代的互联网金融创新及传统银行转型［J］．财经科学，2015，322（01）：11-16

［186］谭燕芝，胡万俊，罗午阳．获得贷款证缓解了农户信贷约束吗——基于倾向得分匹配法的实证分析［J］．经济理论与经济管理，2017，315（03）：61-71．

［187］谭燕芝，彭千芮．贷款利率、农户特征与正规信贷约束［J］．湘潭大学学报（哲学社会科学版），2016，40（06）：56-61.

［188］谭燕芝，杨芸．市场化竞争对金融支农水平影响的分析——基于省际面板数据的实证研究［J］．经济经纬，2016，33（03）：25-30.

［189］唐孝玉，李文瑛，曹桂银．基于地理距离的竞争供应链合作创新选择分析［J］．嘉兴学院学报，2020，32（01）：123-130+145.

［190］陶珍．影响P2P网络借贷成功因素的实证分析［J］．合肥学院学报（社会科学版），2015，32（03）：41-46.

［191］童馨乐，褚保金，杨向阳．社会资本对农户借贷行为影响的实证研究——基于八省1003个农户的调查数据［J］．金融研究，2011，378（12）：177-191.

［192］童馨乐，杜婷，徐菲菲，李扬．需求视角下农户借贷行为分析——以六省农户调查数据为例［J］．农业经济问题，2015，36（09）：89-96+112.

［193］童馨乐，杨向阳．社会资本对农户借贷资金来源影响研究［J］．西北农林科技大学学报（社会科学版），2013，13（04）：74-81.

［194］汪昌云，钟腾，郑华懋．金融市场化提高了农户信贷获得吗？——基于农户调查的实证研究［J］．经济研究，2014，49（10）：33-45+178.

［195］汪卫芳．民间借贷可得性及其影响因素的实证研究——基于浙江调研数据的Logit模型分析［J］．浙江金融，2013，406（03）：37-39+45.

［196］王达．农户分类管理对小额信贷违约风险的抑制作用：机理与实证［J］．武汉金融，2020，248（08）：79-84+29.

［197］王定祥，田庆刚，李伶俐，王小华．贫困型农户信贷需求与信贷行为实证研究［J］．金融研究，2011，371（05）：124-138.

［198］王芳，罗剑朝．中国东中西部地区农户生产技术效率差异的实证分析——基于ISDF模型的分析［J］．农业技术经济，2012，203（03）：55-64.

［199］王富燕，刘丹．我国农户信贷需求影响因素研究：一个文献综述［J］．时代金融，2018，718（36）：227-229.

［200］王国红．农村非正规金融的履约机制综述［J］．湖北经济学院学报，2007，25（01）：54-59.

［201］王海琳，熊德平．中国金融排斥的影响因素研究［J］．时代金融，

2020，785（31）：37-39.

［202］王海涛，吕文静，程金花．多维度社会资本视角下农户借贷需求满足度及其影响因素研究［J］．江苏农业科学，2020，48（09）：310-314.

［203］王姣，姚爽，王文荣．数字普惠金融风险缺陷与新型金融排斥生成研究——基于农村视角［J］．农业经济，2020，394（02）：94-97.

［204］王金凤，彭婵娟，徐学荣．农户贷款金额影响因素的实证分析——基于 F 省农村信用社的调查数据［J］．中国流通经济，2015，29（05）：107-112.

［205］王静，朱烨炜．农户信贷配给下借贷福利效果分析［J］．西北农林科技大学学报（社会科学版），2015，15（01）：72-77.

［206］王炯．商业银行的数字化转型［J］．中国金融，2018，892（22）：48-50.

［207］王炯．中小商业银行数字化转型的逻辑和实践［J］．清华金融评论，2020，75（02）：67-71.

［208］王磊玲，邢琪瑄，张云燕．贷款技术、监督机制与农户信贷风险——来自农户数据的观察［J］．农村金融研究，2021，497（08）：43-53.

［209］王睿．社会资本对团体贷款还款激励影响的研究评述［J］．云南财经大学学报，2012，28（03）：114-121.

［210］王若男，杨慧莲，韩旭东，郑风田．合作社信贷约束：需求型还是供给型？——基于双变量 Probit 模型的分析［J］．农业现代化研究，2019，40（05）：774-784.

［211］王诗卉，谢绚丽．知而后行？管理层认知与银行数字化转型［J］．金融评论，2021，13（06）：78-97+119-120.

［212］王曙光，王东宾．在欠发达农村建立大型金融机构和微型机构对接机制——以西北民族地区为例［J］．农村金融研究，2010，369（12）：60-63.

［213］王新玲．农村信贷可得性影响因素研究——基于 Adaptive Logistic Lasso Regression 回归方法［J］．金融发展研究，2017，431（11）：18-23.

［214］王馨．互联网金融助解"长尾"小微企业融资难问题研究［J］．金融研究，2015（09）：128-139.

［215］王性玉，任乐，赵辉等．农户信誉特征、还款意愿传递与农户信贷可得——基于信号传递博弈的理论分析和实证检验［J］．管理评论，2019，31

（05）：77-88.

[216] 王性玉，田建强．农户资源禀赋与农业产出关系研究——基于信贷配给数据的分组讨论 [J]．管理评论，2011，23（09）：38-42.

[217] 王修华，赵亚雄．数字金融发展是否存在马太效应 [J]．金融研究，2020（07）：114-133.

[218] 王雅君．西部农村经济的"四重资本"短缺：1889 个农户证据 [J]．改革，2011（03）：89-93.

[219] 韦倩，徐榕．互联网使用与信贷排斥的缓解——基于中国家庭追踪调查的数据 [J]．武汉大学学报（哲学社会科学版），2021，74（05）：119-131.

[220] 吴本健，单希，马九杰．信贷保险、金融机构信贷供给与农户借贷决策——来自 F 县草莓种植"信贷+保险"的证据 [J]．保险研究，2013，304（08）：45-53.

[221] 吴本健，毛宁，郭利华．"双重排斥"下互联网金融在农村地区的普惠效应 [J]．华南师范大学学报（社会科学版），2017（01）：94-100.

[222] 吴朝平．零售银行数字化转型：现状、趋势与对策建议 [J]．南方金融，2019（11）：94-101.

[223] 吴雨，宋全云，尹志超．农户正规信贷获得和信贷渠道偏好分析——基于金融知识水平和受教育水平视角的解释 [J]．中国农村经济，2016（05）：43-55.

[224] 夏咏，郭晴，申建良．金融科技异质性视域下农户正规信贷需求影响因素分析——南疆四地州数据的实证检验 [J]．征信，2021，39（07）：75-84.

[225] 项安达，王鸿．数字化变革：零售银行面临的机遇与挑战 [J]．新金融，2012（12）：19-24.

[226] 项质略，张德元，谢双．农户土地产权、要素市场化与正规信贷可得性 [J]．经济与管理，2020，34s（05）：19-27.

[227] 肖时花，吴本健，马九杰．地理区位差异与贫困农户信贷约束成因研究 [J]．农村金融研究，2019（01）：51-55.

[228] 谢平，邹传伟，刘海二．互联网金融的基础理论 [J]．金融研究，2015（08）：1-12.

[229] 谢平，邹传伟．互联网金融模式研究 [J]．金融研究，2012（12）：

11-22.

[230] 谢绚丽，沈艳，张皓星，郭峰. 数字金融能促进创业吗？——来自中国的证据 [J]. 经济学（季刊），2018，17（04）：1557-1580.

[231] 谢绚丽，王诗卉. 管理层认知与企业数字化转型：来自商业银行的证据 [C]. 北京大学数字金融研究中心工作论文，2020.

[232] 熊德平，章合杰，李雯雯. 人力资本与就业状况对农民工信贷需求、途径的影响 [J]. 华南农业大学学报（社会科学版），2013，12（04）：35-40.

[233] 熊铫. 央行推行数字化人民币对商业银行的影响和对策建议 [J]. 中国集体经济，2021（13）：108-109.

[234] 徐丽鹤，袁燕. 收入阶层、社会资本与农户私人借贷利率 [J]. 金融研究，2013（09）：150-164.

[235] 徐婷婷，李桦. 集体林权配套改革非农就业地理距离与农户林业投入行为——基于 9 省 18 县面板数据的验证 [J]. 林业经济问题，2016，36（05）：399-405.

[236] 徐伊达. 从居民消费需求角度分析我国互联网金融行业的发展前景 [J]. 商场现代化，2021（24）：95-97.

[237] 徐忠，程恩江. 利率政策、农村金融机构行为与农村信贷短缺 [J]. 金融研究，2004（12）：34-44.

[238] 许坤，笪亨果. 我国民营企业贷款的距离影响因素分析 [J]. 财经理论与实践，2015，36（02）：9-15.

[239] 许月丽，王飞. 二元转型、正规金融合约激励设计与农户融资约束 [J]. 财经研究，2015，41（05）：4-13+101.

[240] 薛宝贵，何炼成. 市场竞争、金融排斥与城乡收入差距 [J]. 财贸研究，2016，27（01）：1-8.

[241] 薛薇，谢家智. 我国农业资本配置效率的比较研究 [J]. 农业技术经济，2011（07）：66-74.

[242] 严武，陈熹. 社会资本视角下农户借贷行为影响因素分析——基于江西 1294 个调查样本的实证 [J]. 江西社会科学，2014，34（08）：210-215.

[243] 杨伽伦，朱玉杰，盛大林. 大学、公司创新与地理距离——来自中国的证据 [J]. 投资研究，2020，39（01）：19-38.

［244］杨海燕．欠发达地区农村金融市场信贷配给分析［J］．西南民族大学学报（人文社会科学版），2010，31（08）：151-155.

［245］杨虹，张柯．金融排斥空间效应与影响要素研究——基于云南省的实证分析［J］．金融理论与实践，2020（06）：47-56.

［246］杨静．信息不对称下的农户信贷违约风险分析［J］．北方金融，2015（02）：84-86.

［247］杨军，张龙耀，姜岩．社区金融资源、家庭融资与农户创业——基于CHARLS调查数据［J］．农业技术经济，2013（11）：71-79.

［248］杨丽，孙之淳．基于熵值法的西部新型城镇化发展水平测评［J］．经济问题，2015（3）：115-119.

［249］杨明婉，张乐柱．互联网金融参与如何影响农户正规借贷行为？——基于CHFS数据实证研究［J］．云南财经大学学报，2021，37（02）：42-53.

［250］杨茜媛．商业银行数字化转型研究［J］．合作经济与科技，2021（02）：56-57.

［251］杨汝岱，陈斌开，朱诗娥．基于社会网络视角的农户民间借贷需求行为研究［J］．经济研究，2011，46（11）：116-129.

［252］姚常成，陈煜．城市群经济视角下多维邻近性与跨区域创新合作的再审视——来自科研产出的经验证据［J］．上海商学院学报，2022：1-18.

［253］姚凤阁，刘宇宏，汪晓梅．我国农村金融排斥影响因素的空间相关性分析［J］．商业研究，2020（07）：81-89.

［254］姚耀军，彭璐．地方政府干预银行业：内在逻辑与经验证据［J］．金融评论，2013，5（04）：68-78+125.

［255］姚耀军，施丹燕．互联网金融区域差异化发展的逻辑与检验——路径依赖与政府干预视角［J］．金融研究，2017（05）：127-142.

［256］易巍，龙小宁，林志帆．地理距离影响高校专利知识溢出吗——来自中国高铁开通的经验证据［J］．中国工业经济，2021（09）：99-117.

［257］易小兰．农户正规借贷需求及其正规贷款可获性的影响因素分析［J］．中国农村经济，2012（02）：56-63+85.

［258］殷浩栋，霍鹏，汪三贵．农业农村数字化转型：现实表征、影响机理与推进策略［J］．改革，2020（12）：48-56.

［259］尹鸿飞，张兵，徐章星．信贷可得性对农户农地流转行为的影响——基于中介效应模型的实证分析［J］．世界经济文汇，2020（05）：89-104.

［260］尹业兴，申云，王璐瑶．农户家庭生产经营特征对信贷可得性的影响——兼论农村金融机构信贷行为逻辑［J］．金融发展研究，2021（04）：25-30.

［261］尹志超，耿梓瑜，潘北啸．金融排斥与中国家庭贫困——基于 CHFS 数据的实证研究［J］．财经问题研究，2019（10）：60-68.

［262］于波，周宁，霍永强．金融科技对商业银行盈利能力的影响——基于动态面板 GMM 模型的实证检验［J］．南方金融，2020（03）：30-39.

［263］余汉龙．城乡农户借贷行为研究［J］．财富生活，2019（10）：89-90.

［264］余泉生，周亚红．信贷约束强度与农户福祉损失——基于中国农村金融调查截面数据的实证分析［J］．中国农村经济，2014（03）：36-47.

［265］余泳泽，宣烨，沈扬扬．金融集聚对工业效率提升的空间外溢效应［J］．世界经济，2013，36（02）：93-116.

［266］俞红玫．金融地理学理论研究综述及启示［J］．中国管理信息化，2015，18（10）：157-158.

［267］袁鲲，曾德涛．数字金融发展与区际银行竞争——基于我国地级以上城市的实证检验［J］．金融监管研究，2021（03）：64-79.

［268］原东良，周建．地理距离对独立董事履职有效性的影响——基于监督和咨询职能的双重视角［J］．经济与管理研究，2021，42（02）：122-144.

［269］张兵，张宁，李丹，周明栋．农村非正规金融市场需求主体分析——兼论新型农村金融机构的市场定位［J］．南京农业大学学报（社会科学版），2013，13（02）：42-49.

［270］张兵，张宁．农村非正规金融是否提高了农户的信贷可获性？——基于江苏 1202 户农户的调查［J］．中国农村经济，2012（10）：58-68+90.

［271］张国俊，姚洋洋，周春山．中国金融排斥的空间特征与空间效应［J］．热带地理，2018，38（02）：176-183.

［272］张海洋，李静婷．村庄金融环境与农户信贷约束［J］．浙江社会科学，2012（02）：11-20+155.

［273］张杰．向数字化银行转型［J］．新金融世界，2015（05）：43.

［274］张林，冉光和．加入农村资金互助会可以提高农户的信贷可得性

吗？——基于四川 7 个贫困县的调查 [J]. 经济与管理研究, 2016, 37 (02): 70-76.

[275] 张龙耀, 江春. 中国农村金融市场中非价格信贷配给的理论和实证分析 [J]. 金融研究, 2011 (07): 98-113.

[276] 张龙耀, 王梦珺, 刘俊杰. 农地产权制度改革对农村金融市场的影响——机制与微观证据 [J]. 中国农村经济, 2015 (12): 14-30.

[277] 张龙耀, 徐曼曼, 刘俊杰. 自然灾害冲击与农户信贷获得水平——基于 CFPS 数据的实证研究 [J]. 中国农村经济, 2019 (03): 36-52.

[278] 张龙耀, 张海宁. 金融约束与家庭创业——中国的城乡差异 [J]. 金融研究, 2013 (09): 123-135.

[279] 张宁, 许姗, 张萍, 郭怡君, 杨婧瑜, 陈辉. 基于人工智能方法构建的金融科技创新指数适用性分析——以上市商业银行及保险公司为例 [J]. 国际金融, 2021 (10): 23-29.

[280] 张宁, 张兵, 周明栋. 利率对农村家庭贷款决策的影响——基于带删失的 Probit 模型及 Tobit 模型的实证分析 [J]. 南京农业大学学报 (社会科学版), 2015, 15 (05): 79-86+140.

[281] 张宁, 张兵. 非正规高息借款: 是被动接受还是主动选择？——基于江苏 1202 户农村家庭的调查 [J]. 经济科学, 2014 (05): 35-46.

[282] 张启文, 刘佩瑶. 政府干预对金融机构与家庭农场信贷供需博弈影响分析 [J]. 农业经济与管理, 2020 (2): 67-73.

[283] 张庆亮, 张前程. 中国民间金融利率研究的文献综述 [J]. 经济学动态, 2010 (03): 79-82.

[284] 张润驰, 杜亚斌, 荆伟, 孙明明. 农户小额贷款违约影响因素研究 [J]. 西北农林科技大学学报 (社会科学版), 2017, 17 (03): 67-75.

[285] 张三峰, 卜茂亮, 杨德才. 信用评级能缓解农户正规金融信贷配给吗？——基于全国 10 省农户借贷数据的经验研究 [J]. 经济科学, 2013 (02): 81-93.

[286] 张烁珣, 独旭. 银行可得性与企业融资: 机制与异质性分析 [J]. 管理评论, 2019, 31 (05): 3-17.

[287] 张文英. 空间与距离的哲学 [J]. 风景园林, 2011 (01): 157-158.

［288］张晓琳，董继刚．农户借贷行为及潜在需求的实证分析——基于762份山东省农户的调查问卷［J］．农业经济问题，2017，38（09）：57-64+111.

［289］张晓琳．普惠金融视角下农户信贷供需障碍及改进研究［D］．山东农业大学，2018.

［290］张笑，胡金焱．地理距离、信息不对称与借款人违约风险［J］．山东大学学报（哲学社会科学版），2020（01）：143-153.

［291］张学潘．人工智能驱动商业银行外呼业务数字化创新［J］．现代金融导刊，2021（12）：25-29.

［292］张勋，万广华．中国的农村基础设施促进了包容性增长吗？［J］．经济研究，2016，51（10）：82-96.

［293］张烨宁，王硕．金融科技对商业银行数字化转型的影响机制——基于中介效应模型的实证研究［J］．武汉金融，2021（11）：30-40.

［294］张一林，郁芸君，陈珠明．人工智能、中小企业融资与银行数字化转型［J］．中国工业经济，2021（12）：69-87.

［295］张应良，高静，张建峰．创业农户正规金融信贷约束研究——基于939份农户创业调查的实证分析［J］．农业技术经济，2015（01）：64-74.

［296］张应良，欧阳鑫．农户借贷对土地规模经营的影响及其差异——基于土地转入视角的分析［J］．湖南农业大学学报（社会科学版），2020，21（05）：18-27.

［297］张元红，李静，张军，李勤．农户民间借贷的利率及其影响因素分析［J］．农村经济，2012（09）：8-12.

［298］张云燕，王芳，罗剑朝．农户正规信贷违约影响因素实证分析——以陕西省渭南市农村信用社贷款农户问卷调查数据为例［J］．经济经纬，2013（02）：33-37.

［299］张云燕．陕西农村合作金融机构信贷风险影响因素及控制研究［D］．西北农林科技大学，2013.

［300］张正平，何广文．农户信贷约束研究进展述评［J］．河南社会科学，2009，17（02）：44-49+218.

［301］张正平，黄帆帆，卢欢．疫情冲击下数字普惠金融的挑战与机遇［J］．银行家，2020，229（05）：121-124+7.

［302］张宗毅，李莉．性格与信用：户主性格对农户履约行为的影响——基于"农分期"农户贷款数据［J］．湖南农业大学学报（社会科学版），2018，19（04）：1-7.

［303］赵翠霞，李岩，兰庆高．人情社会下农户不良贷款的内生性分析——基于122户不良贷款的统计分析［J］．农业经济问题，2015，36（05）：78-83+111.

［304］赵红，汪玉，付俊文，李依颖．我国商业银行非利息业务影响因素研究：基于区域经济发展的视角［J］．湖南大学学报（社会科学版），2021，35（05）：69-76.

［305］赵建梅，刘玲玲．信贷约束与农户非正规金融选择［J］．经济理论与经济管理，2013（04）：33-42.

［306］赵希同．新兴技术创新应用重塑金融服务　助力金融业数字化战略转型［J］．中国金融电脑，2020（08）：17-20.

［307］赵志宏．数字化银行演进［J］．当代金融家，2016（01）：56-59.

［308］郑世忠．农户借贷行为中的信息分类及其比较［J］．内蒙古科技与经济，2008（22）：68-69+72.

［309］支大林，孙晓羽．东北地区农村民间金融的利率特征及其成因分析［J］．东北师大学报（哲学社会科学版），2009（05）：24-28.

［310］中国人民银行武汉分行征信管理处课题组，李为为．商业银行贷款投向与贷款质量的关系研究［J］．武汉金融，2008（09）：45-47.

［311］钟成春，肖照国．普惠金融下农户贷款利率偏高的原因分析——以佳木斯市为例［J］．黑龙江金融，2019（05）：67-68.

［312］周立．农村金融市场四大问题及其演化逻辑［J］．财贸经济，2007（02）：56-63+128-129.

［313］周南，许玉韫，刘俊杰，张龙耀．农地确权、农地抵押与农户信贷可得性——来自农村改革试验区准实验的研究［J］．中国农村经济，2019（11）：51-68.

［314］周唯杰．技术创新与产业升级对区域经济高质量发展的作用机理探讨［J］．商业经济研究，2022（02）：170-172.

［315］周伟，张健，梁国忠．金融科技［M］．北京：中信出版社，2017.

［316］周小斌，耿洁，李秉龙．影响中国农户借贷需求的因素分析［J］．中国农村经济，2004（08）：26-30.

［317］周洋，任柯蓁，刘雪瑾．家庭财富水平与金融排斥——基于 CFPS 数据的实证分析［J］．金融经济学研究，2018，33（02）：106-116.

［318］周月书，王雨露，彭媛媛．农业产业链组织、信贷交易成本与规模农户信贷可得性［J］．中国农村经济，2019（04）：41-54.

［319］朱太辉，张彧通．农村中小银行数字化转型研究［J］．金融监管研究，2021（04）：36-58.

［320］朱添弘，程博．"双循环"格局下企业供应商选择决策研究［J］．财务管理研究，2021（11）：70-74.

［321］朱喜，李子奈．我国农村正式金融机构对农户的信贷配给——一个联立离散选择模型的实证分析［J］．数量经济技术经济研究，2006（03）：37-49.

［322］朱喜，马晓青，史清华．信誉、财富与农村信贷配给——欠发达地区不同农村金融机构的供给行为研究［J］．财经研究，2009，35（08）：4-14+36.

［323］庄希勤，蔡卫星．当乡村振兴遇上"离乡进城"的银行：银行地理距离重要吗？［J］．中国农村观察，2021（01）：122-143.

［324］Afolabi J A，Analysis of Loan Repayment among Small Scale Farmers in Oyo State，Nigeris［J］．Journal of Social Science，2010，22（02）：115-119.

［325］Agarwal S，Hauswald R．Distance and Private Information in Lending［J］．Review of Financial Studies，2010，23（07）：2757-2788.

［326］Al-Azzam M，Hill C，Sarangi S．Repayment Performance in Group Lending：Evidence from Jordan［J］．Journal of Development Economics，2012a，97（02）：404-414.

［327］Al-Azzam M，Mimouni K．What Types of Social Ties Improve Repayment in Group Lending？［J］．International Research Journal of Finance and Economics，2012b（87）：25-32.

［328］Al-Azzam M，Parmeter C F，Sarangi S．On the Complex Relationship Between Different Aspects of Social Capital and Group Loan Repayment［J］．Economic Modelling，2020（90）：92-107.

［329］Alessandrini P，Presbitero A F，Alberto Z．Banks，Distances and Firms'

Financing Constraints [J]. Review of Finance, 2009, 13 (02): 261-307.

[330] Andreas Rauterkus, George Munchus. Geographical Location: Does Distance Matter or What is the Value Status of Soft Information? [J]. Journal of Small Business and Enterprise Development, 2014 (1).

[331] Backman M, Wallin T. Access to Banks and External Capital Acquisition: Perceived Innovation Obstacles [J]. The Annals of Regional Science, 2018, 61 (01): 161-187.

[332] Bandara H M H. Digital Banking: Enhancing Customer Value [J]. Anniversary Convention, 2017 (08).

[333] Barslund M, Tarp F. Formal and Informal Rural Credit in Four Provinces of Vietnam [J]. Journal of Development Studies, 2008, 44 (04): 485-503.

[334] Bellucci A, Borisov A, Zazzaro A. Do Banks Price Discriminate Spatially? Evidence from Small Business Lending in Local Credit Markets [J]. Journal of Banking & Finance, 2013, 37 (11): 4183-4197.

[335] Brehanu A, Fufa B. Repayment Rate of Loans from Semi-Formal Financial Institutions among Small-Scale Farmers in Ethiopia: Two-Limit Tobit Analysis [J]. The Journal of Soci-Economics, 2008, 37 (01): 2221-2230.

[336] Brevoort K P, Hannan T H. Commercial Lending and Distance: Evidence from Community Reinvestment Act Data [J]. Journal of Money, Credit, and Banking, 2006, 38 (08): 1991-2012.

[337] Browning M, Lusardi A. Household Saving: Micro Theories and Micro Facts [J]. Journal of Economic Literature, 1996, 34 (01): 1797-1855.

[338] Carling K, Lundberg S. Asymmetric Information and Distance: An Empirical Assessment of Geographical Credit Rationing [J]. Journal of Economics and Business, 2005, 57 (01): 39-59.

[339] Cerqueiro G, Degryse H, Ongena S. Distance, Bank Organizational Structure and Credit [J]. The Changing Geography of Banking and Finance, 2009: 54-74.

[340] Cerqueiro G, Steven O, Kasper R. Collateralization, Bank Loan Rates, and Monitoring [J]. The Journal of Finance, 2014, 70 (02): 12-57.

[341] Chen K C. Implications of Fintech Developments for Traditional Banks [J].

International Journal of Economics and Financial Issues, 2020, 10 (05): 227-235.

[342] Chong T T L, Lu L, Ongena S. Does Banking Competition Alleviate or Worsen Credit Constraints Faced by Small-and Medium-sized Enterprises? Evidence from China [J] . Journal of Banking & Finance, 2013, 37 (09): 3412-3424.

[343] Coase H R. The Nature of the Firm [J] . Economica, 1937, 4 (16): 386-405.

[344] Cortet M R. PSD2: The Digital Transformation Acelerator for Banks [J] . Journal of Business Research, 2016, 20 (01): 6-13.

[345] Cressy R, Toivanen O. Is There Adverse Selection in the Credit Market? [J] . Venture Capital: An International Journal of Entrepreneurial Finance, 2001, 3 (03): 215-238.

[346] Cuesta C, Ruesta M, Tuesta D, Urbiola P. The Digital Transformation of the Banking Industry [J] . Oriental Art, 2015 (01) .

[347] Dapp T S. Fintech-The Digital (r) Evolution in the Financial Sector -Algorithm-Based Banking with the Human Touch [A] . Deutsche Bank Research, 2014.

[348] Deepak C, Himanshu J. Segmenting Mobile Banking Users Based on the Usage of Mobile Banking Services [J] . Global Business Review, 2021, 22 (03): 689-704.

[349] Degryse H, Ongena S. Distance, Lending Relationships, and Competition [J] . The Journal of Finance, 2005, 60 (01): 231-266.

[350] Degryse H, Ongena S. Distance, Lending Relationships, and Competition [J] . Journal of Finance, 2005, 60 (01): 231-266.

[351] Dereeper S, Lobez F, Statnik J C. Bank Credit Rates across the Business Cycle: Evidence from a French Cooperative Contracts Database [J] . Journal of Banking and Finance, 2020 (C) .

[352] DeYoung R, Glennon D, Nigro P. Borrower-lender Distance, Credit Scoring, and Loan Performance: Evidence from Informational-Opaque Small Business Borrowers [J] . Journal of Financial Intermediation, 2007, 17 (01): 113-143.

[353] Deyoung R, Glennon D, Nigro P. Borrower-lender Distance, Credit Sco-

ring, and Loan Performance: Evidence from Informa – tional – opaque Small Business Borrowers [J]. Journal of Financial Intermediation, 2008, 17 (01): 113-143.

[354] Diagne A, Zeller M, Sharma M. Empirical Measurements of Households' Access to Credit and Credit Constraints in Developing Countries [A]. Fcnd Discussion Papers, 2000.

[355] Disparte D. Data is Not Just a Tool for Growth—It is the Growth [J]. American Banker, 2017 (91): 1.

[356] Douma H, Bettioui N, Bendob A. The Role of Financial Exclusion in Weakening the Performance of Banks: Dynamic Panel Data Analysis in Algeria and Tunisia [J]. International Journal of Financial Innovation in Banking, 2019, 2 (04).

[357] Dufhues T, Buchenrieder G, Duoc H D, Munkun N. Social Capital and Loan Repayment Performance in South Asia [J]. The Journal of Social-Economics, 2011 (40): 679-691.

[358] Feng D, Jing L, Featherstone A M. Effects of Credit Constraints on Household Productivity in Rural China [J]. Agricultural Finance Review, 2012, 72 (03): 402-415.

[359] Franz F. Distance and Modern Banks' Lending to SMEs: Ethnographic Insights from a Comparison of Regional and Large Banks in Germany [J]. Journal of Economic Geography, 2018 (01).

[360] Fullerton T M, Muñiz E P. Credit Union Loan Rate Determinants in the United States [J]. Applied Economics, 2020 (49): 1-13.

[361] Georgios M, Plutarchos S. Measuring the Systemic Importance of Banks [J]. Journal of Financial Stability, 2021 (01).

[362] Gomber P, Koch J A, Siering M. Digital Finance and Fintech: Current Research and Future Research Directions [J]. Journal of Business Economics, 2017, 87 (05): 537-580.

[363] Guirkinger C, Boucher S R. Credit Constraints and Productivity in Peruvian Agriculture [J]. Agricultural Economics, 2008 (01).

[364] Hanley A, Girma S. New Ventures and Their Credit Terms [J]. Small Business Economics, 2006, 26 (04): 351-364.

［365］Harzing A W, Noorderhaven N. Geographical Distance and the Role and Management of Subsidiaries: The Case of Subsidiaries down-under ［J］. Asia Pacific Journal of Management, 2006 （02）.

［366］Hoff K, Stiglitz J E. Imperfect Information and Rural Credit Markets: Puzzles and Policy ［J］. World Bank Economic Review, 1990, 4 （03）: 235-250.

［367］Hollander S, Verriest A. Bridging the Gap: The Design of Bank Loan Contracts and Distance ［J］. Journal of Financial Economics, 2016, 119 （02）: 399-419.

［368］J T Russell. Imperfect Information, Uncertainty, and Credit Rationing ［J］. Quarterly Journal of Economics, 1976, 90 （04）: 651-666.

［369］Jagtiani J, Lemieux C. Do Fintech Lenders Penetrate Areas That are Underserved by Traditional Banks? ［J］. Journal of Economics and Business, 2018, 100 （11-12）: 43-54.

［370］Jia X, Heidhues F, Zeller M. Credit Rationing of Rural Households in China ［J］. Agricultural Finance Review, 2010, 70 （01）: 37-54.

［371］Jianakoplos N A, Bernasek A. Are Women More Risk Averse? ［J］. Economic Inquiry, 1998, 36 （04）: 620-630.

［372］Jose P, Toan D Q. How Does Geographic Distance Affect Credit Market Access in Niger? ［R］. World Bank Policy Research Working Paper No. 4772, 2008.

［373］Joseph E, Stiglitz, Andrew, Weiss. Credit Rationing in Markets with Imperfect Information ［J］. The American Economic Review, 1981, 71 （03）: 393-410.

［374］Kellner D, Dannenberg M. The Bank of Tomorrow with Today's Technology ［J］. International Journal of Bank Marketing, 1998, 16 （02）: 90-97.

［375］Kezhong Zhang, Junpeng Wang, Yuanyuan Ma. The Impact of Regional Economic Performance on Intergenerational Geographical Distance in China ［J］. Population, Space and Place, 2018, 24 （02）: e2091.

［376］Knyazeva A, Knyazeva D. Does Being Your Bank's Neighbor Matter? ［J］. Journal of Banking & Finance, 2012, 36 （04）: 1194-1209.

［377］Kochar A. An Empirical Investigation of Rationing Constraints in Rural

Credit Markets in India [J] . Journal of Development Economics, 1997, 53 (02): 339-371.

[378] Leon F. Does Bank Competition Alleviate Credit Constraints in Developing Countries? [J] . Journal of Banking & Finance, 2015 (57): 130-142.

[379] Leyshon A, Thrift N. Access to Financial Services and Financial Infrastructure Withdrawal: Problems and Policies [J] . Area, 1994 (03) .

[380] Leyshon A, Thrift N. The Restructuring of the U. K. Financial Services Industry in the 1990s: A Reversal of Fortune? [J] . Journal of Rural Studies, 1993, 9 (03): 223-292.

[381] Lin L, Wang W, Gan C, Cohen D A, Nguyen Q. Rural Credit Constraint and Informal Rural Credit Accessibility in China [J] . Sustainability, 2019, 11 (07): 1-20.

[382] Macheel T. Blockchain Technology Can Transform Banking: Blythe Masters [J] . American Banker, 2015 (01) .

[383] Marquez R. Competition, Adverse Selection, and information Dispersion in the Banking Industry [J] . The Review of Financial Studies, 2002, 15 (03): 901-926.

[384] McElwain R K, Khan M S, Iftikhar R. The Impact of Psychic and Geographical Distance on Internationalisation Strategies: A Study of New Zealand Born Global Technology Firms [J] . International Journal of Technology Marketing, 2021 (04) .

[385] Milani C. Borrower-lender Distance and Loan Default Rates: Macro Evidencefrom the Italian Local Markets [J] . Journal of Economics and Business, 2014 (71): 1-21.

[386] Milani C. Borrower-lender Distance and Loan Default Rates: Macro Evidence from the Italian Local Markets [J] . Journal of Economics and Business, 2014 (71): 1-21.

[387] Mishra M R, Narwade S S. Impact of Monetary Policy on Bank Credit since Reforms Period [J] . Economic Affairs, 2018, 63 (04) .

[388] Mowry M J. Banking's Digital Arms Race [J] . Business NH Magazine,

2015 (01) .

[389] MyloniDis N, Chletsos M, Barbagianni V. Financial Exclusion in the Usa: Looking Beyond Demographics [J] . Journal of Financial Stability, 2017 (09) .

[390] Naimi-Sadigh A, Asgari T, Rabiei M. Digital Transformation in the Value Chain Disruption of Banking Services [J] . Journal of the Knowledge Economy, 2021 (01) .

[391] Nelson J A. Are Women Really More Risk Averse than Men? A Re-analysis of the Literature Using Expanded Methods [J] . Journal of Economic Surveys, 2015, 29 (03): 566-585.

[392] Newswire P R. BBVA Changes Its Organization to Accelerate the Group's Digital Transformation [R] . PR Newswire US, 2014.

[393] Odediran A. The Game Changer: Partnership between Fintechs and Traditional Banks [J] .2021 (1) .

[394] Ojiako I A, Ogbukwa B. Economic Analysis of Loan Repayment Capacity of Smallholder Cooperative Farmers in Yewa North Local Government Area of Ogun State, Nigeria [J] . African Journal of Agricultural Research, 2010, 17 (03): 2051-2062.

[395] Oke J T O, Adeyemo R, Agbonlahor M U. An Empirical Analysis of Microcredit Repayment in Southwestern Nigeria [J] . Journal of Human Behavior in the Social Environment, 2007, 16 (04): 37-55.

[396] Okurut F N, Schoombee A, Berg S V D. Credit Demand and Credit Rationing in the Informal Financial Sector in Uganda [J] . South African Journal of Economics, 2005, 73 (03): 482-497.

[397] Oladeebo J O, Oladeeb O E. Determinants of Loan Repayment among Smallholder Farmers in Ogbomoso Agricultural Zone of Oyo State [J] . Nigeria Journal of Social Science, 2008, 17 (01): 59-62.

[398] P R Newswire. Navigating. An Bra of Digital Transformation in Finance, Insurance and Banking [R] . PR Newswire US, 2016.

[399] Pang X, Kuang Y, Gong X. Rural Household's Risk Attitude and Credit Rationing: The Case of Chongqing in China [J] . American Journal of Industrial &

Business Management, 2014, 4 (12): 728-738.

[400] Pascale J M, Philip S. Immigrant Banking and Financial Exclusion in Greater Boston [J]. Journal of Economic Geography, 2010, 10 (06): 883-912.

[401] Petersen M A, Rajan R G. Does Distance Still Matter? The Information Revolution in Small Business Lending [J]. The Journal of Finance, 2002 (06).

[402] Pham T T, Robert L. Household Borrowing in Vietnam: A Comparative Study of Default Risks of Informal, Formal and Semi-Formal Credit [J]. Journal of Emerging Market Finance, 2008, 7 (03): 237-261.

[403] Pope D G, Sydnor J R. What's in a Picture? Evidence of Discrimination from Prosper [J]. The Journal of Human Resources, 2011, 46 (01): 53-92.

[404] Postelnicu L, Hermes N, Servin R. External Social Ties and Loan Repayment of Group Lending Members: A Case Study of Promujer Mexico [J]. Journal of Development Studies, 2018, 55 (08): 1784-1798.

[405] Presbitero A F, Rabellotti R. Geographical Distance and Moral Hazard in Microcredit: Evidence from Colombia [J]. Journal of International Development, 2014 (01).

[406] Presbitero A F, Rabellotti R. Geographical Distance and Moral Hazard in Microcredit: Evidence from Colombia [J]. Journal of International Development, 2014, 26 (01): 91-108.

[407] Presutti M, Boari C, Majocchi A, Xavier Molina-Morales. Distance to Customers, Absorptive Capacity, and Innovation in High-Tech Firms: The Dark Face of Geographical Proximity [J]. Journal of Small Business Management, 2019 (02).

[408] Qin L, Ren R, Li Q. The Dual Threshold Limit of Financing and Formal Credit Availability with Chinese Rural Households: An Investigation Based on a Large Scale Survey [J]. Sustainability, 2018 (10): 1-18.

[409] Rahji M A Y, Adeot A I. Determinants of Agricultural Credit Rationing by Commercial Banks in South-Western [J]. Nigeria, International Research Journal of Finance and Economics, 2010 (37): 7-14.

[410] Rahji M, Fakayode S B. A Multinomial Logit Analysis of Agricultural Credit Rationing by Commercial Banks in Nigeria [J]. International Research Journal

of Finance & Economics, 2009, 1 (24): 90-100.

[411] Rahman N, Iverson S. Big Data Business Intelligence in Bank Risk Analysis [J]. International Journal of Business Intelligence Research, 2015, 6 (02): 55-77.

[412] Ravina E. Love & Loans: The Effect of Beauty and Personal Characteristics in Credit Markets [J]. Social Science Electronic Publishing, 2008 (1).

[413] Ren B, Li L, Zhao H, Zhou Y. The Financial Exclusion in the Development of Digital Finance — A Study Based on Survey Data in the Jingjinji Rural Area [J]. Singapore Economic Review, 2018, 63 (01): 65-82.

[414] Rhodes M. Banks in the Digital Age: It's Still about Humans [J]. American Banker, 2017 (58): 1.

[415] Riedl R, Benlian A. On the Relationship between Information Managementand Digitalization [J]. Business & Information System Engineering, 2017 (6): 475-482.

[416] Roslan A H, Karim M A. Determinants of Microcredit Repayment in Malsysis: The Case of Agrobank [J]. Humanity & Social Sciences Journal, 2009, 4 (01): 45-52.

[417] Rubanov P M. Transformation of the Banking Sector in the Digital Era [A]. 2020.

[418] Sanderson O. Off the Chain: Banks Cooperate to Seek Digital Future [J]. Global Capital, 2015, 194 (71): 70-82.

[419] Sileshi M, Nyikal R, Wangia S. Factors Affecting Loan Repayment Performance of Smallholder Framers in East Hararghe, Ethiopia [J]. Developing Country Studies, 2012, 2 (11): 215-213.

[420] Stephan Hollander, Arnt Verriest. Bridging the Gap: The Design of Bank Loan Contracts and Distance [J]. Journal of Financial Economics, 2016, 119 (02): 399-419.

[421] Stiglitz J E, Weiss A M. Credit Rationing in Markets with Imperfect Information [J]. American Economic Review, 1981 (71): 393-410.

[422] Sutherland A. Does Credit Reporting Lead to a Decline in Relationship

Lending? Evidence from Information Sharing Technology [J]. Journal of Accounting and Economics, 2018 (01): 123-141.

[423] Swain R B. Credit Rationing in Rural India [J]. Journal of Economic Development, 2002, 27 (02): 1-20.

[424] Temelkov Z. Differences between Traditional Bank Model and Fintech Based Digital Bank and Neobanks Models [J]. Socio Brains, 2020 (74): 8-15.

[425] Thang B, Thanh L, Yen B. Informal Short-Term Borrowings and Small and Medium Enterprises' Performance in a Credit Crunch: Evidence from Vietnam [J]. The Journal of Development Studies, 2021 (08).

[426] Trelewicz J Q. Big Data and Big Money: The Role of Data in the Financial Sector [J]. IT Professional, 2017, 19 (03): 8-10.

[427] Williamson E O. Markets and Hierarchies: Analysis and Antitrust Implications [M]. New York: Free Press, 1975: 82-89.

[428] Yi Qiang, Barbara P. Buttenfield, Maxwell B Joseph. How to Measure Distance on a Digital Terrain Surface and Why it Matters in Geographical Analysis [J]. Geographical Analysis, 2020 (03).

[429] Zeller M. Determinants of Credit Rationing: A Study of Informal Lenders and Formal Credit Groups in Madagascar [J]. World Development, 1994, 22 (12): 1895-1907.

[430] Zhang Q L, Izumida Y. Determinants of Repayment Performance of Group Lending in China: Evidence from Rural Credit Cooperatives' Program in Guizhou Province [J]. China Agricultural Economic Review, 2013, 5 (03): 328-341.

[431] Zhong W, Jiang T F. Can Internet Finance Alleviate the Exclusiveness of Traditional Finance? Evidence from Chinese P2P Lending Markets [J]. Finance Research Letters, 2020 (01).

后　记

　　本书是在我的博士论文基础上修改而成的，同时也是我所承担的 2020 年度国家社会科学基金项目"'新基建''背景下中国农村普惠金融发展对策研究"（项目编号：20BJY153）的阶段性成果。本书的完成凝聚了众多师长、领导、同门师兄妹、家人的无私支持、鞭策和鼓励。

　　首先要特别感谢我的导师马九杰教授。本书从选题到写作思路，从文字细节到逻辑框架，无不凝聚着马老师的心血。从马老师身上，我体会到了严谨的工作作风、求实的学术态度、大胆创新的科研精神以及温和谦逊的脾性，这些做人及为学的良好品质，都是使我受益终身的财富！我将致力于成为这样的老师。

　　感谢田维明、周立、白军飞、钟真、柯水发、何广文、司伟、倪国华、杨军、刘承芳、彭超、汪三贵、张利庠、孙同全、李锐、陈传波、尤婧等多位教授在本书完成过程中给予的肯定和提供的宝贵修改意见。感谢同门吴本健、亓浩、唐溧、王馨、曹扬等师兄妹对本书的写作给出的建议和帮助。

　　特别感谢福建省农村信用社联合社及其办公室、普惠金融部、公司金融部、科技部等部门给予的支持和帮助。他们在政策允许的范围内协调和安排了对相关行社的调研活动，积极配合我们开展数据收集、清理和匹配等工作，同时也安排了科技部等相关部门的工作人员提供技术上的支持。感谢福州农商银行、莆田农商银行、晋江农商银行、漳州农商银行、泉州农商银行、南平农商银行、连城联社、泰宁联社、永泰联社、闽侯联社、建阳联社、霞浦联社、古田联社等行社对调研活动的热情接待。可以说，没有福建省农村信用社联合社及其 67 家行社的大力支持，即使巧妇也难为无米之炊。

　　我在本书的写作过程中阅读和参考了大量的国内外经典文献，从中得到了很多有益的启发，在此向这些文献的作者一并表示感谢！

最后，我还要特别感谢我家人对我学习和工作给予的充分理解、信任和支持。正是他们的理解、信任和支持，才使我得以心无旁骛地投入工作和学习当中。

以上，借着后记谨表示最衷心的感谢！

郑海荣